S.F.
V.

Kontaktadresse nach EU-Produktsicherheitsverordnung:
produktsicherheit@fischerverlage.de

Die phantasievolle Leichtigkeit, mit der Virginia Woolf sich ihren Themen nähert, gibt ihren Essays einen ganz besonderen Reiz. Hier sind Arbeiten gesammelt, die sich zwei literarischen Gattungen widmen: dem Roman und der Biographie. Mit weitgespannter Aufmerksamkeit untersucht die passionierte Leserin Entwicklung und Zustand der erzählenden Literatur ihrer Zeit, die sie selbst in ihren großen Romanen mit neuen Ausdrucksformen entscheidend beeinflusst hat. In dem mehrteiligen Essay ›Phasen der Romankunst‹ teilt sie die Romanliteratur kühn in erfundene Kategorien ein, entwirft eine literarische Welt, »so bewohnbar wie die wirkliche Welt«. Zwischendurch gönnt sie sich und ihren Lesern ›Stunden in einer Bibliothek‹ und weckt die Lust, sich sogleich an einem ruhigen Ort niederzulassen zu ungestörter Lektüre. Der Vortrag ›Frauen und erzählende Literatur‹ enthält bereits die Gedanken der berühmten Streitschrift *Ein eigenes Zimmer*, die 1929 erschien und mit der Virginia Woolf später zu einer Symbolfigur der Frauenbewegung wurde. Von den Biographen verlangt sie, aus der Fülle der Tatsachen »jene Wahrheiten auszuwählen, die die Persönlichkeit vermitteln«. Auch hier stellt sie, wie in der erzählenden Literatur und der Lyrik, eine Veränderung in der Darstellungsweise fest: Der Biograph »hat aufgehört, ein Chronist zu sein; er ist ein Künstler geworden«.

Virginia Woolf wurde am 25. Januar 1882 als Tochter des Biographen und Literaten Sir Leslie Stephen in London geboren. Zusammen mit ihrem Mann, dem Kritiker Leonard Woolf, gründete sie 1917 den Verlag The Hogarth Press. Ihre Romane stellen sie als Schriftstellerin neben James Joyce und Marcel Proust. Zugleich war sie eine der lebendigsten Essayistinnen ihrer Zeit und hinterließ ein umfangreiches Tagebuch- und Briefwerk. Virginia Woolf nahm sich am 28. März 1941 in dem Fluß Ouse bei Lewes (Sussex) das Leben.

Klaus Reichert, 1938 geboren, ist Literaturwissenschaftler, Autor, Übersetzer und Herausgeber. Von 1964 bis 1968 war er Lektor in den Verlagen Insel und Suhrkamp, von 1975 bis 2003 war er Professor für Anglistik und Amerikanistik an der Frankfurter Goethe-Universität, 1993 gründete er dort das »Zentrum zur Erforschung der Frühen Neuzeit«. Von 2002 bis 2011 war er Präsident der Deutschen Akademie für Sprache und Dichtung. Bei S. Fischer erschien zuletzt »Türkische Tagebücher. Reisen in ein unentdecktes Land« (2011) und »Wolkendienst. Figuren des Flüchtigen« (2016).

Virginia Woolf

Granit und Regenbogen

Essays

Nach der englischen Ausgabe von Leonard Woolf
herausgegeben von Klaus Reichert

Deutsch von Brigitte Walitzek
und Heidi Zerning

S. Fischer

2. Auflage

Die Originalausgabe erschien 1958
unter dem Titel *Granite and Rainbow. Essays*
im Verlag The Hogarth Press, London

Umschlaggestaltung: Sarah Schumann, Berlin
Druck und Bindung: BoD – Books on Demand GmbH,
Norderstedt, Germany
ISBN 978-3-596-37073-3

Inhalt

I Die Kunst des Romans 7

Die schmale Brücke der Kunst 9
Stunden in einer Bibliothek 26
Leidenschaftliche Prosa 36
Das Leben und der Schriftsteller 48
Beim Wiederlesen von Meredith 57
Die Anatomie der erzählenden Literatur 64
Die Schauerromanze 70
Das Übernatürliche in der Literatur 76
Die Gespenstergeschichten von Henry James 82
Ein schrecklich empfindsames Gemüt 92
Frauen und erzählende Literatur 97
Versuch über literarische Kritik 109
Phasen der Romankunst 119
Die Erzähler der Wahrheit 121
Die Romantiker 131
Die Charakterkrämer und Komödianten 139
Die Psychologen 152
Die Satiriker und Phantasten 163
Die Dichter 169

II Die Kunst der Biographie 185

Die neue Biographie 187
Ein Gespräch über Memoiren 198
Sir Walter Raleigh 206
Sterne 213

Eliza und Sterne 225
Horace Walpole 232
Ein Freund Johnsons 240
Fanny Burneys Halbschwester 247
Geld und Liebe 263
Der Traum 273
Das flüchtige Porträt 279
1. *Wachsfiguren in der Abbey* 279
2. *Die Royal Academy* 282
Poes Helen 291
Besuche bei Walt Whitman 297
Oliver Wendell Holmes 302

Nachbemerkung des Herausgebers 313

I Die Kunst des Romans

Die schmale Brücke der Kunst

Weitaus die meisten Kritiker kehren der Gegenwart den Rücken zu und blicken unverwandt in die Vergangenheit. Aus zweifellos klugen Gründen beziehen sie keine Stellung zu dem, was gerade jetzt geschrieben wird; sie überlassen diese Aufgabe der Spezies der Rezensenten, deren Berufsbezeichnung bereits auf das Vergängliche ihres Tuns und der Gegenstände ihrer Betrachtung hinzudeuten scheint. Aber manchmal fragt man sich doch, ob ein Kritiker immer nur der Vergangenheit verpflichtet, sein Blick immer nur rückwärts gerichtet sein muß? Kann er sich nicht hin und wieder umdrehen, die Augen mit der Hand abschirmen wie Robinson Crusoe auf der einsamen Insel und in die Zukunft spähen, um in ihrem Nebel die schwachen Umrisse des Landes auszumachen, das wir vielleicht eines Tages erreichen werden? Das Richtige solcher Spekulationen kann natürlich nie bewiesen werden, aber in einer Zeit wie der unseren ist die Versuchung groß, sie anzustellen. Denn es ist offenkundig eine Zeit, in der wir keineswegs fest vor Anker liegen; alles um uns bewegt sich; auch wir bewegen uns. Ist es nicht die Pflicht des Kritikers, uns zu sagen oder wenigstens Vermutungen anzustellen, wohin wir gehen?

Es liegt auf der Hand, daß diese Untersuchung eng begrenzt sein muß, aber vielleicht können wir auf kleinem Raum ein Beispiel für das Unbefriedigende und Schwierige herausgreifen und sind, wenn wir es geprüft haben, womöglich eher in der Lage, die Richtung zu vermuten, in die wir nach dessen Überwindung gehen werden.

In der Tat können wir nicht viel moderne Literatur lesen, ohne uns darüber klar zu sein, daß etwas Unbefriedigendes, etwas Schwieriges sich uns in den Weg stellt. Allenthalben versuchen Autoren etwas, was sie nicht vollbringen können, zwingen der Form, die sie benutzen, eine Bedeutung auf, die ihr fremd ist. Viele Gründe dafür könnten angeführt werden, aber hier wollen wir nur einen auswählen, nämlich das Versagen der Poesie, uns so zu nützen, wie sie so vielen Generationen unserer Vorfahren genützt hat. Die Poesie gewährt uns ihre Dienste nicht annähernd so bereitwillig wie früher jenen. Der mächtige Strom des Ausdrucks, der so viel Kraft, so viel Genie mit sich trug, scheint sich verengt zu haben oder anders zu verlaufen.

Das trifft natürlich nur innerhalb gewisser Grenzen zu; unsere Epoche ist reich an Lyrik; vielleicht reicher als jede andere Epoche zuvor. Aber für unsere Generation und für die kommende ist der lyrische Aufschrei der Ekstase oder Verzweiflung, der so intensiv, so persönlich und so begrenzt ist, nicht genug. Der Geist steckt voller ungeheuerlicher, widersprüchlicher, unregierbarer Emotionen. Daß das Alter der Erde 3 000 000 000 Jahre beträgt; daß das Menschenleben nur eine Sekunde währt; daß die Fähigkeiten des menschlichen Geistes trotzdem grenzenlos sind; daß das Leben unendlich schön, doch auch widerwärtig ist; daß unsere Mitmenschen bezaubernd, aber auch abscheulich sind; daß Wissenschaft und Religion miteinander den Glauben zerstört haben; daß alle einenden Bande zerrissen zu sein scheinen, es aber ein gewisses Reglement geben muß – in dieser Atmosphäre des Zweifels und des Konflikts müssen Autoren heute schreiben, und das zarte Gewebe eines lyrischen Gedichts ist ebensowenig geeignet, diese Sicht der Dinge zu umfassen, wie sich ein Rosenblatt dazu eignet, einen riesigen, zerklüfteten Felsen zu umhüllen.

Aber wenn wir uns fragen, was in der Vergangenheit dazu gedient hat, eine solche Haltung auszudrücken – eine Haltung, die voller Gegensätze und Widersprüche steckt; eine Haltung, die, so scheint es, nach dem Konflikt einer Person mit einer anderen verlangt und gleichzeitig eines gestalterischen Willens bedarf, eines Entwurfs, der dem Ganzen Harmonie und Kraft verleiht –, dann müssen wir antworten, daß es eine solche Form einst gab, und es war nicht die Form der lyrischen Dichtung; es war die Form des

Dramas, des elisabethanischen Versdramas. Und das ist die einzige Form, die heutzutage so tot anmutet, daß jede Auferstehung außerhalb des Möglichen liegt.

Denn wenn wir uns den Zustand des Versdramas anschauen, müssen wir ernsthaft bezweifeln, daß irgendeine Macht auf Erden es jetzt wiederbeleben kann. Autoren von höchstem Genie und Ehrgeiz haben es aufgegriffen und tun es bis heute. Seit dem Tod von Dryden hat so gut wie jeder große Dichter sich daran versucht. Wordsworth und Coleridge, Shelley und Keats, Tennyson, Swinburne und Browning[1] (um nur die toten zu nennen), alle haben Versdramen geschrieben, aber keinem war Erfolg beschieden. Von all den Stücken, die sie schrieben, werden wahrscheinlich nur Swinburnes *Atalanta* und Shelleys *Prometheus* noch gelesen, und das seltener als andere Werke derselben Autoren. Alle übrigen sind auf die obersten Borde unserer Bücherregale geklettert, haben den Kopf unter die Flügel gesteckt und sind eingeschlafen. Niemand mag ohne Not diesen Schlummer stören.

Doch es ist verlockend, nach einer Erklärung für dieses Scheitern zu suchen, falls dadurch die Zukunft erhellt wird, um die es uns geht. Der Grund, warum Dichter keine Versdramen mehr schreiben können, liegt vielleicht irgendwo in dieser Richtung.

Es gibt ein vages, geheimnisvolles Ding namens Lebenseinstellung. Wir alle kennen Menschen – wenn wir uns von der Literatur für einen Augenblick dem Leben zuwenden –, die mit dem ihren hadern; unglückliche Menschen, die nie bekommen, was sie wollen; die enttäuscht sind, sich ständig beklagen, in einem unbequemen Winkel dastehen, aus dem sie alles schief sehen. Dann wieder gibt es welche, die zwar vollkommen zufrieden wirken, aber jede Verbindung zur Wirklichkeit verloren zu haben scheinen. Sie verschwenden all ihre Zuneigung an kleine Hunde und altes Porzellan. Sie interessieren sich für nichts anderes als die Wechselfälle ihrer eigenen Gesundheit und das Auf und Ab in ihren versnobten Gesellschaftskreisen. Es gibt jedoch andere, die auf uns den Eindruck machen – warum genau, läßt sich schwer sagen –, daß sie von Natur aus oder durch die Umstände in der Lage sind, ihre Fähigkeiten zur Gänze auf Dinge von Belang zu richten. Sie sind nicht unbedingt glücklich oder erfolgreich, aber sie haben etwas Schwungvolles in ihrem Wesen, ein Interesse an ihrem Tun. Sie wirken ganz und gar lebendig. Das mag teilweise das Ergebnis der Umstände sein – sie sind in eine Umgebung hineingeboren worden, die zu ihnen paßt –, aber weitaus mehr ist es das Ergebnis eines glücklichen Gleichgewichts ihrer Eigenschaften, so daß sie die Dinge nicht aus einem ungünstigen Winkel sehen, völlig schief; auch nicht verzerrt durch einen Nebel; sondern klar und deutlich, im richtigen Verhältnis; sie erfassen etwas Festes; wenn sie handeln, bewirken sie etwas.

Auch Autoren haben eine Lebenseinstellung, obwohl es ihnen um ein anderes Leben geht. Auch sie können in einem unbequemen Winkel dastehen; können verwirrt, verbittert sein, außerstande, das zu erreichen, was sie als Schriftsteller anstreben. Das trifft zum Beispiel auf die Romane von George Gissing[2] zu. Oder sie ziehen sich in die Villenviertel zurück und verschwenden ihr Interesse an Schoßhündchen und Herzoginnen – Koketterien, Sentimentalitäten, Snobismen, und dies trifft auf einige unserer erfolgreichsten Romanciers zu. Aber es gibt andere, die von Natur aus oder durch die Umstände in der Lage sind, ihre Fähigkeiten uneingeschränkt auf belangvolle Dinge zu verwenden. Nicht, daß sie schnell oder leicht schreiben oder sofort erfolgreich sind oder berühmt werden. Man ist vielmehr bemüht, eine Eigenart zu ergründen, die in den meisten der großen Literaturepochen vorhanden ist und im Werk der elisabethanischen Dramatiker am deutlichsten hervortritt. Sie scheinen eine Lebenseinstellung zu haben, eine Haltung, die es ihnen erlaubt, ihre Glieder frei zu bewegen; eine Sichtweise, die zwar aus vielerlei verschiedenen Dingen besteht, ihnen aber für ihre Zwecke die richtige Perspektive gewährt.

Zum Teil war das natürlich das Ergebnis der Umstände. Der Hunger der Menschen nicht nach Büchern, sondern nach dem Drama, die Kleinheit der Städte, die Entfernungen, die die Menschen trennten, das Unwissen, in dem damals sogar die Gebildeten lebten, durch all das war es für die elisabethanische Vorstellung ganz natürlich, sich mit Löwen und Einhörnern zu füllen, mit Herzögen und Herzoginnen, Bluttaten und Geheimnissen. Dies wurde noch verstärkt durch etwas, was wir nicht so einfach erklären, aber deutlich spüren können. Sie hatten eine Lebenseinstellung, die sie befähigte, sich frei und uneingeschränkt auszudrükken. Shakespeares Stücke sind nicht das Werk eines verwirrten und verbitterten Geistes; sie sind die vollkommen elastische Hülle seiner Gedanken. Reibungslos wechselt er von Philosophie zu einer betrunkenen Rauferei; von Liebesliedern zu einem Streit; von schlichtem Ulk zu tiefsinniger Betrachtung. Und für alle elisabethanischen Dramatiker gilt, daß sie uns zwar langweilen mögen – und das tun sie –, uns aber nie das Gefühl geben, daß sie Angst haben oder befangen sind, oder daß irgend etwas den freien Fluß ihres Geistes hemmt, hindert oder aufhält.

Unser erster Gedanke jedoch, wenn wir ein modernes Versdrama aufschlagen – und dies trifft auch auf einen Großteil der modernen Lyrik zu –, ist, daß der Autor sich in seiner Haut nicht wohl fühlt. Er ist verängstigt, er ist angespannt, er ist gehemmt. Und aus guten Gründen!, mögen wir ausrufen, denn wer von uns fühlt sich vollkommen wohl in Gegenwart eines Mannes in einer Toga namens Xenokrates oder einer Frau in einem Bettlaken namens Eudoxa? Doch aus irgendeinem Grunde handelt das moderne Versdrama immer von Xenokrates und nicht von Mr Robinson; es handelt von Thessalien und nicht von der Charing Cross Road.[3] Als die Elisabethaner ihre Stücke in fremden Gefilden spielen ließen und ihre Helden und Heldinnen zu Prinzen und Prinzessinnen machten, da verlegten sie den Schauplatz nur von der einen auf die andere Seite eines sehr dünnen Schleiers. Es war ein üblicher Kunstgriff, der ihren Gestalten Tiefe und Ferne gab. Aber das Land blieb englisch; und der böhmische Prinz war identisch mit dem englischen Edelmann. Unsere modernen Versdramatiker jedoch scheinen den Schleier der Vergangenheit und der Ferne aus einem anderen Grund zu suchen. Sie wollen keinen Schleier, der steigert, sondern einen Vorhang, der verbirgt; sie verlegen ihren Schauplatz in die Vergangenheit, weil sie Angst vor der Gegenwart haben. Ihnen ist bewußt, wenn sie versuchen würden, die Gedanken, die Visionen, die Sympathien und Antipathien auszudrücken, die sich gegenwärtig, in diesem Jahr des Heils 1927, in ihrem Hirn tummeln, dann würde der poetische Anstand verletzt werden; sie könnten nur stammeln und stolpern und müßten sich vielleicht hinsetzen oder das Zimmer verlassen. Die Elisabethaner hatten eine Haltung, die ihnen völlige Freiheit gestattete; der moderne Dramatiker hat entweder überhaupt keine Haltung oder eine so angestrengte, daß sie seine Gliedmaßen verkrampft und seine Sehweise verzerrt. Er muß deshalb Zuflucht zu Xenokrates nehmen, der nichts sagt oder nur das, was Blankverse mit Anstand sagen können.

Aber können wir das ein wenig gründlicher erläutern? Was hat sich verändert, was ist geschehen, was hat den Autor jetzt in eine solche Schräglage versetzt, daß er seinen Geist nicht mehr geradewegs in die Flußbetten der englischen Poesie gießen kann? Eine Art von Antwort mag sich ergeben aus einem Gang durch die Straßen irgendeiner großen Stadt. Die langen Zeilen aus Ziegeln sind in Kästen aufgeteilt, und jeder davon wird von einem anderen Menschen bewohnt, der Schlösser an seinen Türen und Riegel an seinen Fenstern angebracht hat, um für sich zu sein, jedoch mit seinen Mitmenschen durch Drähte verbunden ist, die hoch über ihm verlaufen, durch Schallwellen, die ins Dach eindringen und laut zu ihm sprechen von Schlachten und Morden und Streiks und Revolutionen überall auf der Welt. Und wenn wir hineingehen und mit ihm reden, werden wir feststellen, daß er ein scheues, unzugängliches, argwöhnisches Tier ist, außerordentlich gehemmt, außerordentlich darauf bedacht, nichts von sich preiszugeben. Dabei gibt es im modernen Leben nichts, was ihn dazu zwingt. Es gibt keine Gewalt im privaten Miteinander; wir sind höflich, tolerant und umgänglich, wenn wir uns begegnen. Sogar Krieg wird eher von Firmen und Gesellschaften geführt als von Einzelnen. Das Duellwesen ist ausgestorben. Das Band der Ehe kann sich unendlich dehnen, ohne zu zerreißen. Der normale Mensch ist ruhiger, ausgeglichener, beherrschter als früher.

Aber dann wiederum, sollten wir einen Spaziergang mit unserem Freund unternehmen, würden wir feststellen, daß er außerordentlich empfänglich ist für alles – für Häßlichkeit, Verkommenheit, Schönheit, Vergnügen. Er folgt jedem Gedanken ohne Rücksicht darauf, wohin er ihn führen könnte. Er spricht offen über Dinge, die früher nicht einmal im privaten Kreis erwähnt wurden. Und eben diese Freiheit und Neugier sind vielleicht die Ursache für das, was sein hervorstechendstes Merkmal zu sein scheint – die seltsame Art, in der Dinge, die keine offensichtliche Verbindung haben, in seinem Kopf miteinander verknüpft sind. Gefühle, die früher einzeln und getrennt voneinander auftraten, tun das nicht mehr. Schönheit ist teils Häßlichkeit; Vergnügen teils Ekel; Freude teils Schmerz. Empfindungen, die früher als ein Ganzes den Kopf betraten, werden jetzt auf der Schwelle zerstückelt.

Zum Beispiel: Es ist eine Frühlingsnacht, der Mond scheint, die Nachtigall singt, die Weiden beugen sich über den Fluß. Ja, aber gleichzeitig sitzt eine kranke alte Frau auf einer häßlichen eisernen Bank und wühlt in ihren schmierigen Lumpen. Sie und der Frühling dringen gemeinsam in seinen Kopf; sie vermengen sich, verschmelzen aber nicht. Die beiden Empfindungen, so disparat gepaart, gehen einhellig mit Bissen und Tritten aufeinander los. Aber das Gefühl, das Keats empfand, als er den Gesang der Nachtigall[4] hörte, ist ein einziges und ganzes, auch wenn es sich von Freude an der Schönheit zu Trauer über das unglückliche Menschenschicksal wandelt. Er schafft keinen Gegensatz. In seinem Gedicht ist Trauer der Schatten, der die Schönheit begleitet. Im modernen Geist wird Schönheit nicht von ihrem Schatten, sondern von ihrem Gegensatz begleitet. Beim modernen Dichter singt die Nachtigall »jug jug to dirty ears«.[5] An der Seite unserer modernen Schönheit tänzelt ein spöttischer Kobold einher, der die Schönheit verhöhnt, weil sie schön ist; der den Spiegel umdreht und uns zeigt, daß die andere Seite ihrer Wange blatternarbig und entstellt ist. Es ist, als habe der moderne Geist, der beständig seine Gefühle verifizieren möchte, die Kraft verloren, irgend etwas einfach für das zu nehmen, was es ist. Zweifellos hat diese skeptische und prüfende Haltung zu einer starken Erfrischung und Belebung der Seele geführt. Es ist eine Freimütigkeit, eine Ehrlichkeit in der modernen Literatur, die heilsam, wenn nicht sogar höchst erfreulich ist. Die moderne Literatur, die mit Oscar Wilde und Walter Pater ein wenig schwül und parfümiert geworden war, lebte augenblicklich auf aus ihrer Lethargie zu Ende des neunzehnten Jahrhunderts, als Samuel Butler und Bernard Shaw[6] begannen, ihre Federn zu versengen und ihr als Riechsalz unter die Nase zu halten. Sie erwachte; sie setzte sich auf; sie nieste. Natürlich verscheuchte das die Dichter.

Denn selbstverständlich stand die Poesie immer ganz und gar auf der Seite der Schönheit. Sie hat immer auf bestimmten Rechten beharrt, als da sind Reim, Metrum und poetische Sprache. Sie ist nie für den Alltag des Lebens benutzt worden. All diese Drecksarbeit hat sich die Prosa aufgeladen; hat Briefe beantwortet, Rechnungen bezahlt, Artikel geschrieben, Reden gehalten und sich in Dienst nehmen lassen von Geschäftsleuten, Ladenbesitzern, Anwälten, Soldaten und Bauern.

Die Poesie wahrte Abstand und blieb im Besitz ihrer Priester. Vielleicht ist sie zur Strafe für diese Abgeschiedenheit ein wenig steif geworden. Ihr Auftreten mit all ihrer Ausstattung – ihren Schleiern, ihren Girlanden, ihren Erinnerungen, ihren Assoziationen – berührt uns, sobald sie spricht. Wenn wir daher von der Poesie verlangen, all das auszudrücken, diesen Widerspruch, diese Unvereinbarkeit, diesen Hohn, diesen Gegensatz, diese Neugier, die lebhaften, kuriosen Gefühle, die in kleinen, geschlossenen Zimmern hervorgebracht werden, die umfassenden, allgemeinen Ideen, die die Zivilisation lehrt, so kann sie sich nicht rasch genug, nicht einfach genug oder weit genug bewegen, um das zu tun. Ihr Tonfall ist zu akzentuiert, ihre Manier zu emphatisch. Stattdessen bietet sie uns lockende lyrische Schreie der Leidenschaft; mit einer majestätischen Armbewegung bedeutet sie uns, zur Vergangenheit Zuflucht zu nehmen; aber sie hält nicht Schritt mit dem Geist, wirft sich nicht geschickt, rasch und leidenschaftlich in seine diversen Leiden und Freuden. Byron wies in *Don Juan*[7] den Weg; er zeigte, welch ein anpassungsfähiges Instrument die Poesie werden könnte, aber niemand ist seinem Beispiel gefolgt oder hat sein Werkzeug weiter in Gebrauch genommen. Wir bleiben ohne ein Versdrama.

So kommen wir zu der Überlegung, ob die Poesie zu der Aufgabe fähig ist, die wir ihr jetzt stellen. Es mag sein, daß die hier so grob umrissenen und dem modernen Geist unterstellten Gefühle sich eher der Prosa fügen als der Poesie. Es mag sein, daß die Prosa einige der Pflichten übernehmen wird – ja, schon übernommen hat –, die einst der Poesie oblagen.

Wenn wir nun kühn sind und es riskieren, uns lächerlich zu machen, und zu sehen versuchen, in welche Richtung wir, die wir uns so schnell zu bewegen scheinen, gehen, können wir vermuten, daß wir in die Richtung der Prosa gehen und daß in zehn oder fünfzehn Jahren die Prosa für Zwecke benutzt werden wird, für die sie noch nie benutzt worden ist. Dieser Kannibale, der Roman, der schon so viele Kunstformen verschlungen hat, wird dann noch weitere verschlungen haben. Wir werden gezwungen sein, neue Namen für die verschiedenen Bücher zu erfinden, die sich hinter der Maskerade dieses einen Titels verbergen. Und es ist möglich, daß unter diesen sogenannten Romanen einer sein wird, den wir kaum zu taufen wissen werden. Er wird in Prosa geschrieben sein, aber in einer Prosa, die viele der Merkmale der Poesie hat. Er wird etwas von der Erhabenheit der Poesie haben, aber viel von der Gewöhnlichkeit der Prosa. Er wird dramatisch sein und doch kein Theaterstück. Er wird gelesen, nicht gespielt werden. Mit welchem Namen wir ihn belegen, ist nicht von sehr großer Wichtigkeit. Wichtig ist, daß dieses Buch, das wir am Horizont sehen, vielleicht dazu dienen wird, einige jener Gefühle auszudrücken, denen sich gegenwärtig die reine Poesie verweigert und denen sich das Drama ebenso ungastlich zeigt. Also wollen wir versuchen, näher darauf einzugehen und uns vorzustellen, was sein Bereich und seine Natur sein mögen.

Vor allem kann man annehmen, daß er sich von dem Roman, wie wir ihn jetzt kennen, hauptsächlich darin unterscheiden wird, daß er größeren Abstand zum Leben hält. Er wird, wie es die Poesie tut, eher den Umriß als die Einzelheit bieten. Er wird wenig Gebrauch machen von der fabelhaften Kraft, Fakten festzuhalten, die eines der Kennzeichen der Romanliteratur ist. Er wird uns sehr wenig über die Häuser, die Einkommen, die Berufe seiner Personen erzählen; er wird wenig Verwandtschaft mit dem Gesellschaftsroman oder dem Milieuroman haben. Mit diesen Einschränkungen wird er die Gefühle und Ideen der Charaktere genau und lebendig ausdrücken, aber aus einem anderen Blickwinkel. Er wird der Poesie darin ähneln, daß er nicht nur oder hauptsächlich die Beziehungen der Personen untereinander und ihre gemeinsamen Aktivitäten schildern wird, wie es der Roman bisher getan hat, sondern er wird die Beziehungen des Geistes zu allgemeinen Ideen und sein einsames Selbstgespräch wiedergeben. Denn unter der Herrschaft des Romans haben wir einen Teil des Geistes genau untersucht und einen anderen unerforscht gelassen. Wir haben inzwischen vergessen, daß ein großer und wichtiger Teil des Lebens aus unseren Gefühlen zu Dingen wie Rosen und Nachtigallen, der Morgenröte, dem Sonnenuntergang, Leben, Tod und Schicksal besteht; wir vergessen, daß wir viel Zeit mit Schlafen, Träumen, Nachdenken und Lesen verbringen, allein; wir gehen nicht völlig in persönlichen Beziehungen auf; nicht all unsere Kräfte werden von unserem Lebensunterhalt verbraucht. Der psychologische Romancier hat zu sehr dazu geneigt, die Psychologie auf die Psychologie der privaten Beziehungen zu beschränken; wir sehnen uns manchmal danach, ihr zu entkommen, dieser unaufhörlichen, gnadenlosen Analyse des Verliebens und Entliebens, dessen, was Tom für Judith empfindet und was Judith ebenso oder doch nicht ganz so für Tom empfindet. Wir sehnen uns nach einer unpersönlicheren Beziehung. Wir sehnen uns nach Ideen, nach Träumen, nach Phantasievorstellungen, nach Poesie.

Und es ist eine der Ruhmestaten der elisabethanischen Dramatiker, daß sie uns dies geben. Der Dichter ist stets fähig, über die Eigenart von Hamlets Beziehung zu Ophelia hinauszugehen und uns an seinen Fragen nicht nur zu seinem eigenen Schicksal, sondern zum gesamten menschlichen Dasein teilnehmen zu lassen. In *Measure for Measure* zum Beispiel sind Passagen von äußerster psychologischer Feinheit untermischt mit tiefsinnigen Gedanken und ungeheuerlichen Phantasievorstellungen. Doch bemerkenswert ist, daß Shakespeare uns zwar diese Tiefe, diese Psychologie bietet, aber gleichzeitig keinen Versuch unternimmt, uns bestimmte andere Dinge zu bieten. Als »angewandte Soziologie« sind die Stücke von keinerlei Nutzen. Wären wir auf sie angewiesen, um Kenntnis von den sozialen und ökonomischen Bedingungen des elisabethanischen Lebens zu erhalten, dann würden wir im Dunkeln tappen.

In dieser Hinsicht also wird der Roman oder die Spielart des Romans, die in künftiger Zeit geschrieben werden wird, einige der Eigenschaften der Poesie annehmen. Er wird die Beziehungen des Menschen zur Natur, zum Schicksal wiedergeben; seine Phantasie; seine Träume. Aber er wird auch den Hohn wiedergeben, den Gegensatz, die Frage, die Nähe und Vielschichtigkeit des Lebens. Er wird die Gußform annehmen von jenem kuriosen Gemisch unvereinbarer Dinge – dem modernen Geist. Deshalb wird er die kostbaren Vorrechte an seine Brust drücken, die der demokratischen Kunst der Prosa eigen sind; ihre Freiheit, ihre Furchtlosigkeit, ihre Flexibilität. Denn die Prosa ist so bescheiden, daß sie überall hingehen kann; kein Ort ist ihr zu niedrig, zu verkommen oder zu gemein. Sie ist unendlich geduldig, auch in aller Bescheidenheit von einnehmendem Wesen. Sie kann mit ihrer langen klebrigen Zunge die kleinsten Bruchstückchen der Wirklichkeit auflecken und sie zu den raffiniertesten Labyrinthen fügen und still an Türen horchen, hinter denen nur ein Murmeln, ein Flüstern zu hören ist. Mit all der Geschmeidigkeit eines Werkzeugs, das ständig in Gebrauch ist, kann sie den Windungen folgen und die Veränderungen aufzeichnen, die so typisch sind für den modernen Geist. Dem müssen wir, mit Proust und Dostojewski im Rücken, zustimmen.

Aber kann Prosa, fragen wir uns, so geeignet sie auch ist, mit dem Gewöhnlichen und dem Vielschichtigen umzugehen – kann Prosa die einfachsten Dinge sagen, die so ungeheuerlich sind? Die plötzlichen Gefühle wiedergeben, die so überraschend sind? Kann sie eine Elegie anstimmen oder die Liebe besingen oder Entsetzensschreie ausstoßen oder die Rose preisen, die Nachtigall oder die Schönheit der Nacht? Kann sie mit einem Sprung zum Kern des Themas vordringen, wie es der Dichter tut? Ich glaube nicht. Das ist die Strafe, die sie dafür zahlt, auf die Beschwörung und das Mysterium, auf Reim und Metrum verzichtet zu haben. Es stimmt, daß Prosaschriftsteller kühn sind; ständig zwingen sie ihr Instrument, sich daran zu versuchen. Man hat jedoch immer ein Gefühl von Unbehagen angesichts eines Purpurflickens oder eines Prosagedichts. Der Einwand gegen den Purpurflicken ist nicht, daß er purpurn ist, sondern daß er ein Flicken ist. Erinnern wir uns zum Beispiel an Merediths ›Zwischenspiel auf der Weidenpfeife‹ in *Richard Feverel*.[8] Wie ungeschickt, wie emphatisch beginnt es mit gebrochenem Metrum: »Golden lie the meadows; golden run the streams; red-gold is on the pinestems. The sun is coming down to earth and walks the fields and the waters.« Oder man erinnere sich an die berühmte Beschreibung des Unwetters am Ende von Charlotte Brontës *Villette*.[9] Diese Passagen sind ausdrucksvoll, lyrisch, glänzend; herausgeschnitten und in eine Anthologie gesteckt lesen sie sich sehr gut; aber im Zusammenhang des Romans bereiten sie uns Unbehagen. Denn sowohl Meredith als auch Charlotte Brontë nannten sich Romanciers; sie traten nah ans Leben heran; sie gaben uns Anlaß, den Rhythmus, die Beobachtungskraft und die Sehweise der Poesie zu erwarten. Wir spüren den Ruck und die Anstrengung; halb werden wir geweckt aus dieser Trance von Zustimmung und Illusion, in der unsere Unterwerfung unter die Macht der Einbildungskraft des Autors am vollständigsten ist.

Aber lassen Sie uns jetzt ein anderes Buch betrachten, das zwar in Prosa geschrieben ist und gemeinhin als Roman bezeichnet wird, aber von Anfang an eine andere Haltung einnimmt, einen anderen Rhythmus, das vom Leben ein Stück zurücktritt und uns Anlaß gibt, eine andere Sehweise zu erwarten – *Tristram Shandy*.[10] Es ist ein Buch voller Poesie, was uns aber gar nicht auffällt; es ist ein tief in Purpur getauchtes Buch, jedoch gänzlich ohne Flicken. Bei allem ständigen Stimmungswandel weckt uns hier kein Ruck, kein Holpern aus den Tiefen der Zustimmung und des Glaubens. Sterne gelingt es, in ein und demselben Atemzug zu lachen, höhnisch zu feixen, einen unanständigen Witz zu reißen und eine Passage wie diese anzuschließen:

> … die Zeit schwindet zu rasch davon; jeder Buchstabe, den ich hinschreibe, sagt mir, mit welcher Schnelligkeit das Leben meiner Feder folgt; seine Tage und Stunden, die köstlicher sind, liebe Jenny!, als die Rubinen um deinen Hals, sie fahren über unsern Häuptern dahin gleich leichten Wolken an einem windigen Tag, ohne Wiederkehr – ein Jegliches dränget voran – während du noch diese Locke ringelst, – siehe! sie ist grau geworden; und jeder Kuß, den als Adieu auf deine Hand ich hauche, und jeder Abschied, so darauf folgt, sind Präludien jener ew'gen Trennung, die uns bald kommen muß. –
> – Der Himmel erbarme sich unser!
>
> KAP. IX.
>
> Nun, was die Welt von diesem Stoßseufzer wohl vermeinet – keinen Groschen gäb' ich drum.[11]

Worauf er sich Onkel Toby, dem Korporal, Mrs Shandy und allen übrigen wieder zuwendet.

Hier, wie man sieht, verwandelt sich Poesie flugs und ganz natürlich in Prosa, Prosa in Poesie. Ein wenig abseits stehend, legt Sterne die Hände leicht auf Phantasie, Witz und Einfallsreichtum; und so, hoch hinauflangend zwischen die Zweige, wo solche Dinge wachsen, begibt er sich selbstverständlich und zweifellos absichtlich seines Rechts auf die nahrhafteren Feldfrüchte, die am Boden wachsen. Denn leider stimmt es wohl, daß irgendein Verzicht unvermeidlich ist. Man kann die schmale Brücke der Kunst nicht überqueren mit allen ihren Werkzeugen in den Händen. Einige muß man zurücklassen, sonst läßt man sie mitten über dem Fluß fallen oder, was noch schlimmer ist, verliert selbst das Gleichgewicht und ertrinkt.

Diese namenlose Spielart des Romans wird also aus einem gewissen Abstand zum Leben geschrieben werden, denn das ermöglicht eine umfassendere Sicht auf einige seiner wichtigen Eigenheiten; sie wird in Prosa geschrieben werden, denn Prosa, von der Lasttierarbeit befreit, die ihr so viele Romanciers unvermeidlich aufbürden, von den Fudern an Einzelheiten, den Scheffeln an Fakten – Prosa, so gewendet, wird sich fähig zeigen, sich hoch vom Boden zu erheben, nicht pfeilgerade, aber doch in Bögen und Kreisen, und gleichzeitig in Verbindung zu bleiben mit den Belustigungen und Eigentümlichkeiten des Menschen im täglichen Leben.

Es bleibt jedoch eine weitere Frage. Kann Prosa dramatisch sein? Gewiß, Shaw und Ibsen haben Prosa dramatisch benutzt, und das mit dem größten Erfolg, aber sie sind der dramatischen Form treu geblieben. Diese Form, das läßt sich prophezeien, ist nicht diejenige, die der Versdramatiker der Zukunft als die für seine Bedürfnisse geeignete betrachten wird. Ein Prosadrama ist für seine Zwecke zu starr, zu begrenzt, zu emphatisch. Es läßt die Hälfte der Dinge, die er sagen will, durch seine Maschen schlüpfen. All die Beobachtungen, all die Darlegungen, all den Reichtum, den er geben will, kann er nicht in Dialoge pressen. Dennoch gelüstet es ihn nach der explosiven emotionalen Wirkung des Dramas; er will seine Leser zur Ader lassen und nicht nur ihre intellektuelle Erregbarkeit streicheln und kitzeln. Die Lockerheit und die Freiheit von *Tristram*

Shandy, so wunderbar sie solche Gestalten wie Onkel Toby und Korporal Trim umkreisen und zum Schweben bringen, versuchen nicht, diese Personen in dramatischem Kontrast aufzustellen und gegeneinander antreten zu lassen. Deshalb wird der Autor dieses schwierigen Buches auf seine tumultuarischen und widersprüchlichen Gefühle die verallgemeinernde und vereinfachende Kraft einer strengen und logischen Einbildungskraft einwirken lassen müssen. Tumult ist übel; Verwirrung ist abscheulich; alles in einem Kunstwerk sollte gebändigt und geordnet sein. Das Bemühen des Autors wird sein, zu verallgemeinern und aufzuspalten. Statt Einzelheiten aufzuzählen, wird er Blöcke formen. Seine Charaktere werden daher eine dramatische Kraft haben, die bei den minutiös ausgeführten Charakteren zeitgenössischer Romane häufig im Interesse der Psychologie geopfert wird. Und dann, obwohl das kaum sichtbar ist, so weit entfernt liegt es am Rande des Horizonts – kann man sich vorstellen, daß er seinen Interessenkreis weit genug vergrößert haben wird, um einige jener Einflüsse zu dramatisieren, die im Leben eine so große Rolle spielen, dem Romancier jedoch bislang entgangen sind – die Macht der Musik, der Reiz des Sichtbaren, die Wirkung der Form von Bäumen oder des Spiels von Farben auf uns, die Regungen, die Menschenmengen in uns hervorrufen, die dunklen Angst- und Haßgefühle, die so unerklärlich an bestimmten Orten oder in Gegenwart bestimmter Menschen in uns aufsteigen, die Freude der Bewegung, die berauschende Wirkung des Weins. Jeder Augenblick ist der Mittelpunkt und Treffpunkt ungeheuer vieler Wahrnehmungen, die noch nie ausgedrückt worden sind. Das Leben ist immer und zwangsläufig viel reicher als wir, die wir versuchen, es auszudrücken.

Aber es bedarf keiner großen Gabe der Prophetie für die Gewißheit, daß jeder, der zu tun versucht, was hier umrissen worden ist, all seinen Mut brauchen wird. Die Prosa wird nicht auf Geheiß des Erstbesten, der daherkommt, einen neuen Tanzschritt lernen. Doch wenn die Zeichen der Zeit irgend etwas wert sind, dann empfindet man allgemein das Bedürfnis nach neuen Entwicklungen. Sicher ist, daß es in England, Frankreich und Amerika vereinzelt Autoren gibt, die versuchen, sich aus Fesseln zu befreien, die ihnen lästig geworden sind; Autoren, die versuchen, ihre Haltung zu korrigieren, so daß sie wieder eine gelassene und natürliche Stellung einnehmen, in der sie ihre Kräfte voll entfalten und belangvollen Dingen zuwenden können. Und wenn uns ein Buch nicht durch seine Schönheit oder seinen Glanz beeindruckt, sondern als Ergebnis dieser Haltung, dann wissen wir, es trägt in sich die Saat fortdauernden Lebens.

Deutsch von Heidi Zerning

Anmerkungen

Der Essay erschien unter dem Titel ›Poetry, Fiction and the Future‹ in zwei Teilen am 14. und 21. August 1927 im *New York Herald Tribune*. Der Titel ›The Narrow Bridge of Art‹ stammt von LW.

1 John Dryden (1631–1700), klassizistischer Dichter, Übersetzer und Dramatiker. – William Wordsworth (1770–1850), Dichter der älteren Romantikergeneration; seine Verstragödie *The White Doe of Rylstone* erschien 1815. – Samuel Taylor Coleridge (1772–1834), Dichterkollege Wordsworths; von seinen drei Versdramen wurde *Remorse* 1813 am Drury Lane Theatre aufgeführt. – Percy Bysshe Shelley (1792–1822), Dichter der jüngeren Romantikergeneration; von seinen Versdramen sind bemerkenswert *The Cenci* (1819) und *Prometheus Unbound* (1820). – John Keats (1795–1821) schrieb 1819 zwei Dramenfragmente, ›Stephen King‹ und ›Otho the Great‹. – Alfred, Lord Tennyson (1809–1892) schrieb mehrere Dramen, darunter *Queen Mary* (1875) und *Becket* (1884). – Von Algernon Charles Swinburne (1837–1909), dem großen Dichter klassischer Formen, von Rudolf Borchardt geschätzt und übersetzt, ist *Atalanta in Calydon* (1865) lesenswert geblieben. – Der Dichter Robert Browning (1812–1889) schrieb unter anderem die Dramen *Strafford* (1837) und *Colombe's Birthday* (1844).

2 Zu George Gissing (1857–1903) siehe VWs Essay ›George Gissing‹, in: *Der gewöhnliche Leser 2*, Frankfurt: S. Fischer, 1990, S. 260–267.

3 Vermutlich sind die Figuren dieses »modernen« Versdramas eine Erfindung VWs.

4 John Keats, ›Ode to a Nightingale‹ (1819).

5 T.S. Eliot, *The Waste Land* (1922), II, ›A Game of Chess‹, Vers 100ff.: »... yet there the nightingale / Filled all the desert with inviolable voice / And still she cried, and still the world pursues, ›Jug Jug‹ to dirty ears.« (»... die Nachtigall allda / Durchschallt die Wüste mit gefeitem Schlag / Noch tönt ihr Ruf, noch macht die Welt drauf Jagd, / ›Bül bül‹ zotigen Ohren.« Deutsch von Eva Hesse.)

6 Oscar Wilde (1854–1900), Theaterautor, Verfasser des Romans *The Picture of Dorian Gray* (1890). – Walter Pater (1839–1894) galt als Meister einer ästhetizistischen englischen Prosa, die z.B. den jungen Hofmannsthal beeinflußte (*Imaginary Portraits*, 1887). – Samuel Butler (1835–1902), dessen utopischer Roman *Erewhon* (1872) sowie der anti-viktorianische autobiographische Roman *The Way of All Flesh* (1903) noch heute gelesen werden. – George Bernard Shaw (1856–1950), vielgespielter Dramatiker.

7 George Gordon, Lord Byron (1788–1824), Dichter der jüngeren Romantikergeneration. Die unvollendete epische Satire *Don Juan* erschien in Fortsetzungen von 1819 bis 1824.

8 George Meredith (1828–1909), *The Ordeal of Richard Feverel, A History of Father and Son* (1859). Daraus das folgende Zitat: »Golden liegen die Wiesen; golden rinnen die Bäche: Rotgold ist auf den Kiefernstämmen. Die Sonne kommt auf die Erde herab und geht einher auf Feldern und Wassern.« (Bd. I, Kap. XX. Deutsch von Julie Sotteck, Berlin: S. Fischer, 1904.) Siehe auch VWs Essay ›Die Romane George Merediths‹, in: *Der gewöhnliche Leser 2*, S. 268–280.

9 Charlotte Brontë (1816–1855), *Villette* (1853). »Die Beschreibung eines Sturmes ist es, mit der Charlotte ihren schönsten Roman, *Villette*, zu Ende führt. ›Die Himmel hängen voll und dunkel – zerfetztes Gewölk segelt von Westen; die Wolken formen sich zu seltsamen Gebilden ...‹ So ruft sie die Natur herbei, um einen geistigen Zustand zu beschreiben, der anders nicht auszudrücken war.« Zitiert nach VWs Essay ›*Jane Eyre* und *Wuthering Heights*‹, in: *Der gewöhnliche Leser 1*, Frankfurt: S. Fischer, 1989, S. 189–195.

10 Laurence Sterne (1713–1768), *The Life and Opinions of Tristram Shandy* (1759–67), Band IX, Schluß von Kap. VIII.

11 *Leben und Meinungen des Tristram Shandy*, übersetzt von Michael Walter, Frankfurt: Fischer Taschenbuch Verlag, 2010 (zuerst Zürich: Haffmans 1984–91) S. 651.

Stunden in einer Bibliothek

Beginnen wir damit, daß wir der alten Verwechslung von Menschen, die die Gelehrsamkeit lieben, mit solchen, die das Lesen lieben, ein Ende bereiten und konstatieren, daß zwischen beiden keinerlei Zusammenhang besteht. Ein gelehrsamer Mann ist ein meist sitzender, konzentrierter, einsiedlerischer Enthusiast, der Bücher nach irgendeinem speziellen Körnchen Wahrheit durchsucht, an das er sein Herz gehängt hat. Sollte ihn die Leseleidenschaft überwältigen, schrumpfen seine Gewinne und zerrinnen ihm zwischen den Fingern. Ein Leser dagegen muß seinen Wunsch nach Wissen von Anfang an zügeln; falls Wissen an ihm kleben bleibt, schön und gut, aber sich auf die Suche danach zu begeben, nach einem System zu lesen, ein Spezialist oder eine Koryphäe zu werden, würde aller Voraussicht nach vernichten, was wir gern als die humanere Liebe zum reinen, auf keinen Gewinn bedachten Lesen betrachten.

All dem zum Trotz können wir mit Leichtigkeit ein Bild heraufbeschwören, das auf den bücherbesessenen Menschen zutrifft und ein Lächeln auf seine Kosten hervorruft. Wir sehen eine bleiche, hagere Gestalt im Morgenmantel, in Grübeleien versunken, unfähig, einen Kessel vom Herd zu heben oder eine Dame anzusprechen, ohne rot zu werden, ahnungslos, was die Tagesereignisse angeht, aber wohlvertraut mit den Katalogen der Antiquare, in deren dunklen Räumlichkeiten er die Stunden des Sonnenlichts verbringt – ein liebenswerter Charakter, ohne jeden Zweifel, mit seiner griesgrämigen Naivität, doch ohne die geringste Ähnlichkeit mit jenem anderen, auf den wir die Aufmerksamkeit lenken möchten. Denn der wahre Leser ist im wesentlichen jung. Er ist ein Mann von intensiver Neugier; voller Ideen; offen und mitteilsam, für den das Lesen eher so etwas wie ein flotter Spaziergang an der frischen Luft denn ein Aufenthalt in der Zurückgezogenheit eines Arbeitszimmers ist; er stapft über Landstraßen, klettert immer höher in die Berge hinauf, bis die Luft fast zu dünn ist, um noch atmen zu können; für ihn ist es überhaupt keine sitzende Beschäftigung.

Aber von allgemeinen Aussagen einmal abgesehen, wäre es nicht schwer, durch eine Zusammenstellung von Fakten zu beweisen, daß die große Zeit des Lesens das Alter zwischen achtzehn und vierundzwanzig ist. Allein die Liste dessen, was während dieser Zeit gelesen wird, erfüllt das Herz älterer Menschen mit Verzweiflung. Nicht nur, daß wir so viele Bücher gelesen haben, sondern daß wir solche Bücher zum Lesen hatten. Nehmen wir uns, um unsere Erinnerungen aufzufrischen, eines der alten Notizbücher hervor, die wir alle zu irgendeinem Zeitpunkt mit solcher Leidenschaft zu führen begannen. Die meisten Seiten sind leer, das ist wohl wahr; aber am Anfang finden wir eine gewisse Anzahl, die sehr schön mit auffallend leserlicher Schrift gefüllt sind. Hier haben wir die Namen großer Schriftsteller in der Rangfolge ihrer Verdienste aufgelistet; hier haben wir wundervolle Passagen aus den Klassikern abgeschrieben; hier sind Listen zu lesender Bücher; und hier, am interessantesten, Listen von Büchern, die tatsächlich gelesen wurden, wie der Leser mit einem gewissen Maß an jugendlicher Eitelkeit durch ein Häkchen in roter Tinte bezeugt. Wir wollen eine Liste der Bücher zitieren, die jemand in irgendeinem vergangenen Januar im Alter von zwanzig Jahren gelesen hat, die meisten davon wahrscheinlich zum ersten Mal. 1. *Rhoda Fleming*. 2. *The Shaving of Shagpat*. 3. *Tom Jones*. 4. *The Laodicean*. 5. *Psychology* von Dewey. 6. Das Buch Hiob. 7. Webbes *Discourse of Poesie*. 8. *The Duchess of Malfi*. 9. *The Revenger's Tragedy*.[1] Und so geht es Monat um Monat weiter, bis die Listen, wie es bei solchen Listen oft der Fall ist, im Monat Juni plötzlich aufhören. Doch wenn wir dem Leser durch die Monate folgen, wird klar, daß er praktisch nichts anderes getan haben kann als lesen. Die elisabethanische Literatur wurde mit einiger Gründlichkeit durchgegangen; er las eine Menge Webster,

Browning, Shelley, Spenser und Congreve; Peacock las er v[illegible] fang bis Ende; und die meisten Romane Jane Austens zwei- ode[illegible] dreimal.[2] Er las den ganzen Meredith, den ganzen Ibsen, und ein wenig Bernard Shaw. Wir dürfen zudem ziemlich sicher sein, daß die Zeit, die nicht mit Lesen verbracht wurde, irgendeiner hitzigen Debatte gewidmet war, in der die Griechen gegen neuzeitliche Autoren ins Feld geführt wurden, die Romantik geg[illegible] Realismus, Racine gegen Shakespeare, bis man bemerkte, d[illegible] Lichtschein der Lampen in der Morgendämmerung verblaßt[illegible]

Die alten Listen sind dazu da, uns lächeln und vielleicht ein w[illegible]nig seufzen zu lassen, aber wir würden viel dafür geben, wenn wir auch die Stimmung zurückholen könnten, in der diese Orgie des Lesens stattfand. Zum Glück war unser Leser kein Wunderkind, und mit ein bißchen Nachdenken können sich die meisten von uns zumindest an die Phasen unserer eigenen Initiation erinnern. Die Bücher, die wir in der Kindheit lasen, nachdem wir sie heimlich von irgendeinem Regal stibitzt hatten, das für uns als unerreichbar galt, besitzen etwas von der Unwirklichkeit und Erhabenheit einer heimlichen Betrachtung der Morgendämmerung, die über stillen Feldern hereinbricht, während der Rest des Hauses schläft. Durch die Vorhänge spähend sehen wir die fremdartigen Umrisse nebelverhangener Bäume, die wir kaum erkennen, obwohl wir sie vielleicht unser ganzes Leben lang in Erinnerung behalten; denn Kinder haben seltsame Vorahnungen dessen, was kommen wird. Das spätere Lesen dagegen, für das die oben angeführte Liste ein Beispiel sein mag, ist etwas völlig anderes. Vielleicht zum ersten Mal sind alle Einschränkungen weggefallen, wir können lesen, was wir wollen; Bibliotheken stehen uns zur Verfügung und, was das Beste ist, Freunde, die sich in derselben Lage befinden wie wir. Tagelang tun wir nichts anderes als lesen. Es ist eine Zeit außergewöhnlicher Erregung und Verzückung. Wie im Rausch scheinen wir überall Helden zu entdecken. In uns ist eine Art Staunen, daß wir das alles wirklich selbst tun, und, damit vermischt, eine absurde Arroganz und der Wunsch, unsere Vertrautheit mit den großartigsten Menschen kundzutun, die je auf dieser Welt wandelten. Die Gier nach Wissen ist zu dieser Zeit am leidenschaftlichsten oder zumindest am selbstbewußtesten, und zudem besitzen wir ein intensives Gefühl der Einzigartigkeit, das die großen Schriftsteller bestätigen, indem sie den Anschein erwecken, als stimmten sie in ihrer Einschätzung all dessen, was im Leben gut ist, mit uns überein. Und da es unabdingbar ist, uns gegen jemanden zu behaupten, der sich beispielsweise Pope statt Sir Thomas Browne[3] zum Helden erkoren hat, empfinden wir eine tiefe Zuneigung zu diesen Männern und haben das Gefühl, sie nicht so zu kennen, wie andere Menschen sie kennen, sondern ganz persönlich, für uns allein. Wir kämpfen unter ihrer Führung und sozusagen unter ihren Fahnen. Und so geistern wir durch die Antiquariate und schleppen Folio- und Quartbände nach Hause, Euripides zwischen Holzdeckeln und Voltaire in neunundachtzig Oktavbändchen.

Diese Listen sind jedoch insofern seltsame Dokumente, als sie kaum einen der zeitgenössischen Schriftsteller zu enthalten scheinen. Meredith und Hardy und Henry James waren zwar noch am Leben, als unser Leser sie entdeckte, galten jedoch bereits als Klassiker. Es gibt niemanden seiner eigenen Generation, der ihn so beeinflußt, wie Carlyle oder Tennyson oder Ruskin[4] die jungen Leute ihrer Zeit beeinflußten. Und das, so glauben wir, ist sehr charakteristisch für einen jungen Menschen, denn sofern es keinen anerkannten Giganten gibt, will er nichts mit unbedeutenderen Geistern zu tun haben, obwohl sie sich mit der Welt befassen, in der er lebt. Lieber geht er zurück zu den Klassikern und verkehrt ausschließlich mit Denkern von allererstem Rang. Für den Augenblick steht er über allen menschlichen Aktivitäten und beurteilt sie, aus seiner Distanz heraus, mit erlesener Strenge.

Eines der Anzeichen schwindender Jugend ist in der Tat die Geburt eines Gefühls der Verbundenheit mit anderen menschlichen Wesen, unter denen wir allmählich unseren Platz einnehmen. Wir würden gern denken, daß wir unseren Maßstab ebenso hoch ansetzen wie eh und je; doch interessieren wir uns zunehmend für das, was unsere Zeitgenossen schreiben, und verzeihen ihnen ihren Mangel an Eingebung, weil sie etwas besitzen, was sie uns näherbringt. Es ist sogar denkbar, daß die lebenden Autoren uns tatsächlich mehr geben als die toten, obwohl sie ihnen vielleicht weit unterlegen sind. Zunächst einmal kann keine heimliche Eitelkeit damit verbunden sein, unsere Zeitgenossen zu lesen, und die Art der Bewunderung, die sie in uns wecken, ist äußerst herzlich und echt, denn um Glauben an sie zu fassen, müssen wir oft irgendein sehr respektables Vorurteil aufgeben, das uns zur Ehre gereicht. Außerdem müssen wir unsere eigenen Gründe dafür finden, was wir mögen oder nicht mögen, was Ansporn für unsere Aufmerksamkeit und der beste Beweis dafür ist, daß wir die Klassiker mit Verstand gelesen haben.

In einer großen Buchhandlung zu stehen, die bis unter die Dekke mit Büchern vollgepackt ist, die so neu sind, daß ihre Seiten fast noch zusammenkleben, und auf deren Rücken das Gold noch ganz frisch ist, erfüllt uns daher mit einer Erregung, die genauso herrlich ist wie die alte Erregung am Stand mit gebrauchten Büchern. Vielleicht ist sie nicht ganz so erhebend. Aber der alte Hunger, zu wissen, was die Unsterblichen dachten, hat der weit toleranteren Neugier Platz gemacht, zu erfahren, was unsere eigene Generation denkt. Was fühlen lebende Männer und Frauen, wie sehen ihre Häuser aus und welche Kleider tragen sie, wieviel Geld besitzen sie und welche Speisen nehmen sie zu sich, was lieben und was hassen sie, was sehen sie von der Welt um sie herum, und welcher Traum füllt die Lücken in ihrem aktiven Leben aus? All das erzählen sie uns in ihren Büchern. Darin können wir ebensoviel vom Geist und vom Körper unserer Zeit entdecken, wie wir mit den Augen sehen können.

Wenn dieser Geist der Neugier uns ganz ergriffen hat, sammelt sich der Staub bald schon dick auf den Klassikern, es sei denn, irgendeine Notwendigkeit zwingt uns, sie zu lesen. Denn die lebenden Stimmen sind schließlich die, die wir am besten verstehen. Wir können sie behandeln, wie wir unseresgleichen behandeln; sie erraten unsere Rätsel und, was vielleicht wichtiger ist, wir verstehen ihre Witze. Und bald entwickeln wir eine weitere Vorliebe, die von den Großen nicht befriedigt wurde – vielleicht keine wertvolle Vorliebe, aber auf jeden Fall eine sehr angenehme –, wir finden Geschmack an schlechten Büchern. Ohne die Indiskretion zu begehen, Namen zu nennen, wissen wir, bei welchen Schriftstellern wir darauf vertrauen können, daß sie jährlich (denn zum Glück sind sie sehr produktiv) einen Roman, einen Gedichtband oder eine Essaysammlung hervorbringen, die uns unbeschreibliches Vergnügen bereiten. Wir verdanken schlechten Büchern ungemein viel; tatsächlich fangen wir irgendwann an, ihre Verfasser und ihre Helden zu den Personen zu zählen, die eine große Rolle in unserem stillen Leben spielen. Etwas Ähnliches geschieht im Fall der Memoirenschreiber und Autobiographen, die in unserer Zeit fast einen neuen Zweig der Literatur geschaffen haben. Nicht alle von ihnen sind bedeutende Persönlichkeiten, aber seltsamerweise sind nur die bedeutendsten, die Herzöge und die Staatsmänner, wirklich langweilig. Jene Männer und Frauen, die sich vielleicht nur mit der Begründung, daß sie den Herzog von Wellington einmal zu Gesicht bekamen, daran machen, uns ihre Überzeugungen anzuvertrauen, ihre Streitigkeiten, ihre Sehnsüchte und ihre Krankheiten, verwandeln sich normalerweise irgendwann, zumindest für den Augenblick, in Darsteller in jenen privaten Dramen, mit denen wir uns unsere einsamen Spaziergänge und unsere schlaflosen Stunden verkürzen. Filterte man das alles aus unserem Bewußtsein heraus, wären wir in der Tat arm. Und dann gibt es die Sach- und die Geschichtsbücher, Bücher über Bienen und Wespen und Industrien und Goldminen und Kaiserinnen und diplomatische Intrigen, über Flüsse und wilde Eingeborene, Gewerkschaften und Gesetzesvorlagen, die wir ständig lesen und, ach ja, ständig vergessen. Vielleicht tun wir der Sache der Buchhandlungen keinen Gefallen, wenn wir zugeben müssen, daß sie so viele Sehnsüchte erfüllen, die anscheinend nichts mit Literatur zu tun haben. Aber wir müssen auch bedenken, daß wir es hier mit einer Literatur im

Werden zu tun haben. Unter diesen neuen Büchern werden unsere Kinder das eine oder die zwei auswählen, anhand deren man uns für immer kennen wird. Hier liegt, wenn wir es nur erkennen könnten, irgendein Gedicht, ein Roman, eine Erzählung, die aufstehen und sich mit anderen Zeitaltern über unser Zeitalter unterhalten werden, wenn wir selbst so starr und stumm daliegen, wie die Menschen aus Shakespeares Zeit verstummt sind und nur auf den Seiten seiner Dichtung für uns weiterleben.

Das halten wir für die Wahrheit; und doch ist es im Fall neuer Bücher eigenartig schwierig zu wissen, welches die wahren Bücher sind und was sie uns sagen, und welches die aufgeblasenen, die in sich zusammenfallen werden, wenn sie ein oder zwei Jahre herumgelegen haben. Wir sehen, daß es viele Bücher gibt, und hören oft, daß heutzutage jeder schreiben könne. Das mag stimmen; und doch bezweifeln wir nicht, daß im Inneren dieser immensen Beredsamkeit, dieses Flutens und Schäumens der Sprache, dieser Geschwätzigkeit und Vulgarität und Trivialität, die Hitze einer großen Leidenschaft liegt, die nur der Zufälligkeit eines Geistes bedarf, der glücklicher veranlagt ist als der Rest, um eine Form anzunehmen, die die Zeiten überdauern wird. Es sollte uns ein Vergnügen sein, diesen Tumult zu beobachten, uns mit den Ideen und Visionen unserer eigenen Zeit auseinanderzusetzen, uns anzueignen, was wir verwenden können, zu vernichten, was wir als wertlos erachten, und vor allem zu erkennen, daß wir großzügig gegenüber den Menschen sein müssen, die, so gut sie können, den Gedanken, die in ihnen stecken, Form verleihen. Kein Zeitalter der Literatur beugt sich der Autorität so wenig wie unseres; keines scheint so frei von der Vorherrschaft der Großen, keines so unberechenbar darin, wem es Respekt zollt, oder so unstet in seinen Experimenten. Selbst aufmerksamen Beobachtern mag es scheinen, als gebe es keine Spur von einer Schule oder einem Ziel in den Werken unserer Dichter oder Romanschriftsteller. Allerdings ist der Pessimist überall anzutreffen, doch soll er uns nicht davon überzeugen, daß unsere Literatur tot ist, oder uns daran hindern zu fühlen, wie wahr und lebhaft Schönheit aufleuchtet, wie die jungen Schriftsteller, um ihre neue Vision zu schaffen, die uralten Wörter der schönsten aller lebenden Sprachen um sich sammeln. Was immer wir aus der Lektüre der Klassiker gelernt haben mögen, wir brauchen es jetzt, um die Arbeiten unserer Zeitgenossen zu beurteilen, denn wenn je Leben in ihnen ist, werden sie ihr Netz über irgendeinen unbekannten Abgrund auswerfen, um neue Formen einzufangen, und wir müssen dann unsere Phantasie auswerfen, wenn wir die seltsamen Geschenke, die sie uns bringen, annehmen und verstehen wollen.

Doch wenn wir all unsere Kenntnis der alten Schriftsteller brauchen, um nachvollziehen zu können, was die neuen Schriftsteller versuchen, gilt sicherlich auch, daß wir von unseren Streifzügen durch die neuen Bücher mit einem viel schärferen Blick für die alten zurückkommen. Es scheint, als müßten wir nun in der Lage sein, ihren Geheimnissen auf die Spur zu kommen; tief in ihre Werke hineinblicken zu können und zu sehen, wie die Teile sich zusammenfügen, weil wir die Entstehung neuer Bücher beobachtet haben und mit Augen, die frei von Vorurteilen sind, wahrhaftiger beurteilen können, was sie tun und was gut und was schlecht ist. Womöglich werden wir feststellen, daß einige der Großen weniger verehrungswürdig sind, als wir dachten. Tatsächlich sind sie nicht so vortrefflich oder so tiefgründig wie manche unserer eigenen Zeit. Doch wenn das in ein oder zwei Fällen zuzutreffen scheint, überkommt uns anderen gegenüber eine Art Demut, gemischt mit Freude. Nehmen wir Shakespeare, oder Milton, oder Sir Thomas Browne. Unser geringes Wissen darüber, wie Dinge gemacht werden, nützt uns hier nicht viel, verleiht unserem Entzücken aber eine zusätzliche Würze. Empfanden wir in unserer Jugend je ein derartiges Staunen über ihre Leistung wie das, das uns nun erfüllt, da wir auf der Suche nach neuen Formen für unsere neuen Empfindungen unzählige Wörter gesiebt und unerforschte Wege beschritten haben? Neue Bücher mögen in mancher Hinsicht stimulierender und in mancher anregender sein als die alten, aber sie geben uns nicht jene absolute Gewißheit des Vergnügens, das uns durchweht, wenn wir zu *Comus* zurückkehren, zu *Lycidas*,[5] *Urn Burial* oder *Antony and Cleopatra*. Es liegt uns fern, eine Theorie über das Wesen der Kunst zu wagen. Vielleicht werden wir nie mehr darüber wissen, als wir von Natur aus wissen, und unsere längere Erfahrung damit lehrt uns nur dies – daß unter all unseren Genüssen jene, die die großen Künstler uns bereiten, unbestreitbar zu den besten gehören; und mehr brauchen wir vielleicht nicht zu wissen. Aber, ohne eine Theorie vorbringen zu wollen, wir werden in Werken wie diesen ein oder zwei Besonderheiten finden, welche wir in Büchern, die während unserer eigenen Lebenszeit geschrieben wurden, kaum erwarten können. Vielleicht besitzt das Alter an sich eine eigene Alchimie. Aber es stimmt: man kann sie so oft lesen, wie man will, ohne feststellen zu müssen, daß sie an Kraft verloren und eine bedeutungslose Worthülse zurückgelassen haben; und sie besitzen eine absolute Endgültigkeit. Keine Wolke von Andeutungen schwebt über ihnen und neckt uns mit einer Vielzahl irrelevanter Gedanken. Vielmehr sind all unsere Fähigkeiten gefordert, wie in den großen Augenblicken unserer eigenen Erfahrung; und eine Weihe sinkt aus ihren Händen auf uns herab, welche wir ans Leben zurückgeben, das wir intensiver empfinden und tiefer verstehen als zuvor.

Deutsch von Brigitte Walitzek

Anmerkungen

Der Essay erschien am 30. November 1916 im *Times Literary Supplement (TLS)*. Der Titel erinnert an Leslie Stephens vierbändige Sammlung seiner kritischen Essays, *Hours in a Library*, die 1874 und 1876 erschienen war.

1 George Meredith (1828–1909), *Rhoda Fleming* (1865), *The Shaving of Shagpat: an Arabian Entertainment* (1856). – Henry Fiel-

ding (1707–1754), *Tom Jones, a Foundling* (1749). – Thomas Hardy (1840–1928), *A Laodicean* (1881). – John Dewey (1859–1952), *Psychology* (1887). – William Webbe (tätig 1568–1591), *A Discourse of English Poetrie* (1586). – John Webster (1580?–1625?), *The Duchess of Malfi* (um 1614). – Cyril Tourneur (1575?–1626), *The Revenger's Tragedy* (1607).

2 Robert Browning (1812–1889), Percy Bysshe Shelley (1792–1822), Edmund Spenser (1552?–1599), William Congreve (1670–1729), Thomas Love Peacock (1785–1866), Jane Austen (1775–1817).

3 Alexander Pope (1688–1744), der klassizistische Dichter, Homer-Übersetzer, Shakespeare-Herausgeber. – Sir Thomas Browne (1605–1682), Arzt und Autor dunkler barocker Prosa, z. B. *Religio Medici* (1643) oder *Hydriotaphia, or Urn Burial* (1658).

4 Thomas Carlyle (1795–1881), Historiker, Sozialreformer. – Alfred, Lord Tennyson (1809–1892), Hauptvertreter der viktorianischen Dichtung. – John Ruskin (1819–1900), Kunsttheoretiker, Sozialreformer, Zeichner und Maler (*Modern Painters* in 5 Bänden, 1843–60); *The Stones of Venice* in 3 Bänden, 1851–53). Siehe VWs Essay ›Ruskin‹, in: *Das Totenbett des Kapitäns*, Frankfurt: S. Fischer, 2014, S. 59–64.

5 John Milton (1608–1674), *Comus, A Masque* (1634, veröffentlicht 1637); *Lycidas* (1637), die Elegie auf einen toten Freund in Form einer Pastorale.

Leidenschaftliche Prosa

Als De Quincey noch ein Junge war, löste sein eigener Scharfblick bei ihm Zweifel aus, ob »seine natürliche Berufung auf dem Gebiete der Poesie lag«.[1] Er schrieb eine Fülle sprachgewandter Gedichte, und sie wurden gelobt; trotzdem kam er zu dem Schluß, daß er kein Dichter sei, und die sechzehn Bände seiner gesammelten Werke sind ausschließlich Prosa. Im Stile seiner Zeit schrieb er über viele Themen – über Nationalökonomie, über Philosophie, über Geschichte; er schrieb Essays, Biographien, Bekenntnisse und Memoiren. Aber wenn wir jetzt vor der langen Reihe seiner Bücher stehen und, wie wir es nach all diesen Jahren tun müssen, unsere eigene Auswahl treffen, scheint die gesamte Masse und Breite dieser sechzehn Bände zu einer einzigen dunklen Fläche zusammenzuschrumpfen, in der einige wenige Sterne prangen. Er lebt in unserem Gedächtnis fort, weil er Formulierungen finden konnte wie »Bangnisse zahlloser Flüchtlinge«, weil er Szenen komponieren konnte wie die der lorbeergeschmückten Kutsche, die auf den mitternächtlichen Marktplatz fährt, weil er Geschichten erzählen konnte wie die vom Geist des Holzfällers, der von seinem Bruder auf der einsamen Insel gehört wird. Und wenn wir unsere Wahl prüfen und einen Grund dafür angeben wollen, müssen wir gestehen, auch wenn er ein Prosaschriftsteller ist, so lesen wir ihn wegen seiner Poesie und nicht wegen seiner Prosa.

Was könnte schädlicher sein, für ihn, den Schriftsteller, und für uns, die Leser, als dieses Geständnis? Denn wenn die Kritiker sich über eines einig sind, dann darüber, daß es nichts Verwerflicheres für einen Prosaschriftsteller gibt als zu schreiben wie ein Dichter. Poesie ist Poesie und Prosa ist Prosa – wie oft haben wir das nicht gehört! Poesie hat eine Aufgabe und Prosa eine andere. Prosa, so schrieb Mr Binyon kürzlich, »ist ein Medium, das sich vornehmlich an den Verstand richtet, Poesie dagegen an das Gefühl und die Phantasie«. Und weiter, »die poetische Prosa ist nur von Bankertschönheit und wirkt leicht zu herausgeputzt«.[2] Es ist unmöglich, die Wahrheit dieser Bemerkungen nicht wenigstens teilweise anzuerkennen. Das Gedächtnis liefert nur allzu viele Beispiele von Unbehagen, von Qual, wenn mitten in nüchterner Prosa plötzlich die Temperatur steigt, der Rhythmus sich ändert, wir mit einem Ruck hochschnellen, dann mit einem Rums zu Boden fallen und aufwachen, verstört und verärgert. Aber das Gedächtnis liefert auch eine Reihe von Passagen – bei Browne, bei Landor, bei Carlyle, bei Ruskin, bei Emily Brontë[3] –, wo es keinen solchen Stoß gibt, kein solches Gefühl (denn dies ist vielleicht die Quelle unseres Unbehagens) von etwas Unverschmolzenem, Unverbundenem, Unpassendem, das alles andere ins Lächerliche zieht. Der Prosaschriftsteller hat sich seine Armee von Fakten untertan gemacht; er hat sie alle denselben Gesetzen der Perspektive untergeordnet. Sie wirken auf unser Bewußtsein ein, wie es die Dichtung auf ihre Weise tut. Wir werden nicht aufgeweckt; wir erreichen den nächsten Gedanken – und es kann durchaus ein höchst banaler sein – ohne jegliches Gefühl von Mühe.

Aber, zum Leidwesen all jener, die es gerne sähen, wenn wesentlich mehr Dinge in Prosa ausgedrückt würden, als jetzt für geziemend gelten, wir leben unter der Herrschaft der Romanciers. Wenn wir von Prosa sprechen, meinen wir in Wahrheit erzählende Prosa. Und von allen Schriftstellern hält der Romancier die meisten Fakten in Händen. Smith steht auf, rasiert sich, nimmt sein Frühstück ein, schlägt sein Ei auf und liest die *Times*. Wie können wir den keuchenden, den schwitzenden, den emsigen Schreiber, der all das am Hals hat, bitten, elegant hinüberzuwechseln zu Rhapsodien über die Zeit und den Tod und das, was die Jäger auf den Antipoden treiben? Es würde das Gleichmaß seines Tages völlig durcheinanderbringen. Es würde zu schweren Zweifeln an seiner Wahrheitsliebe Anlaß geben. Zudem scheinen die Größten seiner Zunft ganz bewußt eine Methode zu bevorzugen, die das

Gegenteil von poetischer Prosa ist. Ein Achselzucken, ein Wenden des Kopfes, einige wenige, im Augenblick der Krise hastig gesprochene Worte – das ist alles. Aber die Lunte ist so tief unter Seite um Seite und Kapitel um Kapitel ausgelegt worden, daß das eine Wort, wenn es ausgesprochen wird, genügt, um die Explosion herbeizuführen. Wir haben so intensiv mit diesen Männern und Frauen gelebt und gedacht, daß sie nur einen Finger zu heben brauchen, und er scheint bis in den Himmel zu reichen. Diese Geste auszuschmücken hieße, sie zu verderben. Die Romanliteratur strebt also insgesamt von der poetischen Prosa fort. Die geringeren Romanciers werden keine Risiken eingehen, die von den größeren bewußt gemieden werden. Sie verlassen sich darauf, wenn nur das Ei real ist und der Kessel kocht, dann werden die Sterne und die Nachtigallen irgendwie von der Phantasie des Lesers hinzugefügt werden. Und deshalb schenken sie der Seite des Geistes, die in der Einsamkeit zu Tage tritt, keinerlei Beachtung. Sie mißachten seine Gedanken, seine Rhapsodien, seine Träume, mit dem Ergebnis, daß die Menschen in Romanen, die auf der einen Seite vor Energie platzen, auf der anderen verkümmert sind; während die Prosa selbst, so lange im Dienste dieses Zuchtmeisters, die gleiche Deformation erlitten hat und nach weiteren hundert Jahren solcher Disziplin zu nichts weiter taugen wird als zum Schreiben der unsterblichen Werke von Bradshaw und Baedeker.[4]

Aber zum Glück gibt es in jeder Epoche Schriftsteller, die den Kritikern Rätsel aufgeben, die sich weigern, den Pferch der Herde zu teilen. Sie setzen den Fuß starrsinnig über die Grenzlinien und leisten durch Erweiterung und Befruchtung und Beeinflussung einen größeren Dienst als durch ihr eigentliches Werk, das in der Tat oft zu exzentrisch ist, um Gefallen zu finden. Browning leistete der Poesie einen Dienst dieser Art. Peacock und Samuel Butler[5] haben beide einen Einfluß auf Romanciers ausgeübt, der in keinem Verhältnis zu ihrer eigenen Bekanntheit steht. Und De Quincey hat unter anderem Anspruch auf unsere Dankbarkeit, fesselt vor allem unser Interesse, weil er eine Ausnahme war und ein Solitär. Er bildete eine Kategorie für sich. Er ermöglichte anderen ein breiteres Spektrum. Angesichts des üblichen Problems, was schreiben, denn schreiben mußte er, kam er zu dem Schluß, daß er bei all seiner poetischen Sensibilität kein Dichter war. Ihm fehlten das Feuer und die Konzentration. Ein Romancier war er andererseits auch nicht. Trotz der ungeheuren Sprachgewalt, die ihm zu Gebote stand, war er unfähig, ein anhaltendes und leidenschaftliches Interesse für die Angelegenheiten anderer Menschen aufzubringen. Es sei seine Krankheit, sagte er, »zu viel zu meditieren und zu wenig zu beobachten«. So folgte er einer armen Familie, die an einem Samstagabend zu Markte zog, mitfühlend, aber distanziert. Er stand niemandem nahe. Dann wiederum besaß er eine außerordentliche Begabung für die toten Sprachen und eine Leidenschaft für die Aneignung von Wissen aller Art. Aber es steckte eine Eigenart in ihm, die ihm verbot, sich allein mit seinen Büchern einzuschließen, worauf solche Begabungen hinzudeuten schienen. Die Wahrheit war, daß er träumte – er träumte ständig. Diese Fähigkeit war ihm zu eigen lange bevor er sich angewöhnte, Opium zu nehmen. Als er noch ein Kind war, stand er am Leichnam seiner Schwester, und plötzlich

> schien sich im Zenit des weiten blauen Himmels ein Gewölbe aufzutun, ein Schacht, der ewig emporstrebte. Ich stieg im Geiste wie auf Wogen auf, die in dem Schacht gleichermaßen ewig emporstrebten; und die Wogen schienen den Thron Gottes zu verfolgen; aber auch der stieg vor uns auf und floh unaufhörlich.[6]

Die Visionen waren von ungeheurer Lebhaftigkeit; sie ließen das Leben ein wenig langweilig erscheinen; sie dehnten es aus, sie vervollständigten es. Aber in welcher Form sollte er das ausdrükken, was der realste Teil seiner eigenen Existenz war? Ihm stand keine vorgefertigte zur Verfügung. Er erfand, so behauptete er, »Tonarten leidenschaftlicher Prosa«. Mit großer Kunstfertigkeit formte er einen Stil, um diesen »visionären Szenen, gewonnen aus der Welt der Träume«, Ausdruck zu geben. Solche Prosa, glaubte er, war bislang ohne Beispiel; und er bat die Leser inständig, sich »die gefahrvolle Schwierigkeit« eines Versuchs zu vergegenwärtigen, bei dem »eine einzige falsche Note, ein einziges Wort in einer falschen Tonart die ganze Musik zugrunde richtet«.

Zu dieser »gefahrvollen Schwierigkeit« trat eine weitere hinzu, die sich dem Leser oft aufdrängt. Ein Prosaautor mag Träume träumen und Visionen sehen, aber sie dürfen sich nicht verstreut, allein und vereinzelt über die Seiten verteilen. So auseinandergerissen, sterben sie. Denn Prosa hat weder die Intensität noch die Selbstgenügsamkeit der Poesie. Sie erhebt sich nur langsam vom Boden; sie braucht Anbindungen zu dieser Seite und zu jener. Sie braucht ein Medium, in dem ihre Hochgefühle und Entrückungen ohne Unstimmigkeiten schweben können, das ihnen Halt und Antrieb gewährt. Da lag die Schwierigkeit, der sich De Quincey oft gegenübersah und die er oft nicht zu lösen vermochte. Viele seiner verdrießlichsten und entstellendsten Fehler rühren von dem Dilemma her, in das seine Begabung ihn stürzte. Etwas in der Geschichte, die er vor sich hatte, erregte sein Interesse und belebte seine Kräfte. So sieht zum Beispiel die »streitbare spanische Nonne«, als sie halb verhungert und erfroren von den Anden herabsteigt, vor sich einen Baumgürtel, der Schutz verspricht. Als hätte De Quincey selbst diese Zuflucht erreicht und könnte in Sicherheit Atem schöpfen, ufert er aus –

Ah! sattes Grün dunklen Olivenlaubwerks, plötzlich verzagenden Augen dargeboten, als kündete ein geflügelter Götterbote von Zornes Erbarmen – einsamen Arabers Zelt, das sich mit heiligem Friedenszeichen in der gräßlichen Wüste erhebt, muß Kate nun dennoch sterben, da sie dich erblickt, aber nicht erreichen kann? Vorposten an der Grenze des Menschenreichs, im Leben stehend, doch hinausspähend auf immerwährenden Tod, willst du die Pein deiner trügerischen Einladung einzig emporhalten, um zu verraten?[7]

Ach, wie leicht es doch ist, hinaufzusteigen, wie gefährlich, herunterzufallen! Er muß sich um Kate kümmern; ihre Geschichte ist zur Hälfte erzählt; er muß sich aufraffen, er muß sich sammeln, er muß von diesen glücklichen Höhen herabsteigen in die Ebenen des normalen Lebens. Und ein ums andere Mal ist es die Rückkehr zur Erde, bei der De Quincey scheitert. Wie soll er die entsetzliche Kluft überbrücken? Wie soll er sich von einem Engel mit Flügeln aus Flammen und Augen aus Feuer in einen schwarz gekleideten Herrn verwandeln, der vernünftige Sätze sagt? Manchmal macht er einen Scherz – der oft weh tut. Manchmal erzählt er eine Geschichte – die immer belanglos ist. Meistens ergießt er sich in einen unnützen Wortschwall, so daß jegliches Interesse, das dagewesen sein mag, sich elend verliert und im Sande verläuft. Wir können nicht weiterlesen.

Man ist versucht zu sagen, daß De Quincey scheiterte, weil er kein Romancier war. Er hätte von Kate die Finger lassen sollen; er hatte nicht das Gespür eines Romanciers für Charakter und Handlung. Für einen Kritiker sind solche Formeln hilfreich; leider sind sie oft falsch. Denn in der Tat kann De Quincey Charakter bewundernswert darstellen; er ist ein Meister der Erzählkunst, sobald er es geschafft hat (etwas für alle Schriftsteller Unerläßliches), die Perspektive seiner eigenen Sehkraft anzupassen. Eine Sehweise, das ist wahr, die eine äußerst merkwürdige Umgestaltung der Landschaft erforderte. Nichts durfte zu nahe kommen. Ein Schleier mußte über das vielfältige Durcheinander menschlichen Treibens gebreitet werden. Es mußte immer möglich sein, ein Mädchen als ein »gewinnendes junges Weibsbild« zu bezeichnen, ohne den Leser zu peinigen. Ein Nebel mußte auf dem menschlichen Antlitz liegen. Die Berge mußten höher und die Fernen blauer sein als in der Welt, die wir kennen. Er benötigte noch dazu endlose Muße und große Bewegungsfreiheit. Er brauchte Zeit, um zu monologisieren und zu verweilen; hier irgend etwas Geringfügiges aufzugreifen und all seine Fähigkeiten der Analyse und Ausschmückung daran zu wenden; dort solch geduldige

Sorgfalt beiseite zu wischen und zu erweitern und vergrößern und verbreitern, bis nichts übrig ist als ebener Sand und endloses Meer. Er brauchte ein Thema, das ihm größtmögliche Freiheit erlaubte und dabei genug Gefühlswärme besaß, um seine angeborene Weitschweifigkeit zu zügeln.

Er fand es natürlich in sich selbst. Er war der geborene Autobiograph. Wenn der *Opium Eater* sein Meisterwerk bleibt, so ist ihm ein längeres und weniger gelungenes Buch, die *Autobiographic Sketches*, dicht auf den Fersen. Denn hier paßt es, daß er einen gewissen Abstand wahrt, die Augen mit der Hand verschattet und zurückblickt auf Szenen, die sich schon fast in der Vergangenheit verloren hatten. Sein Feind, das harte Faktum, wurde unter seinen Händen wolkig und geschmeidig. Er war von der Pflicht befreit, »die alte, abgedroschene, chronologisch geordnete Anwesenheitsliste der unvermeidlichen Tatsachen im Leben eines Mannes«[8] herzusagen. Es war sein Ziel, Eindrücke aufzuzeichnen, Geisteszustände wiederzugeben, ohne in allen Einzelheiten auf die Eigenschaften der betreffenden Person einzugehen, die sie erfahren hatte. Ein liebliches und heiteres Licht liegt über dieser fernen Landschaft seiner Kindheit. Das Haus, die Felder, der Garten, sogar die benachbarte Stadt Manchester, alle scheinen zu existieren, aber weit fort auf einer Insel, von der uns ein Schleier aus Blau trennt. Vor diesem Hintergrund, wo keine Einzelheit präzise wiedergegeben ist, sind die kleine Gruppe der Kinder und Eltern, die kleine Insel von Heim und Garten deutlich sichtbar, und doch ist es, als bewegten sie sich und führten ihr Leben hinter einem Schleier. Über den Anfangskapiteln ruht die Feierlichkeit eines herrlichen Sommertages, dessen längst versunkener Leuchtkraft etwas Erhabenes innewohnt, in dessen tiefer Stille Klänge merkwürdig nachhallen – die Klänge der Hufe auf der weit entfernten Chaussee, der Klang von Wörtern wie »Palme«, der Klang jenes »feierlichen Windes, des traurigsten, den ein Ohr je hörte«,[9] der dem kleinen Jungen, der ihn da zum ersten Mal hörte, nie mehr aus dem Sinn gehen sollte. Auch entgeht er, solange er innerhalb des Kreises der Vergangenheit bleibt, der unangenehmen Notwendigkeit des Erwachens. Um die Wirklichkeit der Kindheit hing immer noch einiges vom Zauber der Illusion. Wenn der Frieden gebrochen wird, dann von einer Erscheinung wie der des tollwütigen Hundes, dessen zauderndes Vorbeilaufen etwas vom Schrecken eines Traumes hat. Wenn er Abwechslung braucht, so findet er sie, indem er mit skurrilem, bestens zum Thema passendem Humor die Freuden und Leiden der Kindheit beschreibt. Er spottet; er breitet sich aus; er macht das ganz Kleine ganz groß; so beschreibt er den Krieg mit den Jungen von der Baumwollfabrik, die imaginären Königreiche der Brüder, die Prahlerei seines Bruders, er könne an der Dekke laufen wie eine Fliege, mit bewundernswerter Ausführlichkeit. Hier kann er leicht hinaufsteigen und ganz natürlich herabfallen. Auch kann er hier, wo es um seine eigenen Erinnerungen geht, seinem außergewöhnlichen Talent zur Beschreibung freien Lauf lassen. Er war nie kategorisch; er hegte eine Abneigung gegen Flitter und Emphase; er verzichtete auf die ostentativen Triumphe seiner Kunst; aber er besaß bis zur Perfektion die Gabe der Komposition. Unter seinen Händen kommen Szenen zusammen wie Versammlungen von Wolken, die sich sanft zueinandergesellen und langsam zergehen oder feierlich stillstehen. So vor uns zur Schau gestellt, sehen wir die Karossen, die sich in all ihrer Pracht bei der Poststation versammeln; die Dame in der Kutsche, der die Nachricht vom Sieg nur Kummer bringt; das Paar, das auf der Landstraße um Mitternacht von der donnernden Postkutsche und dem drohenden Tod überrascht wird; Lamb, der in seinem Sessel eingenickt ist; Ann, die für immer in die dunkle Londoner Nacht entschwindet.[10] All diese Szenen haben etwas von der Lautlosigkeit und der Leuchtkraft der Träume. Sie schwimmen an die Oberfläche, sie versinken wieder in der Tiefe. Sie besitzen obendrein die seltsame Fähigkeit, in unseren Gedanken zu wachsen, so daß es immer eine Überraschung ist, wieder auf sie zu treffen und zu sehen, was in der Zwischenzeit unsere Gedanken getan haben, um sie zu verändern und zu erweitern.

Mittlerweile bilden all diese Szenen eine Art von Autobiographie, allerdings eine so ungewöhnliche, daß wir uns am Ende fragen müssen, was wir nun daraus über De Quincey erfahren haben. An Fakten kaum etwas. Uns ist nur das erzählt worden, was De Quincey uns wissen lassen wollte; und selbst das ist nur wegen einer zufälligen Eigenschaft ausgewählt worden – weil es hier gut paßte oder dort von der richtigen Farbe war –, nie wegen des Wahrheitsgehalts. Dennoch entsteht in uns ein merkwürdiges Gefühl von Nähe. Es ist eine Nähe zu dem Geist, nicht zu dem Körper; auch wenn uns das, während seine Beredsamkeit sich über uns ergießt, nicht davon abhalten kann, den gebrechlichen kleinen Körper vor uns zu sehen, die flatternden Hände, die funkelnden Augen, die Alabasterwangen, das Glas mit Opium auf dem Tisch. Wir erahnen, daß niemand, der mit so einer silbernen Zunge begabt war, so geneigt, in Träumerei und heilige Scheu einzutauchen, sich unerschütterlich unter seinen Mitmenschen behauptete. Wir erahnen sein Ausweichen, seine Unpünktlichkeiten; die Haufen alter Papiere, die in seinem Zimmer umherlagen; die Höflichkeit, mit der er seine Unfähigkeit entschuldigte, sich an die Regeln des normalen Lebens zu halten; den übermächtigen Wunsch, von dem er beseelt war, allein auf die Berge zu wandern und zu träumen; die Zeiten der Niedergeschlagenheit und Reizbarkeit, mit denen er für diese auserlesene Feinhörigkeit bezahlen mußte, mit der er jedes Wort harmonisch abstimmte und jeden Absatz folgen und fließen ließ wie die Wellen des Meeres. All das wissen oder ahnen wir. Aber es ist seltsam, wenn man bedenkt, wie wenig wir letzten Endes in seine Nähe gelassen worden sind. Trotz der Tatsache, daß er von Bekenntnissen spricht und das Werk, das er selbst am meisten schätzte, *Suspiria de Profundis*[11] nennt, verliert er nie die Selbstbeherrschung, bleibt stets unnahbar und gefaßt. Sein Bekenntnis ist nicht, daß er gesündigt hat, sondern daß er geträumt hat. So kommt es, daß seine vollkommensten Passagen nicht lyrisch, sondern beschreibend sind. Sie sind keine Schmerzensschreie, die uns zu Nähe und Mitgefühl einladen; sie sind Beschreibungen von

Geisteszuständen, in denen oft die Zeit sich wundersam dehnt und der Raum sich wundersam weitet. Wenn er in *Suspiria de Profundis* versucht, geradewegs vom Boden aufzusteigen und auf wenigen Seiten ohne Einleitung oder Fortsetzung die ihm eigentümlichen Wirkungen der Erhabenheit und Ferne zu erzielen, reicht seine Kraft nicht aus, um ihn über die gesamte Distanz zu tragen. So sprießen Anmerkungen zu den Regeln von Eton heraus oder mitten in ›Levana and Our Ladies of Sorrow‹[12] eine Fußnote mit dem Hinweis, daß sich dies auf die Tabak-Staaten von Nordamerika beziehe, was die ansonsten so lieblichen Sätze traurig beschämt.

Aber wenn er auch kein lyrischer Schriftsteller war, so war er zweifellos ein beschreibender, ein reflektierender Schriftsteller, dem nur Prosa zur Verfügung stand – ein Einschränkungen unterworfenes Instrument, von tausenderlei Gewöhnlichkeiten verderbt –, um in Bezirke vorzudringen, die entsetzlich schwer zu erreichen sind. Der Frühstückstisch, scheint er zu sagen, ist nur eine vorübergehende Erscheinung, die wir uns gänzlich wegdenken können, oder wir können ihn auch mit solchen Assoziationen ausstatten, daß sogar seine Mahagonibeine ihren Zauber haben. Dicht an dicht zwischen unseren Mitmenschen zu sitzen, eng zusammengepfercht, ist unangenehm, sogar widerwärtig. Aber man trete ein wenig zurück, man sehe die Menschen in Gruppen, in Umrissen, und sofort sind sie bemerkenswert und voller Schönheit. Dann kommt es nicht mehr auf den genauen Anblick oder Klang an, sondern auf den Nachhall, den all das auslöst, während es uns durch den Kopf geht. Der findet sich oft weit fort, seltsam verwandelt; aber nur, indem wir diese Echos und Bruchstücke aufsammeln und zusammensetzen, gelangen wir zur wahren Natur unserer Erfahrungen. Aus diesen Gedanken heraus veränderte er ein wenig die gewohnten Verhältnisse. Er verrückte die Werte vertrauter Dinge. Und das tat er in Prosa, so daß wir uns fragen, ob sie denn wirklich so begrenzt ist, wie die Kritiker sagen, und weiter, ob der Prosaautor, der Romancier, nicht umfassendere und feinere Wahrheiten einfangen könnte, als sie jetzt sein Ziel sind, wenn er sich in jene schattigen Gefilde hinauswagte, in denen De Quincey vor ihm gewesen ist.

Deutsch von Heidi Zerning

Anmerkungen

Der Essay erschien am 16. September 1926 im *TLS*. Er hat zur Grundlage die 15bändige Ausgabe von *The Works of Thomas De Quincey* (1785–1859), 2. Auflage 1862–63. Siehe VWs Essay ›De Quinceys Autobiographie‹, in: *Der gewöhnliche Leser 2*, S. 156–165.

1 *Works*, Bd. XIV, *Autobiographic Sketches 1790–1833*, Kap. VII, ›The Nation of London‹, S. 197.
2 Laurence Binyon, *Tradition and Reaction in Modern Poetry* (The English Association, Pamphlet Nr. 63, April 1926, S. 12 und 13).
3 Zu Sir Thomas Browne (1605–1682) siehe VWs Essay ›Die elisabethanische Rumpelkammer‹, in: *Der gewöhnliche Leser 1*, S. 52–62. – Walter Savage Landor (1775–1864), berühmt für seine *Imaginary Conversations* (1824–29). – Thomas Carlyle (1795–1881), Historiker und Sozialreformer. (Siehe VWs Essay ›Geraldine und Jane‹, in: *Der gewöhnliche Leser 2*, S. 220–237.) – John Ruskin (1819–1900), siehe VWs Essay ›Ruskin‹, in: *Das Totenbett des Kapitäns*, S. 59–64. – Emily Brontë (1818–1848), siehe VWs Essay ›Jane Eyre und Wuthering Heights‹, in: *Der gewöhnliche Leser 1*, S. 189–195.
4 Robert Bradshaw (1801–1853) schrieb das berühmte Kursbuch *Bradshaw's Railway Guide* (zuerst 1839). – Karl Baedekers (1801–1859) Reiseführer wurden in viele Sprachen übersetzt.
5 Robert Browning (1812–1889), Autor oft sehr umfangreicher, komplizierter Gedichte. – Thomas Love Peacock (1785–1866) schrieb kurze satirische Romane in pointiertem, geistreichen Stil, die vor allem von Schriftstellerkollegen geschätzt wurden. – Samuel Butler (1835–1902) ist vor allem bekannt geblieben durch den utopischen Roman *Erewhon* (1872).
6 *Works*, Bd. XIX, *Autobiographic Sketches*, S. 16 f.
7 *Works*, Bd. III, ›The Spanish Military Nun‹, S. 55.
8 In einem Brief De Quinceys an den Schriftsteller James Hogg

(1770–1835) vom 21. September 1860, in: *Uncollected Writings of Thomas De Quincey*, 2 Bde. 1890, Bd. I, S. 358.

9 Zu »palm« und »solemn wind« siehe *Autbiographic Sketches*, Kap. 1, ›The Afflictions of Childhood‹, S. 14f. – Der sechsjährige Knabe steht am Totenbett seiner Schwester und nimmt das hereinbrechende Sonnenlicht wahr. Das führt ihn zu Gedanken über Palmsonntag und die Palmen in Jerusalem, die er in einer illustrierten Bibel gesehen hatte. Zugleich, und damit verbunden, hört er das merkwürdige Rauschen eines »solemn wind«.

10 Über Charles Lamb (1775–1834), den großen Essayisten und Geschichtenerzähler (*Tales from Shakespeare*, 1807; *The Adventures of Ulysses*, 1808) siehe *Works*, Bd. VIII, S. 108–160. – Über dessen Schwester Mary Ann (1765–1847), die periodisch geistesgestört war, siehe *Works*, Bd. I, *Confessions of an English Opium Eater*, S. 169ff.

11 *Works*, Bd. XVI, *Suspiria De Profundis. Being a Sequel of the Confessions of an English Opium Eater* (1845).

12 In dem in Anm. 11 genannten Band.

Das Leben und der Schriftsteller

Der Schriftsteller – das ist seine Besonderheit und seine Achillesferse – ist dem Leben furchtbar ausgesetzt. Andere Künstler können sich, zumindest teilweise, zurückziehen; sie verkriechen sich wochenlang, allein mit einer Schale Äpfel und einem Farbkasten oder mit einer Rolle Notenpapier und einem Klavier. Wenn sie wieder zum Vorschein kommen, so um zu vergessen und sich abzulenken. Der Schriftsteller jedoch vergißt nie und ist selten abgelenkt. Er füllt sein Glas und zündet seine Zigarette an, er genießt, so steht zu vermuten, alle Freuden, die Konversation und Tafel zu bieten haben, aber immer mit einem Gefühl, daß er vom Gegenstand seiner Kunst stimuliert und beeinflußt wird. Geschmack, Klang, Bewegung, ein paar Worte hier, eine Geste da, ein Mann, der das Zimmer betritt, eine Frau, die es verläßt, selbst das Automobil, das auf der Straße vorbeifährt, oder der Bettler, der über den Bürgersteig schlurft, und alle Rot- und Blautöne und alle Lichter und Schatten der Szene verlangen seine Aufmerksamkeit und wekken seine Neugier. Er kann ebensowenig aufhören, Eindrücke in sich aufzunehmen, wie ein Fisch in den Weiten des Ozeans aufhören kann, das Wasser durch seine Kiemen strudeln zu lassen.

Doch wenn diese Empfänglichkeit eine der Vorbedingungen des Schriftstellerlebens ist, liegt es auf der Hand, daß alle Schriftsteller, deren Bücher die Zeiten überdauerten, gewußt haben, wie man sie meistert und ihren Zwecken dienstbar macht. Sie haben den Wein ausgetrunken und die Rechnung bezahlt und sind, allein, in ein einsames Zimmer zurückgekehrt, wo sie, unter Mühen und Stocken, unter Qualen (wie Flaubert), unter Kämpfen und in plötzlichen Schüben, überstürzt (wie Dostojewski) ihre Wahrnehmungen gemeistert, gehärtet und in den Stoff ihrer Kunst verwandelt haben.

Dieser Prozeß der Auslese ist so drastisch, daß wir in seinem Endstadium oft keinerlei Spur der realen Szene mehr finden können, auf der das Kapitel beruhte. Denn in jenem einsamen Zimmer, dessen Tür die Kritiker unablässig zu entriegeln versuchen, werden Prozesse der seltsamsten Art durchlaufen. Das Leben wird tausend Kasteiungen und Übungen unterworfen. Es wird gezügelt; es wird getötet. Es wird hiermit vermischt, damit versteift, etwas anderem entgegengesetzt; so daß, wenn wir unsere Szene in einem Café ein Jahr später vorgelegt bekommen, die äußeren Merkmale, anhand deren wir uns an sie erinnern, verschwunden sind. Aus dem Nebel tritt etwas Kraftvolles hervor, etwas Bedeutsames und Dauerhaftes, Wesen und Substanz dessen, worauf unser Ansturm wahlloser Empfindungen sich gründete.

Von diesen beiden Prozessen ist der erste – Eindrücke aufzunehmen – unzweifelhaft der leichtere, einfachere und angenehmere. Und es ist durchaus möglich, vorausgesetzt, man ist mit einem ausreichend empfänglichen Temperament und einem Vokabular ausgestattet, das vielfältig genug ist, seinen Ansprüchen zu genügen, einzig aus dieser vorausgehenden Emotion ein Buch zu machen. Drei Viertel der Romane, die heutzutage erscheinen, sind aus Erfahrungen zusammengestückelt, die außer den milden Zügeln der Grammatik und den gelegentlichen Härten der Aufteilung in Kapitel keiner Disziplin unterworfen wurden. Ist Miss Sterns *A Deputy Was King* ein weiteres Beispiel für diese Kategorie des Schreibens, hat sie sich mit ihrem Material in die Einsamkeit zurückgezogen, oder ist es weder das eine noch das andere, sondern eine ungereimte Mischung aus weich und hart, vergänglich und dauerhaft?

A Deputy Was King setzt die Geschichte der Familie Rakonitz fort, die vor einigen Jahren mit *The Matriarch*[1] begann. Wir freuen uns über dieses Wiedererscheinen, denn die Rakonitz sind eine begabte und kosmopolitische Familie mit der bewundernswerten, in der englischen Literatur inzwischen so seltenen Eigenschaft, keiner bestimmten Sekte anzugehören. Keine Pfarre grenzt sie ein. Sie überschwemmen den Kontinent. Sie sind in Italien und

Österreich zu finden, in Paris und Böhmen. Wenn sie sich vorübergehend in einem Londoner Atelier niederlassen, verdammen sie sich dadurch keineswegs dazu, auf immer die Livree von Chelsea, Bloomsbury oder Kensington zu tragen. Wohlgenährt mit feinsten Speisen und erlesenen Weinen, teuer aber geschmackvoll gekleidet, beneidenswerter- aber unerklärlicherweise immer mit reichlich verfügbarem Geld ausgestattet, lastet kein Zwang einer Klasse oder Konvention auf ihnen, von dem des Jahres 1921 einmal abgesehen; es ist wichtig, daß sie auf der Höhe ihrer Zeit sind. Sie tanzen, sie heiraten, sie leben mit diesem oder jenem Mann zusammen; sie aalen sich in der italienischen Sonne; ständig sind sie damit zugange, sich gegenseitig in ihren Häusern und Ateliers zu besuchen, wo sie tratschen, sich streiten, sich wieder vertragen. Denn abgesehen von den Zwängen der Mode unterliegen sie, ob bewußt oder unbewußt, den Banden der Familie. Sie besitzen jene jüdische Beharrlichkeit der Zuneigung, die kollektive Bedrängnis in einem ausgestoßenen Volk erzeugte. Daher sind sie, trotz ihrer nach außen hin gezeigten Geselligkeit, im Inneren erfüllt von einer tiefen Loyalität zueinander. Toni und Val und Loraine mögen sich in aller Öffentlichkeit streiten und gegenseitig in Stücke reißen, aber im Privaten sind die Rakonitz-Frauen unzertrennlich vereint. Die vorliegende Folge der Familiengeschichte, die, obwohl sie die Goddards einführt und von der Heirat von Toni und Giles Goddard berichtet, dennoch die Geschichte einer Familie und nicht einer Episode ist, verweilt, vermutlich zumindest vorläufig, in einer italienischen Villa mit siebzehn Schlafzimmern, so daß Onkel, Tanten, Cousins und Cousinen allesamt zu Besuch kommen und sich häuslich niederlassen können. Denn trotz all ihrer Eleganz und Modernität würde Toni Goddard lieber Onkel und Tanten beherbergen, als sich mit Kaisern abzugeben, und ein Cousin zweiten Grades, den sie das letzte Mal als Kind gesehen hat, bedeutet ihr mehr als alle Rubine.

Aus einem solchen Stoff ließe sich zweifellos ein guter Roman machen – bei dieser Bemerkung ertappt man sich, ehe hundert

Seiten gelesen sind. Und die Stimme, die das sagt, die nicht gänzlich unsere eigene ist, sondern die Stimme jenes abweichlerischen Geistes, der sich beim Lesen abspalten und eine eigene Position beziehen kann, sollte sofort einem Kreuzverhör unterzogen werden, damit ihre Einwürfe uns die Freude am Ganzen nicht vergällen. Was also beabsichtigt sie damit, dieses zweiflerische, mißgünstige Gefühl in unser allgemeines Wohlbefinden einzuschmuggeln? Bis jetzt hat nichts unseren Genuß gestört. Abgesehen davon, selbst eine Rakonitz zu sein, selbst an einem jener »diamantenen Abende« teilzunehmen, zu tanzen, zu trinken, zu flirten, während der Schnee auf dem Dach liegt und das Grammophon »It's moonlight in Kalua«[2] schmettert, mit eigenen Augen zu sehen, wie Betty und Colin auf uns zukommen, »leicht grotesk ... in voller Aufmachung; der Samt wie eine riesige umgedrehte Tasse um Bettys Füße gebreitet, während sie über den Streifen reinen, blitzenden Schnees trippelt, dazu das absurde Gewirr der Federn an Colins Helm« – abgesehen davon, dieses ganze phantastische Geglitzer mit dem eigenen Daumen und Zeigefinger zu umfassen, was könnte es Besseres geben als Miss Sterns Beschreibung davon?

Die mißgünstige Stimme räumt ein, daß alles überaus wundervoll ist; gibt zu, daß hundert Seiten vorbeigeflogen sind wie eine Hecke, die man von einem Schnellzug aus sieht; beharrt aber nach wie vor darauf, daß trotzdem etwas nicht stimmt. Ein Mann kann mit einer Frau durchbrennen, ohne daß wir es bemerken. Das ist der Beweis dafür, daß es keine Werte gibt. Es gibt keine Form für diese Erscheinungen. Szene verschmilzt mit Szene; Person mit Person. Menschen tauchen aus einem Nebel aus Gesprächen auf und versinken wieder in Gesprächen. Sie sind weich und formlos vor Worten. Sie sind nicht zu fassen.

Der Vorwurf hat Substanz, denn wenn wir darüber nachdenken, müssen wir zugeben, daß Giles Goddard mit Loraine durchbrennen kann, doch für uns ist es, als sei jemand aufgestanden und habe das Zimmer verlassen – eine Sache ohne weiteren Belang.

Wir haben zugelassen, daß wir uns in Äußerlichkeiten sonnten. Diese ganze Schilderung der Bewegungen des Lebens hat unsere Vorstellungskraft ausgesaugt. Wir haben aufnahmebereit dagesessen und, wie wir es im Kino tun, mehr mit den Augen als mit dem Geist beobachtet, was sich auf der Leinwand vor uns abspielt. Wenn wir das, was wir über einen der Charaktere erfahren haben, benutzen wollen, um ihm durch eine Krise hindurchzuhelfen, geht uns auf, daß wir keinen Antrieb haben; keine Energie zu unserer Verfügung. Wie sie sich kleideten, was sie aßen, welche Modewörter sie verwendeten – das alles wissen wir; aber nicht, was sie sind. Denn was wir über diese Menschen wissen, wurde uns (mit einer Ausnahme) durch die Methoden des wahren Lebens vermittelt. Die Charaktere werden aufgebaut, indem die Inkohärenz, die ungezwungene, natürliche Redeweise einer Person beibehalten wird, die, wenn sie im Gespräch die Lebensgeschichte eines Freundes erzählen will, tausendmal abbricht, um etwas Neues einzuflechten, etwas Vergessenes hinzuzufügen, so daß man am Schluß zwar vielleicht das Gefühl hat, an einem Leben teilgehabt zu haben, das fragliche Leben aber dennoch vage bleibt. Dieses Von-der-Hand-in-den-Mund, dieses schöpflöffelartige Austeilen von Sätzen mit der tröpfelnden Brillanz von Worten, die von wirklichen Lippen gesprochen werden, ist für einen bestimmten Zweck bewundernswert, für einen anderen jedoch verhängnisvoll. Alles ist flüssig und anschaulich; aber kein Charakter und keine Situation tritt klar in Erscheinung. Immer kleben noch irgendwelche anderen Substanzen an den Rändern. Trotz all ihrer Brillanz sind die Szenen diesig; die Krisen verschwommen. Eine beschreibende Passage mag sowohl die Vorzüge als auch die Mängel der Methode verdeutlichen. Miss Stern möchte uns die Schönheit eines chinesischen Mantels vor Augen führen.

Wenn man ihn ansah, konnte man meinen, man hätte noch nie zuvor eine Stickerei gesehen, denn er war der absolute Höhepunkt alles Wundervollen und Exotischen. Die Blütenblätter waren in einem flammenden Muster rund um die breiten Bänder eisvogelblauer Stickerei gearbeitet; und auch rund um jede ovale Agraffe, die einen gewebten silbrigen Reiher mit langem grünen Schnabel zeigte, und hinter seinen ausgebreiteten Flügeln einen Regenbogen. Überall zwischen den silbernen Arabesken schwebten schwerelose Schmetterlinge, goldene Schmetterlinge und schwarze Schmetterlinge, und Schmetterlinge, die schwarzgolden waren. Je genauer man hinsah, desto mehr gab es zu sehen; feine Zeichnungen auf den Schmetterlingsflügeln, violett und grasgrün und aprikosenfarben …

Als hätten wir nicht schon genug zu schauen, fügt sie hinzu, daß winzige Staubgefäße aus jeder Blüte hervorragten, und Ringe die Augen jedes einzelnen Storchs umrandeten, bis der chinesische Mantel vor unseren Augen wabert und zu einem einzigen leuchtenden Geschmier zerfließt.

Auf Personen angewandt, zeitigt die Methode dieselben Ergebnisse. Eigenschaft wird auf Eigenschaft gehäuft, Faktum auf Faktum, bis wir aufhören, Unterscheidungen zu treffen, und unser Interesse unter einer Überfülle von Wörtern erstickt. Denn für jedes Objekt – gleich ob Mantel oder Mensch – gilt, daß es um so mehr zu sehen gibt, je mehr man schaut. Die Aufgabe des Schriftstellers ist es, eine Sache herauszugreifen und für zwanzig stehen zu lassen: eine Aufgabe voller Gefahren und Schwierigkeiten; doch nur so wird der Leser vom Gewimmel und Gewusel des Lebens verschont und wirkungsvoll auf jenen besonderen Aspekt gestoßen, den der Schriftsteller ihm zeigen möchte. Daß Miss Stern andere Werkzeuge zur Verfügung hat und auch benutzen könnte, wenn sie wollte, wird hin und wieder angedeutet und für einen Augenblick in dem kurzen Kapitel offenkundig, in dem der Tod der Matriarchin, Anastasia Rakonitz, beschrieben wird. Hier scheint der Fluß der Worte plötzlich dunkler und dichter zu werden. Wir sind uns bewußt, daß etwas unter der Oberfläche liegt, etwas, was ungesagt bleibt, damit wir es selbst herausfinden und überdenken können. Die zwei Seiten, auf denen uns geschildert wird, wie die im Sterben liegende alte Frau Gänseleberpastete und einen Schildpattkamm verlangt, enthalten, wie ich finde, trotz ihrer Kürze doppelt soviel Substanz wie sonst dreißig Seiten des Buches.

Diese Bemerkungen bringen mich auf die Frage zurück, mit der ich anfing: das Verhältnis des Schriftstellers zum Leben und was es sein sollte. Daß er dem Leben furchtbar ausgesetzt ist, beweist *A Deputy Was King* aufs Neue. Er kann dasitzen und das Leben beobachten und sein Buch aus dem Geschäum und Gesprudel seiner Gefühle erschaffen; oder er kann sein Glas abstellen, sich in sein Zimmer zurückziehen und seine Beute jenen mysteriösen Prozessen unterwerfen, durch die das Leben, wie der chinesische Mantel, befähigt wird, für sich allein zu stehen – eine Art unpersönliches Wunder. In beiden Fällen steht er jedoch vor einem Problem, das jene, die sich in den anderen Künsten betätigen, nicht im selben Maß quält. Grell und schrill behauptet das Leben ständig, es sei das eigentliche Ziel jeder erzählenden Literatur, und sein Buch werde um so besser, je mehr er von eben diesem Leben sehe und einfange. Es fügt jedoch nicht hinzu, daß es ungemein unrein ist; und daß die Seite, die es zuoberst zur Schau stellt, für den Schriftsteller oft nicht den geringsten Wert besitzt. Äußere Erscheinung und Bewegung sind die Köder, die es auslegt, um ihn hinter sich herzulocken, als seien sie das Wesentliche und als würde er, wenn er sie einfängt, sein Ziel erreichen. Dies glaubend hetzt er fieberhaft hinter ihm her, bringt in Erfahrung, welcher Foxtrott in der Botschaft gespielt und welcher Rock in der Bond Street getragen wird, wühlt und windet sich seinen Weg in die letzten Feinheiten lokaler Redensarten und imitiert perfekt die letzte Nuance umgangssprachlichen Jargons. Seine größte Angst ist die, hinter seiner Zeit zurückzubleiben; seine Hauptsorge die, eine Sache in dem Moment zu beschreiben, in dem sie aus der Eierschale gekrochen kommt, den zarten Flaum noch auf dem Kopf.

Diese Art des Arbeitens verlangt große Geschicklichkeit und Gewandtheit und befriedigt ein echtes Anliegen. Die Äußerlichkeiten des eigenen Zeitalters zu kennen, seine Kleidung und Tänze und Schlagworte, besitzt ein Interesse und sogar einen Wert, der den geistigen Abenteuern eines Hilfspfarrers oder den Ambitionen einer hochgesonnenen Schullehrerin, so erhaben sie sein mögen, größtenteils fehlt. Man könnte durchaus auch behaupten, daß die Beschäftigung mit dem Tanzgetümmel des modernen Lebens, um die Illusion von Realität zu schaffen, weit größere literarische Fertigkeiten verlangt, als einen ernsthaften Essay über die Gedichte John Donnes[3] oder die Romane von M. Proust zu verfassen. Folglich tut der Schriftsteller, der ein Sklave des Lebens ist und seine Bücher aus dem Schaum des Augenblicks zusammenbraut, etwas Schwieriges, etwas, was gefällt, etwas, was, wenn einem der Sinn danach steht, sogar lehrreich ist. Doch sein Werk vergeht, wie das Jahr 1921 vergeht, wie der Foxtrott vergeht, und wirkt drei Jahre später so veraltet und langweilig wie jede andere Mode, die ihren Zweck erfüllt hat und verschwunden ist.

Andererseits ist es genauso fatal, sich aus Angst vor dem Leben in sein Arbeitszimmer zurückzuziehen. Sicher können in der dort herrschenden Stille überzeugende Imitationen von Addison[4] beispielsweise hervorgebracht werden, aber sie sind so spröd wie Mörtel und ebenso fad. Um zu überleben, muß jeder Satz im Herzen einen kleinen Funken Feuer enthalten, und den muß der Schriftsteller, wie groß die Gefahr auch sein mag, mit seinen eigenen Händen aus der lodernden Glut herausgreifen. Seine Situation ist also eine gefährliche. Er muß sich dem Leben aussetzen; er muß die Gefahr auf sich nehmen, vom Leben in die Irre und durch seine Tücke hinters Licht geführt zu werden; er muß ihm seine Schätze entreißen und seinen Ramsch achtlos liegen lassen. Aber in einem bestimmten Augenblick muß er die Gesellschaft verlassen und sich zurückziehen, allein, in jenes geheimnisvolle Zimmer, wo sein Stoff gehärtet und dauerhaft gemacht wird durch Prozesse, die, auch wenn sie sich dem Kritiker entziehen, für ihn dennoch von so tiefer Faszination sind.

Deutsch von Brigitte Walitzek

Anmerkungen

Die Rezension des Romans *A Deputy Was King* von Gladys Bonwyn Stern (1890–1973), New York und London 1926, erschien am 7. November 1926 im *New York Herald Tribune*.

1 *The Matriarch, A Chronicle* (1925). VW sah später, am 11. Oktober 1929, eine Bühnenfassung des Romans im Royalty Theatre.
2 Aus dem Song ›Ka-Lu-A‹ von Jerome Kern und Ann Caldwell. (Anm. d. Übersetzerin)
3 Zu John Donne (1573–1631) siehe VWs Essay ›Donne nach drei Jahrhunderten‹, in: *Der gewöhnliche Leser 2*, S. 26–48.
4 Joseph Addison (1672–1719), vor allem Essayist, Herausgeber des *Spectator*. Siehe VWs Essay ›Addison‹, in: *Der gewöhnliche Leser 1*, S. 119–131.

Beim Wiederlesen von Meredith

Diese neue Meredith-Studie ist kein Lehrbuch, das man in die eine Hand nimmt, während man *The Shaving of Shagpat* oder *Modern Love*[1] in der anderen hält; sie wendet sich an jene, die die Schwierigkeiten des Meisters so weit bewältigt haben, daß sie nun zu einer Entscheidung über seine endgültige Stellung innerhalb der englischen Literatur gelangen wollen. Das Buch dürfte viel dazu beitragen, die Meinung über Meredith zu konkretisieren, allein schon deshalb, weil es viele Menschen dazu veranlassen wird, ihn wiederzulesen. Denn Mr Crees hat es mit einem Enthusiasmus geschrieben, der einem dies leicht macht. Er ruft Diana und Willoughby Patterne und Richard Feverel[2] von den Regalen herunter, auf denen sie in letzter Zeit recht still geworden sind, und binnen eines Augenblicks ist die Luft erfüllt von hohen, volltönenden Stimmen, die in der unverwechselbaren Sprache von Metapher, Epigramm und phantastischem poetischem Dialog sprechen. Wenn wir von unserem eigenen Fall ausgehen wollen, werden einige Leser kurz Gewissensbisse empfinden, wie wenn man nach einer Unterbrechung von Jahren einem Helden wiederbegegnet, der einst so glühend verehrt wurde, daß seine Verschrobenheiten und Unzulänglichkeiten nun kaum noch erträglich sind; sie scheinen die Fehler unserer eigenen Jugend allzu gut zu bewahren. Zudem werden wir in Gegenwart eines so getreuen Bewunderers, wie Mr Crees es ist, möglicherweise an manch zwischenzeitliche Treulosigkeit erinnert. Es waren nicht Thackeray, Dickens oder George Eliot, die uns ernstlich in Versuchung führten, unsere Verbundenheit aufzugeben; doch können wir das auch von den großen Russen sagen? Wenn Mr Crees versucht, zu einer Einschätzung Merediths zu gelangen, indem er ihn mit seinen Zeitgenossen vergleicht, erwähnt er merkwürdigerweise weder

Turgenjew noch Tolstoi noch Dostojewski. Aber es waren *Väter und Söhne, Krieg und Frieden* und *Schuld und Sühne*,[3] die zahllose Getreue fortlockten und, schlimmer noch, Meredith erst einmal auf einen Inselhelden zu reduzieren schienen, zur Ergötzung von Kennern im geschützten Winkel eines viktorianischen Treibhauses gehegt und gehätschelt.

Kein Wunder, daß die Russen uns derart überwältigten, denn sie schienen eine gänzlich neue Vorstellung vom Roman zu besitzen, und zwar eine, die größer, vernünftiger und bedeutend tiefgründiger war als unsere. Sie ermöglichte es dem menschlichen Leben in all seiner Breite und Tiefe, mit all seinen Gefühlsschattierungen und Feinheiten des Denkens, ohne Verzerrung durch persönliche Exzentrizitäten oder Manierismen in ihre Seiten einzufließen. Das Leben war zu ernst, um damit herumzujonglieren. Es war zu wichtig, um manipuliert zu werden. Konnte irgendein englischer Roman im Glutofen dieser überwältigenden Wahrhaftigkeit überleben? Eine Zeitlang schien das Urteil stillschweigend gegen Meredith auszufallen. Seine eleganten Formulierungen, seine ewige Bildersprache, die überreichliche Individualität, die so sehr einem anmaßenden Egoismus ähnelte, schien genau das, was in jener kompromißlosen Flamme verzehrt werden mußte. Vielleicht gingen einige von uns so weit zu glauben, der Prozeß sei bereits abgeschlossen und es sei sinnlos, Bücher aufzuschlagen, in denen man nur noch verkohlte Gebeine und Massen von geschmolzenem Draht finden würde. Die Gedichte *Modern Love, Love in the Valley*[4] und einige der kürzeren Stücke überstanden die Feuerprobe mit mehr Erfolg und hielten vielleicht jene latente Begeisterung am Leben, die Mr Crees nun mit dem Lufthauch des höchsten Lobs anfacht, das man der Literatur darbringen kann. Er scheut nicht davor zurück, Meredith mit Shakespeare zu vergleichen. Shakespeare allein, sagt er, hätte ›Ein Zwischenspiel auf der Weidenpfeife‹[5] in *Richard Feverel* schreiben können. Meredith »veranschaulicht besser als jeder andere seit Shakespeare jene unbändige geistige Energie, die Matthew Arnold für die Quelle unserer literarischen Größe hielt«.[6] Manchen Äußerungen könnte man sogar entnehmen, daß Meredith unumstritten auf einer Stufe mit dem größten aller Dichter steht. »Niemand war je mit reicheren Gaben gesegnet.« Er besaß den »in mancher Hinsicht vollendetsten Intellekt, der sich je der Literatur widmete«. Dabei handelt es sich darüber hinaus nicht um die unverantwortlichen Ausbrüche eines kurz aufflammenden Enthusiasmus, sondern um die wohldurchdachte Meinung eines Mannes, der mit Talent und kritischem Scharfblick schreibt und seine Superlative durch nachvollziehbare Stufen der Einschätzung erreicht hat. Vielleicht sollten wir seine Werteskala insofern abändern, daß wir Shakespeare durch Donne ersetzen; aber wie immer wir unsere Superlative regulieren mögen, er schafft die richtige Stimmung zum Wiederlesen von Meredith.

Die richtige Stimmung zum Lesen von Meredith sollte eine gehörige Portion Enthusiasmus enthalten, denn Meredith zielt auf das Zentrum der Emotionen ab und hat, wenn er dabei erfolgreich ist, seinen Sitz genau dort. Und das ist einer der Hauptunterschiede zwischen ihm und den Russen. Sie häufen auf; sie akzeptieren Häßlichkeit; sie versuchen zu verstehen; sie dringen mit der schrecklichen Kraft ihrer nicht nachlassenden Scharfsicht und ihrer unverbrüchlichen Ehrfurcht vor der Wahrheit tiefer und tiefer in die menschliche Seele ein. Meredith dagegen nimmt die Wahrheit im Sturm; er erobert sie mit einer Wendung, und seine besten Wendungen sind nicht einfach nur Wendungen, sondern sind zusammengefügt aus vielen verschiedenen Beobachtungen, die zu einer verschmolzen und als gleißendes Lichtbündel ausgestrahlt werden. Durch solche Wendungen lernen wir seine Charaktere kennen. Sie sind uns, sobald wir an sie denken, sofort präsent. Sir Willoughby »hat ein Bein«.[7] Clara Middleton trägt »die Jugend wie eine Fahne vor sich her«. Vernon Whitford ist »Phöbus Apollo als Bettelmönch«; jeder, der die Romane gelesen hat, hortet einen Schatz derartiger Wendungen in seinem Gedächtnis. Doch derselbe Prozeß wird nicht nur auf einzelne Charaktere angewandt, sondern auch auf große und komplizierte Situationen, in denen unterschiedliche Bewußtseinszustände gestaltet werden. Auch hier will er die Wahrheit in einer Serie von Metaphern oder einer Schnur von Epigrammen herauspressen, ohne mehr als nötig auf langweilige Fakten zurückgreifen zu müssen. Doch in diesen Fällen ist die Mühe oft ungeheuer und die Verwirrung oft chaotisch. Aber das Scheitern ist auf die enorme Bandbreite seines Ehrgeizes zurückzuführen. Nehmen wir an, er muß eine Teegesellschaft beschreiben; er beginnt damit, daß er alles zerstört, anhand dessen es einem leichtfällt, eine Teegesellschaft zu erkennen – Stühle, Tische, Tassen und das übrige; er präsentiert uns die Szene nur durch einen Ring an einem Finger und eine Hutfeder, die am Fenster vorbeischwebt. Doch er legt so viel Leidenschaft und Charakter in den Ring und die Hutfeder, und derart tiefdringende visionäre Strahlen huschen durch den seiner Möbel beraubten Raum, daß es den Anschein hat, als seien wir im Besitz sämtlicher Einzelheiten, so als hätte ein gewissenhafter Realist sie alle einzeln beschrieben. Diese Wirkung so oft erzielt zu haben, wie Meredith es getan hat, ist eine enorme Leistung. Auf diese Weise – darauf vertrauen wir in derartigen Momenten – wird sich die Kunst der erzählenden Literatur weiterentwickeln. Für eine solche Schönheit und eine derart intensive emotionale Erregung lohnt es sich unbedingt, die Gewißheit aufzugeben, die sich einstellt, wenn man weiß, von welchem Wochentag die Rede ist, wie die Damen gekleidet sind und welche Folge glaubhafter Ereignisse die große Krise herbeiführte. Doch erhebt sich auch der Zweifel, ob wir nicht etwas opfern, was wichtiger ist als reine Gewißheit. Wir haben Augenblicke erstaunlicher Intensität gewonnen; wir haben ein hohes Niveau anhaltender Schönheit erreicht; aber vielleicht fehlt der Schönheit irgendeine Eigenschaft, die sie zu einer erfüllten Schönheit macht? »Meine Liebe«, schrieb Meredith, »gilt epischen Themen – nicht Spinnweben in einer übelriechenden Ecke, obwohl ich die Faszination kenne, sie zu entwirren.« Er meidet Häßlichkeit, wie er Monotonie meidet. »Reiner Realismus«, schrieb er, »ist bestenfalls eine Brutstätte für die Schmeißfliege.«[8] Reine Romantik ist eine Brutstätte für ein Insekt, das zwar schillernder ist als die Schmeißfliege, vielleicht jedoch dazu neigt, noch herzloser zu sein als sie. Ein Hauch von Realismus – oder ist es ein Hauch von etwas, was eher Mitempfinden ähnelt? – hätte den Meredith-Helden davor bewahrt, der ehrenwerte, aber langweilige Gentleman zu sein, als den wir ihn, bei aller Hochachtung vor Mr Crees, immer empfunden haben. Er hätte die Hochgebirgsluft seiner Bücher um die größere Vielfalt der Wolken bereichert.

Aber ob zum Guten oder zum Schlechten, die Gewohnheit des Edlen ist tief in Meredith verwurzelt. So zum Beispiel hat kein moderner Schriftsteller die umgangssprachliche Redeweise so vollständig ignoriert und seine Dialoge in Sätze gefaßt, die ohne Unziemlichkeit von Königin Elizabeth persönlich gesprochen worden sein könnten. »Und jetzt gehen Sie mir aus den Augen!« »Ich ging freiwillig zu ihm, floh vor Deiner Herzlosigkeit, Mutter – soll ich noch Mutter sagen?« sind zwei Beispiele, die sich beim Aufschlagen zweier Seiten von *The Tragic Comedians*[9] finden. Das ist der Ton, den er ganz natürlich anschlägt, obwohl wir vielleicht vermuten dürfen, daß die lange Gleichgültigkeit des Publikums seine Neigung zum Gestelzten und zum Künstlichen steigerte. Unter anderem aus diesem Grund ist es leicht, sich zu beklagen, daß seine Welt eine aristokratische Welt ist, fest umgrenzt, dünn bevölkert, ein wenig hartherzig, ohne Zutritt für die Armen, die Gewöhnlichen, die Dummen, oder für jenes sehr verbreitete und interessante Individuum, das eine Mischung aus allen dreien ist.

Und doch kann es keinen Zweifel geben, daß Meredith, auch wenn man ihn nur nach seinen Romanen beurteilt, ein großer Autor bleibt. Der Zweifel geht eher dahin, ob man ihn einen großen Romanautor nennen kann; ob jemand, für den die Technik des Romaneschreibens so viel Abstoßendes hatte, verglichen mit jenen, die mit dem Strich schreiben statt gegen ihn, tatsächlich als herausragend gelten kann. Er müht sich, dem zu entkommen, und die Kapitel voller erstaunlicher, aber fruchtloser Energie, die er in seinem Bemühen um Entkommen produziert, sind die wahren Hindernisse, die der Freude an Meredith im Weg stehen. Wogegen, fragen wir uns, kämpft er an? Wonach strebt er? War er vielleicht ein Dramatiker, der außerhalb der ihm entsprechenden Zeit geboren wurde – manchmal ein Elisabethaner und manchmal, wie die letzten Kapitel von *The Egoist* vermuten lassen, ein Dramatiker der Restoration?[10] Wie ein Dramatiker verspottet er die Wahrscheinlichkeit, verachtet die Kohärenz, und lebt von einem Höhepunkt zum nächsten. Seine Dialoge scheinen sich oft nach der Schlichtheit eines Blankverses zu verzehren. Und, trotz all seiner analytischen Emsigkeit beim Sezieren von Charakteren, schafft er nicht etwa die lebendigen Männer und Frauen, die die moderne Erzählkunst rechtfertigen, sondern erlesene Kunstgebilde, die mehr Allgemeines als Besonderes an sich haben. Diana ist eher eine große, schöne Vorstellung von Fraulichkeit als eine bestimmte Frau; in Richard Feverel glüht die Inbrunst romantischer Liebe, aber die Gesichter der Liebenden bleiben im rosigen Licht verschwommen. Darin liegt sowohl die Stärke als auch die Schwäche von Merediths Büchern, aber wenn die Schwäche tatsächlich von der Art ist, die wir aufgezeigt haben, ist die Stärke so geartet, das auszubalancieren. Seine englische Vorstellungskraft mit ihrer immensen Kühnheit und Fruchtbarkeit, seine überragende Beherrschung der großen Empfindungen Mut und Liebe, seine Fähigkeit, die Natur zum Mitempfinden mit dem Menschen aufzurufen und ihn mit ihrer Unermeßlichkeit zu verschmelzen, sein Frohlocken über alles stilvolle Leben und Denken – das sind die Eigenschaften, die seinen Schöpfungen ihre Größe und Universalität verleihen. In dieser Hinsicht müssen wir seine wahre Abstammung von den größten englischen Schriftstellern anerkennen, auch daß er Qualitäten sein eigen nannte, die nirgends anders ihren Ausdruck finden als in den Meisterwerken unserer Literatur.

Deutsch von Brigitte Walitzek

Rezension von J. H. R. Crees, *George Meredith. A Study of his Works and Personality*, Oxford 1918. Sie erschien am 25. Juli 1918 im *TLS*. Siehe auch VWs Essay ›Die Romane George Merediths‹, in: *Der gewöhnliche Leser 2*, S. 268–280.

1 George Meredith (1828–1909), *The Shaving of Shagpat, an Arabian Entertainment* (1856), *Modern Love* (1862).

2 Diana Warwick, die Heldin von *Diana of the Crossways* (1885); Sir Willoughby, eine Figur in *The Egoist* (1879) und der Held in *The Ordeal of Richard Feverel* (1859).

3 Iwan Turgenjew (1818–1883), *Väter und Söhne* (1862). Leo Tolstoi (1828–1910), *Krieg und Frieden* (1865–72). Fjodor Dostojewski (1821–1881), *Schuld und Sühne* (1866).

4 ›Love in the Valley‹, 1851 und 1878.

5 *The Ordeal of Richard Feverel*, Band I, Kap. XX: ›A Diversion played on a Penny-Whistle‹.

6 Matthew Arnold (1822–1888); neben seinem dichterischen Werk ist er vor allem als Kritiker berühmt gewesen (*Essays in Criticism*, 1865 und 1888).

7 Dieses und die folgenden Beispiele stammen aus dem Roman *The Egoist*. *Der Egoist*, deutsch von Hans Reisiger, Leipzig: Paul List, 1966 (zuerst 1925), S. 19, 51, 18. (Anm. d. Übersetzerin)

8 Brief an Frederick A. Maxse vom 28. Dezember 1865, zitiert in Crees, Kap. V, S. 107.

9 *The Tragic Comedians. A Study in a Well-Known Story* (1880), Kap. VIII. Deutsche Übersetzung unter dem Titel *Die tragischen Komödianten* von Irma Wehrli, Zürich: Manesse, o. J., S. 136 und 139. (Anm. d. Übersetzerin)

10 Die zweite Blüte der englischen Literatur nach der Wiedereinsetzung der Monarchie 1660 mit großen Komödienautoren wie William Wycherley (1640–1716), William Congreve (1670–1729) oder Richard Sheridan (1751–1816).

Die Anatomie der erzählenden Literatur

Gelegentlich haben Sie vielleicht auf einem ländlichen Jahrmarkt einen Professor auf einem Podium gesehen, der auf die Bauern einredet und sie ermuntert, ihm seine wunderwirkenden Pillen abzukaufen. Wie immer ihre Krankheit beschaffen sein mag, gleich ob es sich um eine des Körpers oder der Seele handelt, er hat einen Namen dafür und ein Heilmittel; und wenn sie unschlüssig zögern, zieht er flugs ein Schaubild hervor, deutet mit einem Stöckchen auf unterschiedliche Teile der menschlichen Anatomie und rasselt derart schnell so lange lateinische Wörter herunter, bis erst einer, dann noch einer, verlegen nach vorne stolpert und seine Arznei entgegennimmt und davonträgt und heimlich auswickelt und hoffnungsvoll schluckt. »Der junge Aspirant in der Kunst der erzählenden Literatur, der sich als angehenden Realisten weiß«, dröhnt Mr Hamilton von seinem Podium herunter, und die angehenden Realisten treten vor und nehmen – denn der Professor ist großzügig – fünf Pillen samt neun Vorschlägen für die häusliche Behandlung in Empfang. Anders ausgedrückt: sie erhalten fünf »Prüffragen«, die sie beantworten sollen, und werden angehalten, neun Bücher oder Teile davon zu lesen. »1. Definieren Sie den Unterschied zwischen Realismus und phantastischer Literatur. 2. Welches sind die Vor- und welches die Nachteile der realistischen Methode? 3. Welches sind die Vor- und welches die Nachteile der phantastischen Methode?« – das sind die Dinge, die sie zu Hause ausarbeiten, und zwar mit so großem Erfolg, daß am zehnten Jahrestag der Erstveröffentlichung eine »überarbeitete und erweiterte Ausgabe« des Buches auf den Markt gekommen ist. In Amerika gilt Mr Hamilton offenbar als sehr guter Professor und besitzt zweifellos ein Bündel von Referenzen, die die wundersame Wirksamkeit seiner Kuren bezeugen. Aber lassen Sie uns festhalten: Mr Hamilton ist kein Professor; wir sind keine gutgläubigen Bauerntölpel; und die erzählende Literatur ist keine Krankheit.

Wir in England haben die Angewohnheit zu sagen, die erzählende Literatur sei eine Kunst. Niemand lehrt uns, Romane zu schreiben; der Versuch, uns davon abzubringen, ist unser häufigster Anreiz; und obwohl die Kritiker vielleicht »die allgemeinen Grundprinzipien der Kunst der erzählenden Literatur hergeleitet und ausformuliert haben«, haben sie ihre Arbeit so getan, wie ein gutes Hausmädchen die seine tut; sie haben im Anschluß an das Fest aufgeräumt. Die Kritik beschäftigt sich nur selten oder nie mit den Problemen des gegenwärtigen Augenblicks. Im Gegensatz dazu hat jeder gute Romancier, gleich ob tot oder lebendig, etwas über diese Probleme zu sagen, auch wenn es sehr indirekt gesagt wird, unterschiedlich zu unterschiedlichen Menschen, und unterschiedlich in unterschiedlichen Stadien der Entwicklung des Betreffenden. Falls also irgend etwas von wesentlicher Bedeutung ist, dann, mit eigenen Augen zu lesen. Doch, um die Wahrheit zu sagen, Mr Hamilton hat uns den didaktischen Stil verleidet. Nichts scheint von wesentlicher Bedeutung zu sein, außer vielleicht eine rudimentäre Kenntnis des ABC, und es ist hübsch, sich ins Gedächtnis zu rufen, daß Henry James, als er zum Diktieren überging, selbst darauf verzichtete.[1] Doch wenn man eine natürliche Zuneigung zu Büchern hat, ist es wahrscheinlich, daß einem, nachdem man *Emma* gelesen hat, um nur ein Beispiel zu nennen, ein paar Gedanken über die Kunst Jane Austens[2] durch den Kopf gehen – wie feinsinnig ein Ereignis ein anderes hervorhebt; wie entschieden sie etwas sagt, indem sie es *nicht* sagt; wie überraschend daher ihre ausdrücklichen Wendungen sind, wenn sie kommen. Abgesehen von der Geschichte baut sich zwischen den Sätzen eine kleine Form irgendeiner Art auf. Aber das Lernen aus Büchern ist bestenfalls eine sprunghafte Angelegenheit, und die Lehren sind so vage und veränderlich, daß man am Ende, weit davon entfernt, Bücher entweder als »phantastisch« oder »realistisch« zu bezeichnen, eher dazu neigen wird, sie, ähnlich wie Menschen, für sehr gemischt, sehr unterschiedlich, einander sehr unähnlich zu halten. Das würde jedoch Mr Hamilton niemals genügen. Ihm zufolge kann jedes Kunstwerk in Stücke zerlegt werden, und diese Stücke können benannt und beziffert, zerteilt und nochmals zerteilt und in eine Rangfolge gebracht werden, wie die inneren Organe eines Froschs. Auf diese Weise lernen wir, sie wieder zusammenzusetzen – das heißt, Mr Hamilton zufolge lernen wir, wie man schreibt. Es gibt die Verwicklung, den Hauptknoten, und die Erklärung; die induktive und die deduktive Methode; die kinetische und die statische; die direkte und die indirekte, mit Unterabteilungen derselben; Konnotation, Annotation, persönliche Beobachtung und Denotation; logische Folge und chronologische Aufeinanderfolge – alles Teile des Froschs, alle geeignet, noch weiter seziert zu werden. Nehmen wir nur den Fall der »Hervorhebung«. Es gibt elf Arten der Hervorhebung. Hervorhebung durch Stellung am Satzende, durch Stellung am Satzanfang, durch Zäsur, durch direkten Vergleich, durch indirekten Vergleich, durch Wiederholung, durch Antithese, durch Überraschung, durch Aufschub – reicht es Ihnen allmählich? Dann denken Sie an die Amerikaner. Die haben ein und dieselbe Geschichte insgesamt elfmal geschrieben, jedesmal mit einer anderen Art von Hervorhebung. Mr Hamiltons Buch lehrt uns in der Tat eine Menge über die Amerikaner.

Doch wie Mr Hamilton hin und wieder voller Unbehagen erkennt, können wir den Frosch zwar sezieren, doch wir können ihn nicht wieder zum Hüpfen bringen; unglücklicherweise gibt es nämlich etwas, was Leben heißt. Anweisungen dafür, wie man etwas Geschriebenem Leben verleiht, werden gegeben, beispielsweise soll man sich »unerbittlich darin üben, nie gelangweilt zu sein« und »eine lebhafte Neugier und rasches Mitempfinden« kultivieren. Aber es ist offensichtlich, daß Mr Hamilton das Leben nicht mag, und wer kann ihm das angesichts eines so ordentlichen Museums wie dem seinen zum Vorwurf machen? Er hat das Leben als sehr mühselig empfunden, und, wenn man es recht bedenkt, als eher überflüssig; denn schließlich gibt es ja Bücher. Doch Mr Hamiltons Ansichten über das Leben sind so bezeichnend, daß sie in seinen eigenen Worten wiedergegeben werden müssen:

> Vielleicht würden wir uns in der wirklichen Welt nie dazu herablassen, mit ungebildeten, provinziellen Menschen Umgang zu pflegen; und doch empfinden wir es nicht als Verschwendung von Zeit und Energie, ihnen auf den Seiten von *Middlemarch*[3] zu begegnen. Ich für meinen Teil habe es im wirklichen Leben immer vermieden, die Art von Menschen zu treffen, die in Thackerays *Vanity Fair*[4] auftreten; und doch finde ich es nicht nur interessant, sondern auch lohnend, während des ganzen Verlaufs eines ziemlich langen Romans mit ihnen zu tun zu haben.[5]

»Ungebildete, provinzielle Menschen« – »nicht nur interessant, sondern auch lohnend« – »Verschwendung von Zeit und Energie« – nun endlich sind wir nach langem Umherschweifen und schmerzlicher Mühe auf dem richtigen Weg. Lange hatte es den Anschein, als könne nichts die amerikanischen Menschen dafür belohnen, elf Abhandlungen über die elf Arten der Hervorhebung geschrieben zu haben. Nun jedoch geht uns verschwommen auf, daß sich durch die tägliche Geißelung des erschöpften Gehirns etwas gewinnen läßt. Es ist kein Titel; es hat nichts mit Vergnügen oder mit Literatur zu tun; aber anscheinend sehen Mr Hamilton und seine emsige Truppe weit hinten am Horizont einen Zirkel der höchsten Erleuchtung, den sie, sofern es ihnen gelingt, lange genug zu lesen, irgendwann vielleicht erreichen werden. Jedes auseinandergenommene Buch ist ein Meilenstein, den sie hinter sich gelassen haben. Bücher in fremden Sprachen zählen doppelt. Und ein Buch wie dieses ist seiner Art nach eine Dissertation, die man dem obersten Prüfer zuschicken kann, bei dem es sich, bei allem, was wir wissen, um den Geist von Matthew Arnold[6] handeln könnte. Wird Mr Hamilton zugelassen werden? Würden sie es übers Herz bringen, jemanden abzuweisen, der so beflissen ist, so staubig, so verdienstvoll, so außer Atem? Doch ach! Sehen Sie sich seine Zitate an; betrachten Sie seine Kommentare dazu:

»The murmuring of innumerable bees«[7] ... Das Wort innumerable, das für den Intellekt nichts weiter bedeutet als »nicht zählbar«, soll an dieser Stelle den Sinnen das Summen von Bienen vorgaukeln.[8]

Der leichtgläubige Bauerntölpel hätte ihm mehr darüber sagen können. Es ist nicht erforderlich anzuführen, was er über »magic casements«[9] und »iniquity of oblivion«[10] zu sagen hat. Denn findet sich nicht auf Seite 208 eine Definition von Stil?

Nein; Mr Hamilton wird niemals zugelassen werden; er und seine Anhänger müssen sich für alle Zeit durch den Wüstensand quälen, und der Zirkel der Erleuchtung wird, fürchten wir, an ihrem Horizont immer blasser und blasser werden. Und nach der Niederschrift des obigen Satzes ist es eigenartig zu erkennen, wie wenig man sich schämt, daß man, was die Literatur angeht, ein ausgemachter Snob ist.

Deutsch von Brigitte Walitzek

Anmerkungen

Rezension des Sammelbandes von Clayton Hamilton, *Materials and Methods of Fiction. Revised and Enlarged*, London 1918. (Erste Ausgabe 1908.) Die Rezension erschien am 16. Mai 1919 in *The Athenaeum*.

1 Henry James (1843–1916) diktierte alle seine späten Werke einer Sekretärin. Von 1907 bis zu seinem Tod war dies Theodora Bosanquet, deren Essay *Henry James at Work* 1924 in der Hogarth Press erschien.
2 Jane Austen (1775–1817), *Emma* erschien 1816.
3 Roman von George Eliot (1819–1880), der 1871–72 erschien.
4 *Vanity Fair*, 1847–48.
5 Hamilton, Kap. V, S. 79.

6 Matthew Arnold (1822–1888), hat mit seinen *Essays in Criticism* (1865 und 1888) Maßstäbe für die Literaturkritik gesetzt.

7 Aus Tennysons Gedicht ›The Princess‹.

8 Hamilton, Kap. XII, S. 209.

9 »Zauberische Fenster«, aus ›Ode to a Nightingale‹ von John Keats (1819).

10 »Die Schändlichkeit des Vergessens« aus Sir Thomas Brownes *Hydriotaphia, or Urn-Burial* (1658).

Die Schauerromanze

Es spricht sehr für Miss Birkheads angeborenen gesunden Menschenverstand, daß es ihr gelungen ist, einen klaren Kopf zu bewahren, wo viele andere ihn verloren hätten. Sie hat eine große Vielzahl von Büchern gelesen, ohne daran zu ersticken. Sie hat eine große Vielzahl von Handlungen analysiert, ohne ihrer überdrüssig zu werden. Ihr Gefühl für Literatur wurde durch die Papierkörbe voller alter Romane, die so beherzt darauf gestapelt wurden, nicht ausgelöscht. Denn ihr »Versuch, die Herkunft der Schauerromanze und der Gruselgeschichte in Umrissen zu skizzieren« hat zwangsläufig dazu geführt, daß sie in Kellern und auf Dachböden herumstöbern mußte, wo das Licht schummrig und der Staub dick ist. Dem Verlauf eines einzelnen Fadens im dicken Strang unserer Literatur nachzuspüren, ist der Mühe durchaus wert. Doch vielleicht hätte Miss Birkhead die Bedeutung ihrer Arbeit gesteigert, hätte sie ihr Spektrum um eine kritische Diskussion des ästhetischen Werts von Schock und Horror erweitert und eine Analyse des Geschmacks gewagt, der diesen besonderen Anreiz verlangt. Aber ihre Schilderung ist durchaus lesbar genug, um den Studenten mit Material zu versorgen, mit dem er die Forschung ein wenig weitertreiben kann.

Da allgemein gilt, daß die Schauerromanze im Jahr 1764 durch Horace Walpoles *Castle of Otranto*[1] eingeführt wurde, gibt es keinen Grund, sie mit den Romanzen Spensers oder Shakespeares zu verwechseln. Sie ist ein Parasit, ein Kunstgebilde, halb im Scherz als Reaktion gegen den damals vorherrschenden Stil oder als Kontrast dazu geschaffen. Wenn wir die Namen der berühmtesten Schauerromanciers durchgehen – Clara Reeve, Mrs Radcliffe, Monk Lewis, Charles Maturin, Sarah Wilkinson[2] –, müssen wir über die Absurdität der Visionen lächeln, die sie heraufbeschwören. Vielleicht beglückwünschen wir uns zu unserem höheren Entwicklungsstand. Doch da unsere Vorfahren am Tag der Erstveröffentlichung zweitausend Exemplare von Mrs Bennetts *Beggar Girl and her Benefactors*[3] kauften, und zwar zum Preis von sechsunddreißig Shilling für die sieben Bände, muß der Müll etwas Appetitliches enthalten oder der Appetit etwas Grobschlächtiges gehabt haben. Es ist nur höflich, im Zweifel zugunsten unserer Vorfahren zu entscheiden. Versuchen wir, uns an ihre Stelle zu versetzen. Zu den Büchern, die im Jahr 1764 einen Teil der gängigen Bibliothek ausmachten, gehörten vermutlich Johnsons *Vanity of Human Wishes*, Grays Gedichte, Richardsons *Clarissa*, Addisons *Cato*, Popes *Essay on Man*.[4] Niemand könnte sich eine erlesenere Gesellschaft wünschen. Gleichzeitig wird, wessen sich die Literaturkritiker zu wenig bewußt sind, die Liebe zur Literatur oftmals nicht von den guten Büchern geweckt und in den ersten Jahren genährt, sondern von den schlechten. Der Tag, an dem nur noch in Bibliotheken und nicht mehr in Untergrundbahnen gelesen wird, wird ein unglückseliger Tag sein. Im achtzehnten Jahrhundert muß es ein sehr großes Publikum gegeben haben, das keinen Gefallen an den literarischen Vortrefflichkeiten der damaligen Zeit fand; und wenn wir bedenken, wie lang die Tage waren und wie bar an Abwechslung, muß es uns nicht überraschen, eine Schule von Schriftstellern zu finden, die in entschiedener Ablehnung der vorherrschenden Meister aufwuchsen. Horace Walpole, Clara Reeve und Mrs Radcliffe – sie alle kehrten ihrer Zeit den Rücken und stürzten sich in die herrliche Dunkelheit des Mittelalters, das an Burgen, Baronen, Wassergräben und Morden so viel reicher war als das achtzehnte Jahrhundert.

Was Horace Walpole halb im Scherz begann, wurde im Ernst und mit beträchtlicher Energie von Mrs Radcliffe fortgesetzt. Daß sie sich in der Sache Gedanken machte, zeigt sich in der Mühe, der sie sich unterzieht, ihre Geheimnisse zu erklären, nachdem sie ihre Aufgabe erfüllt haben. Der menschliche Körper, »verwest und wimmelnd vor Gewürm, welches sich in

Gesicht und Händen zeigte«, stellt sich als wächsernes Abbild heraus, das in Erfüllung eines Schwurs glaubhaft dort plaziert worden war. Doch man braucht sich nicht groß zu wundern, daß eine Schriftstellerin, die unablässig unter der Anspannung stand, Geheimnisvolles erst zu ersinnen und dann zu erklären, keine Muße für die Feinheiten der Kunst hatte. »Mrs Radcliffes Heldinnen«, sagt Miss Birkhead, »ähneln vor allem einer Kompositphotographie, in der alle unterscheidenden Merkmale zu einem ausdruckslosen Typus verschmolzen sind.« Der gleiche Mangel läßt sich in den meisten Sensations- und Abenteuerbüchern finden und ist letztlich inhärenter Bestandteil der Thematik; denn es ist unwahrscheinlich, daß eine Lady, die sich einer splitternackten männlichen, vor Gewürm wimmelnden Leiche gegenübersieht, wo sie doch vielleicht nur auf der Suche nach einer hübschen Landschaft in Öl war, etwas anderes tun sollte als einen schrillen Schrei auszustoßen und in Ohnmacht zu fallen. Und Frauen, die schrille Schreie ausstoßen und in Ohnmacht fallen, tun dies auf mehr oder weniger gleiche Weise. Das ist einer der Gründe, wieso es extrem schwierig ist, eine Gruselgeschichte zu schreiben, die bis zum Schluß schockiert und nicht anfangs platt und dann lächerlich wird. Selbst Miss Wilkinson, die schrieb, »Adeline Barnett war schön wie eine Lilie und hochgewachsen wie die Pinie, ihre hübschen dunklen Augen blitzten wie Diamanten und sie bewegte sich mit der Majestät einer Göttin«, mußte ihren eigenen Lieblingsstil ins Lächerliche ziehen, bevor sie fertig war. Scott, Jane Austen und Peacock beugten sich von ihren Höhen herab, um über die Absurdität der Konventionen zu lachen, und zwangen sie dazu, im Untergrund Zuflucht zu suchen. Denn unterirdisch blühten sie das ganze neunzehnte Jahrhundert hindurch weiter, und für Sixpence kann man noch heute am Bücherstand den erkennbaren Abkömmling von *The Mysteries of Udolpho* erstehen. Auch Adeline Barnett ist beileibe nicht tot. Wahrscheinlich ist sie im Augenblick die Tochter eines Earls; bösartig, geschminkt, in die Gesellschaft eingeführt. Aber wenn man sie als Miss Wilkinsons Adeline anspricht, wird sie nichtsdestoweniger antworten müssen.

Es wäre eine schöne Übung für das Unterscheidungsvermögen, den genauen Punkt zu finden, an dem die Romanze zur Schauerromanze wird und die Phantasie leerer Schein. Coleridges Zeilen in *Kubla Khan*[5] über die Frau, die um ihren Dämon-Geliebten weheklagt, sind ein perfektes Beispiel für die gelungene Verwendung von Gefühlen. Das Schwierige ist, wie Miss Birkhead aufzeigt, zu wissen, wann man aufhören muß. Der Humor ist vergleichsweise leicht unter Kontrolle zu halten; die Psychologie ist zu quälend, um überstrapaziert zu werden; aber eine Begabung für die Romantik entzieht sich leicht der Kontrolle und bringt ihren Besitzer unbarmherzig in Verruf. Maturin und Monk Lewis häuften Schrecken über Schrecken, bis selbst Mrs Radcliffe ruhig und gesetzt wirkte. Und sie haben die Strafe dafür bezahlt. Die Dame mit dem Totenschädel, der Vampir als Gentleman, die ganze Schar der Mönche und Monster, die einst für Angst und Schrecken sorgten, plappern nun in irgendeinem dunklen Schrank im Dienstbotenzimmer sinnlos vor sich hin. Heutzutage schmeicheln wir uns, daß die Wirkung mit subtileren Mitteln erzielt wird. Wir schaudern vor den Geistern in uns selbst, nicht vor den verwesenden Kadavern von Baronen oder den unterirdischen Aktivitäten von leichenfressenden Fabelwesen. Und doch treibt uns der Wunsch, unsere Grenzen auszuweiten, Aufregung ohne Gefahr zu erleben und den Tatsachen des Lebens so weit wie möglich zu entfliehen, immer wieder dazu, mit den gefährlichen Zutaten des Mysteriösen und Unbekannten herumzutändeln. Die Wissenschaft wird, wie Miss Birkhead meint, die Schauerromanze der Zukunft durch Aeroplan und Telefon verändern. Bereits jetzt machen die Kühneren unserer Schriftsteller Gebrauch von der Psychoanalyse, um zu erschrecken und zu entsetzen. Und schon begleiten daraus folgende Gefahren die Verwendung des Abnormen in der Literatur – dem Vernehmen nach klagt die jüngere Generation, die Schrecken in *The Turn of the Screw*[6] seien viel zu zahm und zu konventionell, um auch nur ein Haar auf ihren Köpfen zu Berge stehen zu lassen. Aber können wir tatsächlich sagen, Henry James sei ein Schauerromantiker gewesen?

Deutsch von Brigitte Walitzek

Anmerkungen

Rezension von Edith Birkhead, *The Tale of Terror. A Study of the Gothic Romance*, London 1921. Die Rezension erschien am 5. Mai 1921 im *TLS*.

Siehe auch VWs Essay ›Die Gespenstergeschichten von Henry James‹ in diesem Band.

1 Sir Horace Walpole (1717–1797), berühmt für seine Briefe, baute sich »eine kleine gotische Burg« in Strawberry Hill, Twickenham. Er gilt mit *The Castle of Otranto* (1764) als Vater des Schauerromans, der sogenannten ›Gothic Novel‹. Zahlreiche Übersetzungen ins Deutsche. (Siehe auch VWs Essay über den Briefschreiber Walpole in diesem Band.)

2 Clara Reeve (1729–1807) schrieb *The Champion of Virtue, a Gothic Story* (1777) und *The Progress of Romance, through Times, Centuries, and Manners* (1785). – Mrs Ann Radcliffe (1764–1823) schrieb *The Mysteries of Udolpho* (1794). – Matthew Lewis (1775–1818), genannt ›Monk Lewis‹, schrieb *The Monk* (1796), den berühmtesten Schauerroman. – Charles Maturin (1782–1824) schrieb *Melmoth the Wanderer* (1820). – Sarah Scudgell Wilkinson (1779–1831?) schrieb zahlreiche Schauerromanzen, darunter *Adeline; or The Victim of Seduction* (1828).

3 Agnes Maria Bennett, *The Beggar Girl and her Benefactors* (1797).

4 Samuel Johnson (1709–1784), einer der großen Stilisten, schrieb das erste Wörterbuch der englischen Sprache. *The Vanity of Human Wishes* (1749) ist ein satirisches Gedicht in der Nachfolge Juvenals. – Thomas Grays (1716–1771) Oden wurden 1757 von Horace Walpole veröffentlicht; seine gesammelten Gedichte, die maßstabsetzend für die Epoche bis zur Romantik wurden, erschienen 1768. – Samuel Richardson (1689–1761) schrieb u. a. den Briefroman *Clarissa; or The History of a Young Lady* (1747–48), der vor allem in Frankreich (Diderot) und Deutschland (Lessing) Furore machte. – Der Essayist und Wochenschriftenherausgeber Joseph Addison (1672–1719) schrieb

die sehr erfolgreiche Tragödie *Cato* (1713). – Der klassizistische Dichter Alexander Pope (1688–1744) schrieb u.a. das lange Lehrgedicht *An Essay on Man* (1733–34).

5 Samuel Taylor Coleridges (1772–1834) berühmtes fragmentarisches Gedicht ›Kubla Khan, a Vision in a Dream‹ (1816). Darin finden sich die Verse: »But oh! that deep romantic chasm slanted / Down the green hill athwart a cedarn cover! / A savage place! as holy and enchanted / As e'er beneath a waning moon was haunted / By woman wailing for her demon-lover!« (»Doch ach! der tiefromantische Abgrund, der sich / den grünen Hügel abwärts über Zedernhüllen neigte! / Ein wilder Ort! so heilig und verwünscht / wie jemals unterm abnehmenden Mond eine Frau verwünscht ward, / die um ihren Dämon-Geliebten weheklagte!«)

6 Henry James, *The Turn of the Screw* (1898). Siehe VWs Essay in diesem Band.

Das Übernatürliche in der Literatur

Wenn Miss Scarborough die Ergebnisse ihrer Untersuchungen zum Übernatürlichen in der Literatur als »eher andeutend denn erschöpfend« beschreibt, brauchen wir nur hinzuzufügen, daß in jeder Erörterung des Übernatürlichen Andeutung vielleicht nützlicher ist als das Bemühen um Wissenschaftlichkeit. Alle möglichen Vorfälle von Übernatürlichem in der Literatur zusammenzutragen ohne viel mehr von einem System oder einer Theorie als der Auflistung verfügbarer Daten, läßt dem Leser Freiheit, wo Freiheit einen besonderen Wert hat. Vielleicht liegt irgendein psychologisches Gesetz verborgen unter den aberhundert Geschichten über Gespenster und abnorme Geisteszustände (denn Geschichten über abnorme Geisteszustände sind den strikt übernatürlichen hinzugefügt), die auf ihren Seiten erwähnt werden; aber in unserem Dämmerzustand ist es besser, zu raten als Behauptungen aufzustellen, zu empfinden als unsere Empfindungen einzustufen. Derart viele Beweise für den Gefallen, den die menschliche Natur an Geschichten vom Übernatürlichen findet, führen unvermeidlich zu der Frage, was dieses Interesse sowohl über den Autor als auch über den Leser sagt.

Zuerst einmal, wie sollen wir es erklären, das seltsame Verlangen des Menschen nach dem Vergnügen, sich zu ängstigen, das in unserer Liebe zu Gespenstergeschichten eine so große Rolle spielt? Es ist angenehm, Angst zu haben, wenn uns bewußt ist, daß wir in keinerlei Gefahr schweben, und es ist sogar noch angenehmer, die Bestätigung zu erhalten, daß der Geist Barrieren überwinden kann, die in dreiundzwanzig von vierundzwanzig Stunden undurchdringlich bleiben. Elementare Furcht mit ihrem Vorgefühl von körperlichem Schmerz oder von peinigendem Aufruhr ist eine entwürdigende und demoralisierende Empfindung, während die

Bezwingung der Furcht nur eine achtbare Maske des Mutes hervorbringt, die für uns selbst nicht von großem Belang ist, wiewohl sie andere beeindrucken mag. Aber die Furcht, die uns die Lektüre der Gespenstergeschichten vom Übernatürlichen einflößt, ist eine verfeinerte und vergeistigte Essenz der Furcht. Es ist eine Furcht, die wir untersuchen und mit der wir spielen können. Weit davon entfernt, uns dafür zu verachten, daß wir uns von einer Gespenstergeschichte ängstigen lassen, sind wir sogar stolz auf diesen Beweis unserer Feinfühligkeit und begrüßen vielleicht unbewußt die Gelegenheit zur erlaubten Befriedigung bestimmter Triebe, die wir als verbrecherisch einzustufen pflegen. Es ist bemerkenswert, daß die Sehnsucht nach dem Übernatürlichen in der Literatur im achtzehnten Jahrhundert mit einer Epoche des Rationalismus im Denken einherging, als führe die Eindämmung menschlicher Triebe an einer Stelle dazu, daß sie an einer anderen überfließen. Solche Triebe waren sicherlich in vollem Fluß, als sie sich in die Schriften von Mrs Radcliffe[1] ergossen. Ihre Gespenster und Ruinen haben schon vor langem das Schicksal erlitten, das so rasch jede Übertreibung des Übernatürlichen ereilt und unser Grauen durch unsere Spottlust ersetzt. Doch obwohl wir rasch dabei sind, Symbole der Phantasie wegzuwerfen, die ausgedient haben, bleibt das Verlangen bestehen. Mrs Radcliffe mag verschwinden, aber die Sehnsucht nach dem Übernatürlichen lebt weiter. Manches vom Übernatürlichen findet sich so häufig in der Poesie, daß wir es inzwischen als normalen Bestandteil dieser Kunstform betrachten; aber da es in der Poesie vergeistigt ist, weckt es kaum ein so grobes Gefühl wie Furcht. Niemand hat je davor Angst gehabt, nach der Lektüre von *The Ancient Mariner*[2] eine dunkle Gasse hinunterzugehen, sondern er war eher dazu aufgelegt, sich hinauszuwagen, um jedweden Gespenstern zu begegnen, die geruhen mochten, ihm zu erscheinen. Wahrscheinlich ist ein gewisses Maß an Wirklichkeit notwendig, um Furcht hervorzurufen; und Wirklichkeit wird am besten von Prosa vermittelt. Gewiß gewinnt eine der schönsten Gespenstergeschichten, die Erzählung von Willie dem Wanderer in *Redgauntlet*,[3] ungemein durch die Echtheit des schlichten Schauplatzes, zu der der Gebrauch des schottischen Dialekts beiträgt. Der Held ist ein realer Mensch, das Land so derb, wie es nur sein kann; und plötzlich tut sich inmitten der grünen und grauen Landschaft die scharlachrote Durchsichtigkeit von Schloß Redgauntlet auf mit den toten Sündern bei ihrem Bankett.

Der überragenden Begabung von Scott gelingt hier ein Triumph, der dieser Geschichte die Unsterblichkeit sichern sollte, gleichgültig, wie die Mode des Übernatürlichen sich ändern mag. Steenie Steenson ist selbst so real und sein Glaube an die Phantome ist so lebhaft, daß wir unsere Furcht aus unserer Wahrnehmung seiner Furcht ziehen, wobei die Geschichte selbst von der Art ist, die uns längst keine Angst mehr einjagt. In der Tat würde heute das Spukbild von toten Zechern in humoristischer, romantischer oder vielleicht patriotischer Manier geschildert werden, aber kaum mit irgendeiner Hoffnung, bei uns eine Gänsehaut hervorzurufen. Um das zu erreichen, muß der Autor seine Richtung ändern; er muß danach trachten, uns nicht mit den Gespenstern der Toten zu erschrecken, sondern mit jenen Gespenstern, die in uns selbst leben. Die große Zunahme an psychologischen Gespenstergeschichten in den letzten Jahren, wovon Miss Scarborough Zeugnis ablegt, beweist die Tatsache, daß unser Gefühl für das Gespenstische in uns selbst sich sehr belebt hat. Einem rationalen Zeitalter folgt eines, das das Übernatürliche in der Seele des Menschen sucht, und die Entwicklung der psychischen Forschung bietet ein Fundament strittiger Fakten, um diese Sehnsucht zu nähren. Henry James war allerdings, bevor er *The Turn of the Screw*[4] schrieb, der Meinung, daß »die guten, die wahrhaft wirksamen und herzerschütternden Gespenstergeschichten (um sie grob so zu nennen) offenbar alle erzählt worden sind. ... Der neue Typus, der schiere moderne ›psychische Fall‹, reingewaschen von allem Absonderlichen, als sei er im Labor unter den fließenden Hahn gehalten worden ... der neue Typus versprach offensichtlich wenig«. Seit *The Turn of the Screw* jedoch, und zweifellos nicht zuletzt dank dieses

Meisterwerks, hat der neue Typus seine Existenz gerechtfertigt, indem er, wenn auch nicht »das gute alte heilige Grauen«, so doch einen sehr wirksamen modernen Stellvertreter wachruft. Wenn Sie ahnen wollen, was unsere Vorfahren beim Lesen von *The Mysteries of Udolpho* fühlten, können Sie nichts Besseres tun als *The Turn of the Screw* zu lesen.

Experimente beweisen, daß die neue Furcht der alten darin gleicht, dieselben physischen Symptome hervorzurufen, als da sind aufgerichtete Haare, erweiterte Pupillen, starre Muskeln und eine intensivere Wahrnehmung von Geräuschen und Bewegungen. Aber wovor haben wir eigentlich Angst? Jedenfalls nicht vor Ruinen oder Mondlicht oder Gespenstern. Es würde uns sogar erleichtern, wären Quint und Miss Jessel[5] Gespenster, aber sie haben weder die Substanz noch die unabhängige Existenz von Gespenstern. Die elenden Kreaturen sind uns wesentlich näher, als Gespenster es je waren. Die Gouvernante hat weniger vor ihnen Angst als vor der plötzlichen Erweiterung ihrer Wahrnehmung, die ihr in diesem Fall rings um sie herum die Anwesenheit von etwas unaussprechlich Bösem enthüllt. Die Erscheinung der Gestalten ist eine an sich nicht besonders beunruhigende Bebilderung eines Geisteszustandes, der zutiefst geheimnisvoll und angsteinflößend ist. Es ist ein Geisteszustand; sogar die äußeren Gegenstände sind geschaffen, um ihre Unterwerfung zu bezeugen. Dem Aufkommen dieses Zustandes gehen nicht Unwetter und Sturmgeheul voraus wie in den alten Romanzen, sondern ein absolutes Verstummen und Erstarren der Natur, das für unser Gefühl die unheilvolle Trance ihres eigenen Geistes versinnbildlicht. »Am goldenen Himmel hörten die Krähen auf zu rufen, und die freundliche Abendstunde verlor für die unsägliche Minute jegliche Stimme.«[6] Das Grauen der Erzählung rührt von der Kraft her, mit der sie uns vergegenwärtigt, welche Macht unser Geist für solche Ausflüge ins Dunkel besitzt; wenn bestimmte Lichter verlöschen oder bestimmte Barrieren sinken, schwärmen die Gespenster des Geistes, die unverfolgten Wünsche, die unbestimmten Andeutungen, in großer Zahl aus.

Unter den Händen solcher Meister wie Scott und Henry James wird das Übernatürliche so mit dem Natürlichen verflochten, daß die Furcht davor bewahrt wird, durch gefährliche Übertreibung schlichten Widerwillen auszulösen oder Unglauben, der ans Lächerliche grenzt. Mr Kiplings Erzählungen *The Mark of the Beast* und *The Return of Imray*[7] sind packend genug, um durch ihr Grauen zu beeindrucken, aber sie enthalten zu viel Gewaltsames, um unserem Sinn für das Wundersame zu gefallen. Denn es wäre ein Fehler, anzunehmen, die Literatur des Übernatürlichen trachte immer danach, Furcht einzuflößen, oder die besten Gespenstergeschichten seien jene, die am treffendsten und medizinisch genau abnorme Geisteszustände beschreiben. Im Gegenteil, ein Großteil dieser Literatur sowohl in Prosa als auch in Versen versichert uns jetzt, daß die Welt, vor der wir die Augen verschließen, weitaus freundlicher und einladender, weitaus schöner bei Tag und heiliger bei Nacht ist als die Welt, die wir so beharrlich für die wirkliche Welt halten. Das Land wird von Nymphen und Dryaden bevölkert, und Pan, weit entfernt davon, tot zu sein, spielt seine Streiche in allen Dörfern Englands. Viel von dieser Mythologie wird nicht um ihrer selbst willen benutzt, sondern zu Zwecken der Satire und der Allegorie; aber es gibt eine Gruppe von Schriftstellern, die den Sinn für das Unsichtbare ohne solch eine Beimischung haben. Solch ein Sinn mag Visionen von Feen oder Phantomen hervorbringen oder er mag zu einer lebhafteren Wahrnehmung der Beziehungen führen, die zwischen Menschen und Pflanzen oder Häusern und ihren Bewohnern existieren oder zu irgendeiner jener zahllosen Verbindungen, die wir auf die eine oder andere Art zwischen uns selbst und anderen Objekten auf unserem Lebensweg knüpfen.

Deutsch von Heidi Zerning

Rezension von Dorothy Scarborough, *The Supernatural in Modern English Fiction* (London, 1917), die unter dem Titel ›Across the Border‹ am 31. Januar 1918 im *TLS* erschien.

1 Mrs Ann Radcliffe (1764–1823), vor allem bekannt durch ihren Roman *The Mysteries of Udolpho* (1794). Siehe den vorigen Essay ›Die Schauerromanze‹.
2 Samuel Taylor Coleridge (1772–1823), ›The Rime of the Ancient Mariner‹ erschien zuerst 1798 in den *Lyrical Ballads* von William Wordsworth (1770–1850) und Coleridge.
3 Sir Walter Scott (1771–1832), *Redgauntlet* (1824), darin des blinden Fiedlers Willie Steenson ›Wandering Willie's Tale‹. Der im nächsten Absatz erwähnte Steenie Steenson ist Willies Vater.
4 Henry James (1843–1916), *The Turn of the Screw* (1898).
5 Die ›bösen Geister‹ in *The Turn of the Screw*, die die Gouvernante heimsuchen.
6 Kap. III.
7 Rudyard Kipling (1865–1936), dessen Erzählungen ›The Mark of the Beast‹ und ›The Return of Imray‹ in dem Band *Life's Handicap. Being Stories of Mine Own People* (1891) erschienen.

Die Gespenstergeschichten von Henry James

Es ist augenfällig, daß Henry James einen starken Hang zu Gespenstergeschichten hatte oder, genauer gesagt, zu Geschichten vom Übernatürlichen. Er schrieb mindestens acht davon, und wenn wir wissen möchten, was ihn dazu bewegte und wie er seinen Erfolg einschätzte, ist es am einfachsten, seinen eigenen Bericht zu lesen, im Vorwort zu dem Band, der *Altar of the Dead* enthält.[1] Doch vielleicht werden wir uns eine klarere eigene Sicht bewahren, wenn wir das Vorwort außer acht lassen. Während die Jahre vergehen, erscheinen bestimmte Eigenschaften, und andere verschwinden. Wir werden nur unsere eigene Einschätzung trüben, wenn wir pflichtgetreu versuchen, sie mit dem Urteil in Einklang zu bringen, das der Autor seinerzeit über sein eigenes Werk abgab. Was zum Beispiel sagte Henry James über *The Great Good Place*?

> Es bleibt *The Great Good Place* (1900) – dessen Geist jedoch, so will mir scheinen, durch jedwede Glosse oder Anmerkung nur einem taktlosen Angriff ausgesetzt würde. Es verkörpert eine berechnete Wirkung, und darin einzutauchen, meine ich, sogar nur für einen betörten Augenblick – den ich in der Tat empfehle –, bedeutet, alles andere draußen gelassen zu haben.[2]

Und für uns im Jahre 1921 ist *The Great Good Place* ein Fehlschlag. Es ist ein weiteres Beispiel für die Tatsache, daß ein Schriftsteller gerade dann, wenn er sich seines Erfolges völlig und sogar ekstatisch sicher ist, höchstwahrscheinlich am schlechtesten geschrieben hat. Wir müßten, ist unser Gefühl, drinnen sein, und wir bleiben kalt draußen. Etwas hat nicht funktioniert, und wir neigen dazu, dem Übernatürlichen die Schuld zu geben. Das mag taktlos sein, aber wir müssen die Schuld dort suchen.

Daß *The Great Good Place* bewundernswert beginnt, wird niemand bestreiten. Ohne ein Wort zuviel befinden wir uns sofort im Herzen einer Situation. Der geplagte Prominente George Dane ist von ungeöffneten Briefen und ungelesenen Büchern umringt; Telegramme kommen; Einladungen häufen sich; und die wertvollen Dinge liegen hoffnungslos unter all dem Wust begraben. Inzwischen meldet der Diener Brown, daß ein fremder junger Mann zum Frühstück eingetroffen ist. Dane berührt die Hand des jungen Mannes, und auf diesem Höhepunkt der Verärgerung fällt er in Trance oder wacht in einer anderen Welt auf. Er kommt in einem himmlischen Kurhotel zu sich. Ferne Glocken läuten; Blumen duften; und nach einer Zeit kehrt das innere Leben zurück. Aber sowie sich die Wandlung vollzogen hat, merken wir, daß mit der Geschichte etwas nicht stimmt. Die Bewegung erlahmt; das Gefühl ist monoton. Der Magier schwingt seinen Zauberstab, und die Kühe fahren fort zu grasen. All die charakteristischen Ausdrücke halten sich bereit – die silbernen Schalen, die verschwundenen Stunden –, aber es gibt für sie nichts zu tun. Die Geschichte verkümmert zu einem sanften Monolog. Dane und die frommen Brüder werden zu allegorischen Engelsgestalten und schreiten durch eine Welt, die wie unsere ist, nur glatter und leerer. Als spürte er das Bedürfnis nach etwas Hartem und Objektivem, führt der Autor den Namen der Stadt Bradford an; doch vergebens. *The Great Good Place* ist ein Beispiel für die sentimentale Benutzung des Übernatürlichen, und das war zweifellos der Grund, weshalb Henry James der Überzeugung gewesen sein könnte, mehr als sonst von sich selbst preisgegeben zu haben.

Die übrigen Geschichten werden bald beweisen, daß das Übernatürliche große Belohnungen bietet, ebenso wie große Risiken; aber wir wollen kurz auf die Risiken eingehen. Das erste ist unzweifelhaft, daß es die Stöße und Püffe der Alltagserfahrung fernhält. Im Frühstückszimmer mit Brown und dem Telegramm war Henry James unter dem Druck der Wirklichkeit zu Bewegung gezwungen; die Tür mußte aufgehen; die Stunde mußte schlagen.

Sobald er durch den festen Boden sank, gelangte er in den Besitz einer Welt, die er nach seinem Belieben gestalten konnte. In der Traumwelt braucht die Tür nicht aufzugehen; die Uhr braucht nicht zu schlagen; Schönheit stellt sich von selbst ein. Aber Schönheit ist der launischste aller Geister; es scheint, als müsse sie Häßlichkeit durchleiden oder elend darniederliegen, bevor sie sich in eigener Person erheben kann. Die fertige Schönheit der Traumwelt bringt nur eine blutleere und schablonenhafte Abart der Welt hervor, die wir kennen. Und Henry James hing viel zu sehr an der Welt, die wir kennen, um eine zu erschaffen, die wir nicht kennen. Die visionäre Phantasie gehörte nicht zu seinen Stärken. Sein Genius war dramatisch, nicht lyrisch. Sogar seine Charaktere welken dahin in der dünnen Luft, die er ihnen zugesteht, und wir haben einen frommen Bruder vor uns, während wir es viel lieber mit der greifbaren Person von Brown zu tun hätten.

Wir haben die Risiken ziemlich ungerecht auf eine bestimmte Geschichte gehäuft. In Wahrheit sind wir vielleicht von Grund auf mißtrauisch geworden. Mrs Radcliffe[3] unterhielt unsere Vorfahren, weil sie unsere Vorfahren waren; weil sie mit sehr wenigen Büchern lebten, einem gelegentlichen Brief, einer Zeitung, schon veraltet, als sie bei ihnen eintraf, auf dem tiefsten Lande oder in einem Städtchen, das den bescheideneren unserer Dörfer ähnelte, mit langen Stunden vor sich, um am Feuer zu sitzen und im Licht von einem halben Dutzend Kerzen Wein zu trinken. Heutzutage ist schon unser Frühstückstisch mit einem reicheren Festmahl an Greueln gedeckt, als ihnen im ganzen Jahr aufgetragen wurde. Wir sind der Grausamkeit müde; Geheimnis weckt unseren Argwohn. Bestimmt, könnten wir zu einem Schriftsteller sagen, den es zum Übernatürlichen zieht, gibt es genug Fakten auf der Welt, die Stoff liefern; bestimmt ist es sicherer, mit Brown im Frühstückszimmer zu bleiben. Überdies sind wir gegen Furcht immun. Deine Gespenster werden uns nur zum Lachen bringen, und wenn du versuchst, eine liebevolle und intime Vision einer Welt zu formulieren, der das Fell abgezogen wurde, werden wir gezwungen sein (und es gibt nichts Unangenehmeres), wegzuschauen. Aber Schriftsteller, wenn sie ihr Geld wert sind, nehmen nie Ratschläge an. Sie gehen immer Risiken ein. Zuzugeben, daß das Übernatürliche zum letzten Mal von Mrs Radcliffe eingesetzt wurde, und daß moderne Nerven unempfindlich sind gegen das Staunen und Grauen, das Gespenster immer eingeflößt haben, hieße, das Handtuch zu leichtfertig zu werfen. Wenn die früheren Methoden veraltet sind, ist es die Aufgabe eines Schriftstellers, neue zu entdecken. Die Leser können wieder empfinden, was sie einst empfanden – daran kann es keinen Zweifel geben; nur der Angriffspunkt muß von Zeit zu Zeit geändert werden.

Wie bewußt Henry James sich auf die Suche nach der Schwachstelle in unserem Panzer der Unempfindlichkeit begab, muß nicht entschieden werden. Wenden wir uns einer anderen Erzählung zu, *The Friends of the Friends*,[4] und bilden wir uns ein Urteil darüber, ob sie ihm gelang. Dies ist die Geschichte eines Mannes und einer Frau, die über Jahre hinweg versucht haben, sich zu treffen, einander aber erst am Abend des Todes der Frau begegnen. Nach ihrem Tod gehen die Begegnungen weiter, und als die Frau, mit der er verlobt ist, das ahnt, weigert sie sich, ihn zu heiraten. Ihre Beziehung verändert sich. Eine andere Person, sagt sie, ist zwischen uns getreten. »Du siehst sie – du siehst sie; du siehst sie jeden Abend!«[5] Das ist, was wir inzwischen eine typische Henry-James-Situation nennen. Das ist dasselbe Thema, das mit ungeheurer Ausführlichkeit in *The Wings of the Dove*[6] behandelt wurde. Allein dort hat Milly, nachdem sie zwischen Kate und Densher trat und deren Beziehung für immer veränderte, aufgehört zu existieren; hier setzt die anonyme Dame ihr Werk nach dem Tod fort. Und doch – besteht da wirklich ein großer Unterschied? Henry James braucht nur den kleinsten Schritt zu tun, und er ist jenseits der Grenze. Seine Charaktere mit ihrer extrem verfeinerten Wahrnehmung sind bereits zur Hälfte außerhalb des Körpers. An ihrer Freilassung ist nichts Gewaltsames. Sie scheinen eher das erreicht zu haben, was sie lange versuchten – Verständigung ohne Hindernisse.

Aber Henry James hat sich seine Gespenster dann doch für seine Gespenstergeschichten aufbewahrt. Hindernisse sind wesentlich für *The Wings of the Dove*. Wenn er sie mit Hilfe übernatürlicher Mittel aus dem Weg räumte wie in *The Friends of the Friends*, tat er es, um eine besondere Wirkung zu erzielen. Die Erzählung ist sehr kurz; es bleibt keine Zeit, um die Beziehung auszugestalten; aber der Sinn kann auch durch einen Schock verdeutlicht werden. Das Übernatürliche wird ins Spiel gebracht, um diesen Schock zu erzeugen. Es ist der allersonderbarste Schock – friedlich, schön, wie harmonische Schlußakkorde; und doch irgendwie obszön. Die Lebenden und die Toten haben sich dank ihrer überlegenen Feinfühligkeit über den Abgrund hinweg erreicht; das ist schön. Der lebendige Mann und die tote Frau sind sich nachts allein begegnet. Sie gehen eine Beziehung miteinander ein. Die geistige und die fleischliche Vereinigung bringen zusammen ein merkwürdiges Gefühl hervor – nicht etwa Furcht und auch nicht Erregung. Es ist ein Gefühl, das wir nicht sofort erkennen. Wir haben irgendwo in unserem Panzer eine schwache Stelle. Vielleicht wird Henry James sie mit solchen Methoden durchdringen.

Als nächstes jedoch wenden wir uns *Owen Wingrave*[7] zu, und das verlockende Spiel, unseren Autor festzunageln, indem wir noch einmal den Spuren seiner Feinheit, seines Raffinements, welches nun seine maßgeblichen Charakteristika auch sein mögen, nachgehen, wird jäh unterbrochen. Angebunden, festgelegt, allem Anschein nach leblos, springt er auf und geht davon. Irgendwie hat man vergessen, den Genius mit einzubeziehen, die treibende Kraft, die so unberechenbar und so wesentlich ist. Besonders bei Henry James, staunend über seine wunderbare Geschicklichkeit, vergessen wir gerne, daß er eine primitive und simple Leidenschaft hatte, nämlich Geschichten zu erzählen. Das Vorwort zu *Owen Wingrave* wirft Licht auf diese Tatsache und deutet nebenbei an, warum *Owen Wingrave* als Gespenstergeschichte ihr Ziel verfehlt. An einem Sommernachmittag vor vielen Jahren, erzählt er uns, saß er auf einem Penny-Stuhl unter einem großen Baum in Kensington

Gardens. Ein schlanker junger Mann setzte sich auf einen Stuhl ganz in der Nähe und begann ein Buch zu lesen.

Wurde der junge Mann also einfach Owen Wingrave, stellte durch die bloße Magie des Typs die Situation her, schuf auf einen Schlag all die Folgeerscheinungen und gestaltete all die Bilder? … es geht mir nur darum, daß am Beginn meiner Sitzung auf dem Penny-Stuhl die kernlose Fabel keine Forderung zu stellen und auch keine Rechtfertigung vorzubringen hatte, und daß sie im Handumdrehen, wobei der Penny noch nicht völlig abgesessen war, von Vorwänden nur so strotzte. »Dramatisiere sie, dramatisiere sie!«, scheint mir wohl mit plötzlicher Intensität in den Ohren geklungen zu haben.[8]

Also ist die Theorie vom bewußten Künstler, der seinen kleinen Kern an Stoff aufgreift und zu dem fertigen Produkt verarbeitet, ein weiteres von unseren Kritikermärchen. Die Wahrheit scheint zu sein, daß er auf einem Stuhl saß, einen jungen Mann sah und einschlief. Jedenfalls, sobald die Gruppe, der Mann oder vielleicht nur der Himmel und die Bäume Bedeutung annehmen, stellt sich alles übrige unvermeidlich ein. Wenn erst Owen Wingrave gegeben ist, dann müssen Coyle, Mrs Coyle, Kate Julian, das alte Haus, die Jahreszeit, die Atmosphäre vorhanden sein. Owen Wingrave beinhaltet all das. Der Künstler braucht nur darauf zu achten, daß die Relationen zwischen den Örtlichkeiten und den Menschen die richtigen sind. Wenn wir sagen, Henry James hatte eine Leidenschaft fürs Geschichtenerzählen, meinen wir, wenn ihm sein bedeutsamer Augenblick widerfuhr, waren die Begleitpersonen bereit, herbeizuströmen.

In diesem Fall strömten sie fast zu bereitwillig herbei. Sie haben sich mit all der Rührigkeit und Wichtigkeit eingefunden, die lebendigen Personen zugehören. Miss Wingrave im Sessel in ihrem Baker-Street-Logis mit »einem dicken Katalog der Army and Navy Stores, der auf einer übergroßen, trostlosen Tischdecke in unechtem Blau ruhte«; Mrs Coyle, »eine blonde, frische, langsame Frau«, die die Tatsache zugab und sich sogar ihrer rühmte, daß sie in die Schüler ihres Mannes verliebt war, »was zeigt, daß das Thema zwischen ihnen in liberalem Geist abgehandelt wurde«; Spencer Coyle selbst und der Knabe Lechmere – sie alle stehen natürlich in Beziehung zu der Frage nach Owens Charakter und Situation, und zugleich stehen sie in Beziehung zu so vielen anderen Dingen. Wir scheinen uns auf eine lange, packende Erzählung eingelassen zu haben; und dann, schrill, unpassend, erschallt ein spitzer Schrei; der arme Owen wird niedergestreckt auf der Schwelle des Spukzimmers gefunden; das Übernatürliche hat das Buch entzweigeschnitten. Es wendet Gewalt an; es sorgt für eine Sensation; aber wenn Henry James persönlich uns fragen sollte: »Nun, habe ich euch erschreckt?«, müßten wir antworten: »Kein bißchen.« Die Katastrophe steht nicht im richtigen Verhältnis zu dem, was vorher geschah. Die Vision in Kensington Gardens hat vielleicht nicht das Ganze umfaßt. Aus schierer Großzügigkeit hat der Autor uns eine Szene geliefert, die reich an Möglichkeiten ist – einen jungen Mann, dessen Problem (er verabscheut den Krieg und ist dazu verurteilt, Soldat zu werden) von tiefem psychologischen Interesse ist; ein Mädchen, das vorsätzlich mit Scharfsinn und Eigenwilligkeit ausgestattet wird, als sei sie für künftigen Gebrauch bestimmt. Doch welcher Gebrauch wird von ihnen gemacht? Kate Julian muß nur einen jungen Mann dazu herausfordern, in einem Spukzimmer zu übernachten; eine hausbackene Miss aus einem Pfarrhaus hätte den Zweck auch erfüllt. Welcher Gebrauch wird vom Übernatürlichen gemacht? Der arme Owen Wingrave erhält einen Schlag auf den Kopf von dem Gespenst eines Vorfahren; ein Stalleimer in einem dunklen Gang hätte den Zweck besser erfüllt.

Die Geschichten, in denen Henry James das Übernatürliche effektvoll einsetzt, sind also jene, in denen die besondere Eigenart einer Figur oder einer Situation nur zu vollster Bedeutung gelangen kann, wenn sie vom Realen losgelöst wird. Sein Wirken in der unsichtbaren Welt muß in enger Beziehung zu dem stehen, was in dieser vorgeht. Wir müssen das Gefühl bekommen, daß die Geistererscheinung zu der Krise der Leidenschaft oder des Gewissens, die sie hervorbrachte, so genau paßt, daß die Gespenstergeschichte außer ihren Vorzügen als solche den zusätzlichen Reiz hat, auch symbolkräftig zu sein. So erscheint der Geist von Sir Edmund Orme der Dame, die ihm vor langer Zeit den Laufpaß gab, jedesmal, wenn ihre Tochter Anstalten macht, sich zu verloben. Die Erscheinung ist die Folge ihres schlechten Gewissens, aber sie ist mehr als das. Sie ist der Beschützer der Rechte von Liebenden. Sie paßt zu dem, was vorangegangen ist; sie vervollständigt es. Der Gebrauch des Übernatürlichen bringt einen Akkord hervor, der sonst unhörbar wäre. Wir hören den ersten Ton ganz in der Nähe, und dann, einen Augenblick später, erklingt der zweite weit fort.

Henry James' Gespenster haben nichts gemein mit den gewalttätigen alten Gespenstern – den blutbefleckten Schiffskapitänen, den weißen Pferden, den kopflosen Damen der dunklen Gassen und windigen Dorfanger. Sie haben ihren Ursprung in uns selbst. Sie sind immer dann gegenwärtig, wenn das Bedeutsame unsere Kraft, es auszudrücken, übersteigt; wenn das Normale vom Unheimlichen umringt zu sein scheint. Die verblüffenden Dinge, die übrig bleiben, die angsteinflößenden, die fortdauern – das sind die Emotionen, die er aufgreift, Gestalt annehmen läßt, trostspendend und umgänglich macht. Aber was soll uns Angst einjagen? Wie der Herr sagt, als er den Geist von Sir Edmund Orme zum ersten Mal gesehen hat: »Ich wollte gern gegenüber jedermann für ihn bürgen, daß Gespenster weitaus weniger schauerlich und weitaus unterhaltsamer sind, als gemeinhin angenommen.«[9] Die schönen urbanen Geister sind nur deshalb nicht von dieser Welt, weil sie zu fein für sie sind. Sie haben über die Grenze hinweg ihre Kleidung mitgenommen, ihre Bildung, ihre Umgangsformen, ihre Hutschachteln und Leibdiener und Kammerzofen. Sie bleiben immer ein wenig weltlich. Wir mögen uns in ihrer Gegenwart unbeholfen fühlen, aber wir vermögen keine Angst zu verspüren. Was macht es daher aus, wenn wir *The Turn of the Screw*[10] etwa eine Stunde vor dem Schlafengehen zur Hand nehmen? Nachdem wir ausgezeichnet unterhalten worden sind, werden wir, wenn den anderen Geschichten zu trauen ist, diese wohlklingende Musik in den Ohren haben und um so tiefer schlafen.

Vielleicht ist es die Stille, die uns als erstes beeindruckt. Alles in Bly ist zutiefst still. Das Gezwitscher der Vögel in der Morgendämmerung, die Rufe von Kindern weit fort, leise Schritte in der Ferne rühren daran, vermögen sie aber nicht zu brechen. Sie häuft sich an; sie drückt uns nieder; sie macht uns sonderbar empfindlich für Geräusche. Schließlich ersterben darunter das Haus und der Garten. »Ich kann, während ich schreibe, wieder die lastende Stille hören, in die die Geräusche des Abends fielen. Am goldenen Himmel hörten die Krähen auf zu rufen, und die unfreundliche Stunde verlor für die unsägliche Minute jegliche Stimme.«[11] Sie ist unsäglich. Wir wissen, daß der Mann, der auf dem Turm steht und auf die Gouvernante hinunterstarrt, böse ist.[12] Eine unaussprechliche Obszönität ist zutage getreten. Sie versucht, hineinzugelangen; sie versucht, etwas zu packen. Die zarten kleinen Wesen, die unschuldig in ihren Betten liegen, müssen um jeden Preis beschützt werden. Aber das Grauen nimmt zu. Ist es möglich, daß das kleine Mädchen, als es sich vom Fenster abwendet, die Frau draußen gesehen hat? Ist es mit Miss Jessel zusammen gewesen? Hat Quint den Jungen besucht? Quint ist es, der in dem Dunkel um uns herum lauert; der dort in dieser Ecke ist, dann wieder in jener. Quint ist es, der von unserem logischen Denken vertrieben werden muß, und der trotz all unserer Logik wiederkehrt. Kann es sein, daß wir Angst haben? Aber es ist kein Mann mit roten Haaren und weißem Gesicht, vor dem wir uns fürchten. Wir fürchten uns vielleicht vor etwas in uns selbst. Kurzum, wir knipsen die Lampe an. Wenn wir in der Sicherheit dieses Lichts die Geschichte betrachten, merken wir, wie meisterhaft erzählt wird, wie jeder Satz sich spannt, jedes Bild trifft, wie die innere Welt aus der Robustheit der äußeren gewinnt, wie Schönheit und Obszönität, miteinander verflochten, sich ins Innerste hineinschlängeln – trotzdem müssen wir eingestehen, daß etwas Unerklärliches bleibt. Wir müssen zugeben, daß Henry James obsiegt hat. Dieser vornehme, weltmännische, feinsinnige alte Herr kann uns immer noch Angst vor dem Dunkel einjagen.

Deutsch von Heidi Zerning

Anmerkungen

Der Essay erschien am 22. Dezember 1921 im *TLS*.

1 ›The Altar of the Dead‹ erschien ursprünglich in dem Band *Terminations* (1895). VW bezieht sich auf die ›New York Edition‹ der *Novels and Tales* (24 Bände, 1908–09), für deren einzelne Bände Henry James Vorworte schrieb. Hier Band XVII, Vorwort S. V–XXIX.
2 ›The Great Good Place‹ erschien ursprünglich in der Sammlung *The Soft Side* (1900), dann, mit Vorwort, in Band XVI der *Novels and Tales*. Hier: S. IX–X.
3 Mrs Ann Radcliffe (1764–1823) und ihr Roman *The Mysteries of Udolpho* (1794). Siehe oben VWs Essay ›Die Schauerromanze‹.
4 Der ursprüngliche Titel der Erzählung lautete ›The Way It Came‹, erschienen in der Sammlung *Embarrassments* (1896). Unter dem veränderten Titel erschien sie in *Novels and Tales*, Band XVII.
5 Kap. VII.
6 Erschienen 1902.
7 ›Owen Wingrave‹ (1893), in *Novels and Tales*, Band XVII.
8 Band XVII, Vorwort, S. XXII f.
9 ›Sir Edmund Orme‹, 1891 veröffentlicht, in *Novels and Tales*, Band XVII, S. 390.
10 Veröffentlicht 1898. Die Handlung spielt auf einem Anwesen namens Bly.
11 Im Original: »The rooks stopped cawing in the golden sky, and the friendly hour lost, for the minute, all its voice.« Siehe auch VWs Zitat auf S. 79.
12 Die ›bösen Geister‹ der Erzählung sind ›die Toten‹, Peter Quint, der frühere Diener, und Miss Jessel, die ehemalige Gouvernante, die eine verbotene Liebesbeziehung hatten. Sie terrorisieren die Kinder Flora und Miles, die in die Obhut der neuen Gouvernante, der Erzählerin, gegeben sind.

Ein schrecklich empfindsames Gemüt

Die renommiertesten Kurzgeschichtenautoren Englands sind sich einig, sagt Mr Murry, daß Katherine Mansfield als Autorin von Kurzgeschichten *hors concours* war. Niemand hat ihre Nachfolge angetreten, und kein Kritiker war in der Lage, ihre Qualitäten zu benennen. Der Leser ihres Tagebuchs ist es jedoch zufrieden, derartige Fragen auf sich beruhen zu lassen. Es sind weder die Qualität ihres Schreibens noch die Größe ihres Ruhms, die uns in ihrem Tagebuch interessieren, sondern das Panorama eines Geistes, eines Gemüts – eines schrecklich empfindsamen Gemüts –, das die zufälligen Eindrücke aus acht Lebensjahren nach und nach in sich aufnimmt. Ihr Tagebuch war ihr ein mystischer Gefährte. »Komm, mein Unsichtbarer, mein Unbekannter, laß uns miteinander reden«,[1] sagt sie, als sie ein neues Heft anfängt. Darin notierte sie Fakten – das Wetter, eine Verabredung; sie skizzierte Szenen; sie analysierte ihren eigenen Charakter; sie beschrieb eine Taube oder einen Traum oder eine Unterhaltung. Nichts könnte fragmentarischer sein; nichts privater. Wir haben das Gefühl, ein Gemüt zu beobachten, das mit sich selbst allein ist; ein Gemüt, das so wenig an ein Publikum denkt, daß es hin und wieder eine eigene Kurzschrift benutzt oder sich, wie das Gemüt in seiner Einsamkeit es zu tun pflegt, in zwei aufspaltet und mit sich selbst redet. Katherine Mansfield über Katherine Mansfield.

Aber während die Schnipsel sich anhäufen, merken wir, daß wir ihnen eine Richtung geben, oder, was wahrscheinlicher ist, diese Richtung von Katherine Mansfield selbst erhalten. Von welchem Blickpunkt aus betrachtet sie das Leben, während sie da sitzt, schrecklich empfindsam, und derart unterschiedliche Eindrücke nacheinander registriert? Sie ist eine Schriftstellerin; eine geborene

Schriftstellerin. Alles, was sie fühlt und hört und sieht, ist nicht fragmentarisch und separat; es gehört als Schriftstellerei zusammen. Manchmal ist die Notiz direkt für eine Geschichte gedacht. »Laß mich daran denken, wenn ich über diese Geige schreibe, wie sie leichtfüßig hinaufläuft und kummervoll hinabsinkt; wie sie *sucht*«,[2] notiert sie. Oder, »*Hexenschuß.* Etwas sehr Sonderbares. So plötzlich, so schmerzhaft. Ich muß daran denken, wenn ich über einen alten Mann schreibe. Der Ruck beim Aufstehen, das Innehalten, der wütende Blick, und wie man, wenn man in der Nacht daliegt, wie *verriegelt* ist.«[3] …

Wieder nimmt der Augenblick selbst plötzlich Bedeutung an, und sie zeichnet seinen Umriß nach, wie um ihn zu bewahren. »Es regnet, aber die Luft ist mild, rauchig, warm. Große Tropfen fallen auf die müden Blätter, die Tabakblüten neigen sich. Nun raschelt es im Efeu. Wingly ist aus dem Nachbargarten gekommen; er springt von der Mauer herab. Vornehm hebt er die Pfoten, spitzt die Ohren, und voller Furcht, daß eine große Welle ihn überfluten könnte, durchwatet er die See aus grünem Gras.«[4] Die Schwester von Nazareth zeigt »ihr blasses Zahnfleisch und die großen, verfärbten Zähne«[5] und bittet um Geld. Der magere Hund. So mager, »daß sein Körper einem Käfig auf vier hölzernen Pflöcken gleicht«,[6] läuft die Straße entlang. In gewisser Weise hat sie das Gefühl, der magere Hund sei die Straße. Bei all dem scheinen wir uns inmitten unvollendeter Geschichten zu befinden; hier ist ein Anfang; hier ein Ende. Sie brauchen nur eine um sie herumgeworfene Schlaufe aus Worten, um vollständig zu sein.

Aber dann wieder ist das Tagebuch so privat und so instinktiv, daß es einem anderen Selbst erlaubt, sich von dem schreibenden Selbst abzutrennen und ein wenig abseits zu stehen und es beim Schreiben zu beobachten. Das schreibende Selbst war ein eigenartiges Selbst; manchmal konnte nichts es zum Schreiben bewegen. »Es gäbe so viel zu tun, und ich tue so wenig. Das Leben hier wäre fast vollkommen, wenn ich nur wirklich immer arbeiten würde, wenn ich *vorgebe*, etwas zu tun. … Betrachte die Erzählungen, die an der Türschwelle auf dich warten … *Am nächsten Tag*. Aber wie war es heute morgen wieder, zum Beispiel? Ich mag überhaupt nicht schreiben. Es ist grau; es ist drückend und langweilig. Und Kurzgeschichten scheinen unwirklich und nicht der Mühe wert. Ich will nicht schreiben; ich will *leben*. Was meint sie damit? Schwer zu sagen. Aber so ist es!«[7]

Was meint sie damit? Niemand empfand die Bedeutung des Schreibens ernsthafter als sie. Auf allen Seiten ihres Tagebuchs, so instinktiv und schnell sie auch sind, ist ihre Haltung ihrer Arbeit gegenüber bewundernswert, vernünftig, ätzend und streng. Es gibt keinen literarischen Tratsch; keine Eitelkeit; keine Eifersucht. Obwohl sie sich in den letzten Jahren ihres Erfolgs bewußt gewesen sein muß, gibt es keine Anspielungen darauf. Ihre eigenen Kommentare zu ihrer Arbeit sind immer scharfsichtig und abfällig. Ihren Geschichten fehle es an Gehalt und Tiefe; sie »streife nur die Oberfläche – nicht mehr«.[8] Aber das Schreiben, der einfache, adäquate und einfühlsame Ausdruck von Dingen, ist nicht genug. Es gründet sich auf etwas Unausgedrücktem; und dieses Etwas muß solide und vollständig sein. Unter dem verzweifelten Druck ihrer sich verschlimmernden Krankheit begann sie eine eigenartige und schwierige Suche, auf die wir nur kurze Blicke erhaschen, und die sind schwer zu interpretieren, nach der kristallenen Klarheit, die nötig ist, wenn man wahrheitsgemäß schreiben will. »Nichts, das irgendwie von Wert ist, kann von einem mit sich selber entzweiten Wesen kommen«,[9] schrieb sie. Man muß in sich selbst gesund sein. Nach fünf Jahren des Kampfes gab sie die Suche nach körperlicher Gesundheit auf, nicht aus Verzweiflung, sondern weil sie glaubte, die Krankheit sei eine der Seele und die Heilung liege nicht in körperlicher Behandlung, sondern in einer »spirituellen Bruderschaft« wie der in Fontainebleau,[10] in der sie die letzten Monate ihres Lebens verbrachte. Aber bevor sie hinfuhr, schrieb sie die Zusammenfassung ihrer Situation, mit der das Tagebuch endet.

Sie wollte Gesundheit, schrieb sie; aber was meinte sie mit

Gesundheit? »Unter Gesundheit«, schrieb sie, »verstehe ich die Kraft, ein volles, erwachsenes, lebendiges, atmendes Leben zu leben, in enger Berührung mit allem, was ich liebe, der Erde und ihren Wundern – dem Meer – der Sonne ... Und dann möchte ich *arbeiten*. Woran? Ich möchte so leben, daß ich sowohl mit den Händen als auch mit dem Gefühl und dem Verstand arbeite. Ich möchte einen Garten, ein kleines Haus, eine Wiese, Tiere, Bücher, Bilder, Musik. Und aus alldem heraus, als Ausdruck davon, möchte ich schreiben. (Auch wenn ich vielleicht von Droschkenkutschern schreiben werde. Darauf kommt es nicht an.)«[11] Das Tagebuch endet mit den Worten »Alles ist gut«. Und da sie drei Monate später starb, ist es verlockend zu denken, daß die Worte für irgendeine Schlußfolgerung standen, die zu finden die Krankheit und die Intensität ihrer eigenen Natur sie trieben, in einem Alter, in dem die meisten von uns leichtherzig zwischen jenen Erscheinungen und Eindrücken herumbummeln, jenen Amüsements und Empfindungen, die niemand mehr liebte als sie.

Deutsch von Brigitte Walitzek

Anmerkungen

Rezension von *The Journal of Katherine Mansfield, 1914–1922*, herausgegeben von J. Middleton Murry, die am 10. September 1927 in *Nation & Athenaeum* erschien und am 18. September 1927 im *New York Herald Tribune* nachgedruckt wurde.

Katherine Mansfield (1888–1923), in Neuseeland geborene, seit 1908 in London lebende Autorin von Kurzgeschichten, die von Tschechow beeinflußt waren (*In a German Pension*, 1911; *Bliss, and other Stories*, 1920; *The Garden Party, and other Stories*, 1922). 1918 heiratete sie den Kritiker John Middleton Murry (1889–1957), der ihr Werk, ihre Tagebücher und Briefe herausgab. – Ihre Erzählung *Prelude* wurde 1918 von der Hogarth Press der Woolfs veröffentlicht. VWs Verhältnis zu ihr war ambivalent, gelegentlich voller Eifersucht auf ihr Talent und ihren frühen Ruhm.

Die deutschen Zitate wurden z. T. übernommen bzw. modifiziert oder ergänzt nach der Ausgabe: Katherine Mansfield, *Tagebuch*. Vollständige Ausgabe. Herausgegeben von Dr. Max A. Schwendimann, Stuttgart: Deutsche Verlagsanstalt, 1975.

1 13. November 1921.
2 Dezember (?) 1920.
3 22. Januar 1922.
4 1919. Mansfield schreibt die Katze »Wingley«.
5 1917.
6 1918.
7 11. Juli 1921.
8 1. Februar 1922.
9 Ebd.
10 Katherine Mansfield starb an Tuberkulose und an Gonorrhoe in fortgeschrittenem Stadium. George Gurdjeff betrieb in Fontainebleau ein ›Institut für die harmonische Entwicklung des Menschen‹, das, wie Katherine Manfield es nach den Worten Murrys verstand, den Mitgliedern helfen sollte, eine ›geistige Wiedergeburt‹ zu erlangen.
11 10. Oktober 1922.

Frauen und erzählende Literatur

Der Titel dieses Artikels läßt sich auf zwei Arten lesen; er kann sich auf Frauen beziehen und die Romane, die sie schreiben, oder auf Frauen und die Romane, die über sie geschrieben werden. Der Doppelsinn ist beabsichtigt, denn wo es um Frauen als Schriftstellerinnen geht, ist so viel Elastizität wie möglich wünschenswert; man muß sich Spielraum lassen, um neben ihrem Werk noch andere Dinge zu erörtern, so sehr ist dieses Werk von Umständen beeinflußt worden, die nicht das geringste mit Kunst zu tun haben.

Schon die flüchtigste Untersuchung der literarischen Arbeit von Frauen wirft eine Unzahl von Fragen auf. Warum, fragen wir uns sofort, gab es vor dem achtzehnten Jahrhundert kein kontinuierliches Schreiben von Frauen? Warum schrieben sie von da an fast ebenso gewohnheitsmäßig wie Männer und brachten im Laufe ihres Schreibens, eines um das andere, einige der Meisterwerke englischer Erzählkunst hervor? Und warum nahm ihre Kunst damals und warum nimmt ihre Kunst auch heute noch überwiegend die erzählende Form an?

Ein wenig Überlegung wird uns zeigen, daß wir Fragen stellen, auf die wir als Antwort nur wiederum Erdichtetes bekommen werden. Die Antwort liegt derzeit verschlossen in alten Tagebüchern, in alten Schubladen verstaut, im Gedächtnis der Hochbetagten halb ausgelöscht. Sie ist in den Lebensgeschichten der Unbekannten zu finden – in jenen fast unbeleuchteten Korridoren der Geschichte, wo die Gestalten der Generationen von Frauen so flüchtig, so schattenhaft wahrzunehmen sind. Denn sehr wenig ist über Frauen bekannt. Die Geschichte Englands ist die Geschichte der männlichen Linie, nicht der weiblichen. Von unseren Vätern wissen wir immer irgendein Faktum, irgend etwas, wodurch sie sich hervortaten. Sie waren Soldaten oder Seeleute; sie bekleideten jenes Amt oder machten jenes Gesetz. Aber von unseren Müttern, unseren Großmüttern, unseren Urgroßmüttern – was bleibt? Nichts als eine Überlieferung. Eine war schön; eine war rothaarig; eine wurde von einer Königin geküßt. Wir wissen nichts von ihnen außer ihren Namen und den Daten ihrer Heirat und der Zahl der Kinder, die sie gebaren.

Wollen wir also wissen, warum zu irgendeiner bestimmten Zeit Frauen dies oder jenes taten, warum sie nichts schrieben, warum sie andererseits Meisterwerke schrieben, so ist das äußerst schwer festzustellen. Jeder, der unter diesen alten Papieren nachsuchte, der die Historie von innen nach außen kehrte und so ein getreues Bild vom täglichen Leben der gewöhnlichen Frau zu Shakespeares Zeit, zu Miltons Zeit, zu Johnsons Zeit zeichnete, würde nicht nur ein erstaunlich interessantes Buch schreiben, sondern auch den Kritiker mit einer Waffe versehen, die ihm derzeit fehlt. Die außergewöhnliche Frau ist von der gewöhnlichen Frau abhängig. Erst wenn wir wissen, wie die Lebensumstände der durchschnittlichen Frau beschaffen waren – die Zahl ihrer Kinder, ob sie eigenes Geld hatte, ob sie ein Zimmer für sich hatte, ob sie Hilfe hatte beim Großziehen der Familie, ob sie Bediente hatte, ob ein Teil der Hausarbeit ihre Aufgabe war – erst wenn wir die Lebensweise und die Lebenserfahrung ermessen können, die der gewöhnlichen Frau ermöglicht wurden, können wir eine Erklärung finden für den Erfolg oder das Scheitern der außergewöhnlichen Frau als Autorin.

Merkwürdige Räume des Schweigens scheinen eine Periode der Aktivität von der anderen zu scheiden. Da waren Sappho und eine kleine Gruppe von Frauen, die sechshundert Jahre vor Christi Geburt alle auf einer griechischen Insel Gedichte schrieben. Sie verstummen. Dann ums Jahr tausend finden wir eine gewisse Hofdame, die Dame Murasaki,[1] die in Japan einen sehr langen und schönen Roman schreibt. Aber im sechzehnten Jahrhundert in England, als die Dramatiker und Poeten am tätigsten waren, blieben die Frauen stumm. Die elisabethanische Literatur ist ausschließlich männlich. Dann am Ende des achtzehnten Jahrhunderts und zu Beginn des neunzehnten finden wir wieder Frauen, die schreiben, ungewöhnlich häufig und erfolgreich schreiben, diesmal in England.

Natürlich waren vorwiegend Gesetz und Sitte verantwortlich für dies merkwürdige Ein- und Aussetzen des Redens und Schweigens. Mußte eine Frau – wie im fünfzehnten Jahrhundert – gewärtig sein, geschlagen und im Zimmer herumgestoßen zu werden, wenn sie den Mann der elterlichen Wahl nicht nahm, dann war die geistige Atmosphäre zur Schaffung von Kunstwerken nicht günstig. Wurde sie ohne ihre Einwilligung mit einem Mann verheiratet, der daraufhin ihr Herr und Meister war, »so weit zumindest, wie Gesetz und Sitte ihn dazu machen konnten«,[2] wie zur Zeit der Stuarts, dann ist es wahrscheinlich, daß sie zum Schreiben wenig Zeit hatte, geschweige denn Ermutigung bekam. Die ungeheure Wirkung von Umgebung und Suggestion auf das Gemüt beginnen wir in unserem psychoanalytischen Zeitalter eben erst zu begreifen. Ebenso beginnen wir mit Hilfe von Memoiren und Briefen zu verstehen, welche abnorme Anstrengung es erfordert, ein Kunstwerk hervorzubringen, und welcher Abschirmung und Stärkung das Gemüt des Künstlers bedarf. Von diesen Tatsachen überzeugen uns die Lebensgeschichten und Briefe von Männern wie Keats[3] und Carlyle[4] und Flaubert[5].

So ist deutlich, daß die erstaunliche Eruption erzählender Literatur zu Anfang des neunzehnten Jahrhunderts sich in England durch zahllose leichte Veränderungen in der Gesetzgebung, in Sitten und Gebräuchen ankündigte. Und die Frauen des neunzehnten Jahrhunderts hatten etwas Muße; sie hatten etwas Bildung. Es war für Frauen der mittleren und höheren Schichten nicht mehr die Ausnahme, sich ihren Ehemann selbst zu wählen. Und es spricht für sich, daß von den vier großen Romanautorinnen – Jane Austen,[6] Emily Brontë,[7] Charlotte Brontë[8] und George Eliot[9] – nicht eine ein Kind hatte und zwei unverheiratet waren.

Indessen ist deutlich, daß der auf dem Schreiben liegende Bann zwar gewichen war, ein erheblicher Druck aber, wie es scheint, noch weiterwirkte, daß Frauen Romane zu schreiben hätten. Keine vier Frauen können einander an Genie und Charakter weniger ähnlich gewesen sein als diese vier. Jane Austen kann nichts mit George Eliot gemein gehabt haben; George Eliot war das gerade Gegenteil von Emily Brontë. Doch alle waren sie für die gleiche Profession ausgebildet; sie alle schrieben, als sie schrieben, Romane.

Erzählende Literatur war – und ist es noch heute – für eine Frau am leichtesten zu schreiben. Und es ist nicht schwer, den Grund dafür zu finden. Der Roman ist die am wenigsten konzentrierte Kunstform. Ein Roman kann leichter in Angriff genommen und beiseite gelegt werden als ein Drama oder ein Gedicht. George Eliot ließ ihre Arbeit liegen, um ihren Vater zu pflegen. Charlotte Brontë legte die Feder hin, um die Augen aus den Kartoffeln zu schneiden. Und da sie von Menschen umgeben im gemeinsamen Wohnzimmer lebte, war eine Frau geschult, ihren Verstand in der Beobachtung und im Studium von Charakteren zu gebrauchen. Sie wurde zur Romanautorin herangebildet, nicht zur Dichterin.

Selbst im neunzehnten Jahrhundert lebte eine Frau beinah ausschließlich in ihrem Zuhause und in ihren Empfindungen. Und jene Romane des neunzehnten Jahrhunderts, so bemerkenswert sie waren, wurden zutiefst von der Tatsache beeinflußt, daß die Frauen, die sie schrieben, durch ihr Geschlecht von bestimmten Formen der Erfahrung ausgeschlossen blieben. Daß die Erfahrung einen großen Einfluß auf erzählende Literatur hat, ist unbestreitbar. Der wichtigste Teil von Conrads[10] Romanen zum Beispiel würde zunichte, wäre es ihm unmöglich gewesen, zur See zu fahren. Man entferne alles, was Tolstoi[11] vom Krieg wußte als Soldat, vom Leben und der Gesellschaft als reicher junger Mann, dessen Erziehung ihm den Zugang zu Erfahrungen aller Art eröffnete, und *Krieg und Frieden* wäre um unvorstellbar vieles ärmer.

Doch *Pride and Prejudice, Wuthering Heights, Villette* und *Middlemarch* wurden von Frauen geschrieben, denen zwangsweise alle Erfahrung vorenthalten wurde außer derjenigen, die in einem bürgerlichen Salon der Mittelschicht zu haben war. Keine unmittelbare Erfahrung des Krieges oder der Seefahrt, der Politik oder des Geschäftslebens war ihnen möglich. Selbst ihr Gefühlsleben war streng geregelt durch Sitte und Gesetz. Als George Eliot es wagte, mit Mr Lewes zusammenzuleben, ohne seine Frau zu sein, war die Öffentlichkeit tief empört. Von ihr bedrängt, zog sie sich in vorstädtische Abgeschiedenheit zurück, was zwangsläufig die denkbar schlimmste Auswirkung auf ihre Arbeit hatte. Sie schrieb, wenn Menschen, die sie besuchen wollten, nicht von sich aus anfragten, ob sie kommen könnten, lade sie sie nicht ein.[12] Zur gleichen Zeit lebte Tolstoi auf der anderen Seite Europas ein freies Leben als Soldat, mit Männern und Frauen aller Schichten, wofür niemand ihn verurteilte und woraus seine Romane einen Großteil ihrer erstaunlichen Kraft und Vielfalt schöpften.

Aber die Romane von Frauen wurden nicht nur durch den notwendig engen Erfahrungsbereich der Autorinnen beeinflußt. Sie zeigten, zumindest im neunzehnten Jahrhundert, noch ein anderes Merkmal, das sich auf das Geschlecht der Autorin zurückführen läßt. In *Middlemarch* und *Jane Eyre* ist uns nicht nur der Charakter des Schriftstellers bewußt, so wie uns Charles Dickens' Charakter bewußt ist, sondern wir sind uns der Anwesenheit einer Frau bewußt – hier spricht jemand, der sich über die Behandlung des eigenen Geschlechts empört und dessen Rechte verteidigt. Das bringt in die Werke von Frauen ein Element, das in denen eines Mannes gänzlich fehlt, vorausgesetzt allerdings, daß er nicht gerade ein Arbeiter oder ein Neger oder sonst jemand ist, der sich aus anderem Grunde ausgeschlossen weiß. Das führt zu Verzerrung und ist häufig die Ursache von Schwächen. Der Wunsch, eine eigene Sache zu verfechten oder eine Figur zum Sprachrohr eines persönlichen Grolls oder Ärgernisses zu machen, hat immer eine mißliche Wirkung, so als wäre der Punkt, auf den die Aufmerksamkeit des Lesers gelenkt wird, nicht einer, sondern ein doppelter.

Das Genie von Jane Austen und Emily Brontë ist nie überzeugender als in ihrem Vermögen, solche Forderungen und Appelle zu ignorieren und dem eigenen Weg zu folgen, unbeirrt von Hohn und Tadel. Ein sehr heiteres oder sehr starkes Gemüt aber war nötig, der Versuchung zum Zorn zu widerstehen. Was in der einen oder anderen Form an Spott und Tadel und Minderwertigkeitserklärungen über Frauen niederging, die eine Kunst ausübten, rief ganz natürlich solche Reaktionen hervor. Man sieht die Wirkung in Charlotte Brontës Empörung, in George Eliots Resignation. Man findet sie wieder und wieder im Werk der weniger bedeutenden Autorinnen – in ihrer Wahl des Gegenstands, in ihrem unnatürlichen Geltungsdrang, ihrer unnatürlichen Fügsamkeit. Überdies fließt beinah unbewußt etwas wie Unaufrichtigkeit ein. Sie machen sich autoritätsfromm eine Anschauung zu eigen. Das geschaute Bild wird zu maskulin, oder es wird zu feminin; es verliert seine vollkommene Integrität und damit seine wesentlichste Eigenschaft als Kunstwerk.

Der große Wandel, der sich im literarischen Werk von Frauen langsam vollzieht, ist, so will es scheinen, ein Wandel in der Einstellung. Die schreibende Frau ist nicht mehr verbittert. Sie ist nicht mehr zornig. Sie plädiert und protestiert nicht mehr, wenn sie schreibt. Wir nähern uns der Zeit, falls sie noch nicht erreicht ist, da ihr Werk nahezu oder gänzlich frei von fremdem Einfluß ist, der es trübt. Sie wird imstande sein, sich ohne äußere Ablenkung auf das von ihr geschaute Bild zu konzentrieren. Die innere Distanz, einst nur dem Genie, der Originalität erreichbar, kommt erst jetzt für gewöhnliche Frauen in Reichweite. Heute ist deshalb der durchschnittliche Roman einer Frau weit unverfälschter und weit interessanter als vor hundert oder selbst vor fünfzig Jahren.

Doch trifft noch immer zu, daß eine Frau, bevor sie genau so schreiben kann, wie sie möchte, viele Schwierigkeiten vor sich sieht. Zunächst gibt es die technische Schwierigkeit – dem Anschein nach so einfach, in Wirklichkeit so verzwickt –, daß allein schon die Form des Satzes ihr nicht angemessen ist. Es ist ein von Männern gebauter Satz; zu lose, zu schwer, zu gravitätisch für weiblichen Gebrauch. Doch in einem Roman, der so weite Strekken zurücklegt, muß ein ganz gewöhnlicher und normaler Satztypus gefunden werden, der den Leser leicht und natürlich von einem Ende des Buches zum anderen trägt. Und den muß eine Frau sich selber bauen, indem sie den geltenden Satztypus abändert und umformt, bis sie so schreibt, daß der Satz die natürliche Form ihres Gedankens annimmt, ohne ihn einzuzwängen oder zu verzerren.

Aber schließlich ist das nur ein Mittel zum Zweck, und Zweck und Ziel sind nach wie vor nur zu erreichen, wenn eine Frau den Mut hat, Widerstände zu überwinden, und die Entschlossenheit, sich selber treu zu sein. Denn ein Roman ist schließlich eine Aussage über tausend verschiedene Gegenstände – menschliche, natürliche, göttliche; er ist ein Versuch, sie aufeinander zu beziehen. In jedem Roman, der etwas taugt, werden diese verschiedenen Elemente durch die Kraft des vom Autor geschauten Bildes am gehörigen Ort gehalten. Doch sie haben noch eine andere Ordnung, die Ordnung, die ihnen von der Konvention auferlegt ist. Und da die Männer die Geschmacksrichter dieser Konvention sind, da sie im Leben eine Wertordnung statuiert haben, sind auch in der erzählenden Literatur, die ja weithin auf dem Leben beruht, diese Werte in sehr erheblichem Ausmaß vorherrschend.

Es ist jedoch wahrscheinlich, daß im Leben wie in der Kunst die Werte einer Frau nicht die Werte eines Mannes sind. Wenn also eine Frau darangeht, einen Roman zu schreiben, wird sie finden, daß sie fortwährend den Wunsch hat, die geltenden Werte zu ändern – bedeutungsvoll zu machen, was einem Mann unbedeutend erscheint, und bedeutungslos, was ihm wichtig ist. Und dafür wird man sie natürlich kritisieren; denn der Kritiker anderen Geschlechts wird ehrlich verblüfft und überrascht sein von einem Versuch, die gängige Wertordnung zu ändern, und wird darin nicht bloß eine Verschiedenheit der Auffassung sehen, sondern eine Auffassung, die beschränkt ist oder trivial oder sentimental, weil sie sich von der seinen unterscheidet.

Aber auch hier sind Frauen im Begriff, weniger von Meinungen abhängig zu sein. Sie beginnen ihr eigenes Wertgefühl zu respektieren. Und aus diesem Grunde beginnen sich im Stoff ihrer Romane gewisse Veränderungen abzuzeichnen. Sie interessieren sich, wie es scheint, weniger für sich selbst; andererseits interessieren sie sich für andere Frauen mehr. Im frühen neunzehnten Jahrhundert waren die Romane von Frauen weithin autobiographisch. Eines der Motive, die sie zum Schreiben bewegten, war der Wunsch, die eigenen Leiden zu offenbaren, die eigene Sache zu Gehör zu bringen. Nun, da dieser Wunsch nicht länger so dringend ist, beginnen sie das eigene Geschlecht zu erforschen, beginnen über Frauen zu schreiben, wie noch nie über Frauen geschrieben worden ist; denn natürlich waren Frauen in der Literatur bis vor kurzem die Schöpfung von Männern.

Hier sind wiederum Schwierigkeiten zu überwinden, denn Frauen, falls man verallgemeinern darf, unterwerfen sich der Beobachtung nicht nur weniger bereitwillig als Männer, sondern ihr Leben wird auch weit weniger durch die gewöhnlichen Lebensprozesse auf die Probe gestellt und geprüft. Oft bleibt vom Tag einer Frau nichts Greifbares zurück. Das Essen, das gekocht wurde, ist aufgegessen; die Kinder, die großgezogen wurden, sind hinaus in die Welt gegangen. Wo liegt der Akzent? Welches ist der springende Punkt, an den der Romancier sich halten kann? Das ist schwer zu sagen. Ihr Leben hat einen anonymen Charakter, der im höchsten Grade verwirrend und ungreifbar ist. Zum ersten Mal ist der Anfang gemacht, dieses dunkle Land in der Erzählkunst zu erforschen; und im gleichen Moment hat eine Frau auch den Wandel im Gemütszustand und in den Gewohnheiten der Frauen zu registrieren, den die Öffnung der Berufe eingeleitet hat. Sie hat zu beobachten, wie das Leben der Frauen aufhört, unterirdisch zu verlaufen; sie hat wahrzunehmen, welche neuen Farben und Schattierungen sich nun, da sie der äußeren Welt ausgesetzt sind, in ihnen zeigen.

Versuchte man also, das erzählende Werk von Frauen im gegenwärtigen Moment zu kennzeichnen, würde man sagen, daß es mutig ist; es ist aufrichtig; es hält sich eng an das, was Frauen empfinden. Es ist frei von Bitterkeit. Es pocht nicht auf seine Femininität. Zugleich aber ist das Buch einer Frau nicht so geschrieben, wie ein Mann es schreiben würde. Diese Qualitäten sind viel verbreiteter als früher, und sie geben selbst zweit- und drittrangigen Werken den Wert der Wahrheit und den Reiz der Aufrichtigkeit.

Doch kommen zu diesen guten Eigenschaften noch zwei hinzu, die ein weiteres Wort erfordern. Der Wandel, der aus der englischen Frau, diesem schwer bestimmbaren Einfluß, unwägbar und veränderlich, eine Wählerin, eine Geldverdienerin und verantwortliche Bürgerin werden ließ, hat ihrem Leben wie ihrer Kunst eine Wendung zum Unpersönlichen gegeben. Ihre Beziehungen sind nun nicht mehr nur emotional; sie sind intellektuell, sie sind politisch. Das alte System, das sie dazu verdammte, die Dinge im schiefen Winkel durch die Augen oder die Interessen des Gatten oder des Bruders zu betrachten, ist den unmittelbaren und praktischen Interessen eines Menschen gewichen, der selber handeln muß und nicht bloß die Handlungen anderer beeinflussen darf. So wird ihre Aufmerksamkeit vom persönlichen Zentrum, das sie vordem ausschließlich beschäftigte, abgezogen und auf Unpersönliches gelenkt; und ihre Romane werden ganz natürlich der Gesellschaft gegenüber kritischer und den Einzelschicksalen gegenüber weniger analytisch.

Es ist zu erwarten, daß das Amt der Stechfliege im Staate, das bisher ein männliches Vorrecht war, nun auch von Frauen ausgeübt wird. Ihre Romane werden von sozialen Mißständen und Heilmitteln handeln. Ihre Männer und Frauen werden nicht allein in ihren Gefühlsbeziehungen gesehen werden, sondern wie sie in Gruppen, Schichten und Völkern zusammenhängen und aufeinanderprallen. Das ist ein Wandel von einiger Bedeutung. Doch es gibt einen anderen, der interessanter ist für diejenigen, denen der Schmetterling lieber ist als die Stechfliege – will sagen, die den Künstler dem Reformer vorziehen. Die größere Unpersönlichkeit ihres Lebens wird den poetischen Geist wecken, und das Poetische ist es, worin die weibliche Erzählkunst noch am schwächsten ist. Von ihm geführt, werden sie weniger von Fakten in Anspruch genommen und nicht länger damit zufrieden sein, mit erstaunlicher Akribie die winzigen Einzelheiten zu vermerken, die in ihr eigenes Blickfeld fallen. Über die persönlichen und politischen Beziehungen hinaus werden sie die größeren Fragen ins Auge fassen, die der Dichter zu lösen sucht – unsere Bestimmung und den Sinn des Lebens.

Natürlich ist das Fundament der poetischen Haltung weithin auf materielle Dinge gebaut. Sie ist abhängig von Muße und etwas Geld und der Möglichkeit, die Geld und Muße bringen, unpersönlich und leidenschaftslos zu beobachten. Wenn sie Geld und Muße haben, werden sich Frauen ganz von selbst mehr, als bisher möglich war, mit dem literarischen Handwerk befassen. Sie werden ausgiebiger und subtiler vom Instrumentarium des Schreibens Gebrauch machen. Ihre Technik wird kühner und reicher werden.

In der Vergangenheit lag die Besonderheit des weiblichen Schreibens oft in der unvergleichlichen Spontaneität– sie schrieben, wie Amsel oder Drossel singen. Es war ungelernt; es kam aus dem Herzen. Doch es war auch, und viel häufiger, plauderhaft und geschwätzig – bloßes Gerede, überm Papier vergossen und in Klecksen und Pfützen zum Trocknen stehengelassen. In der Zukunft, Zeit und Bücher vorausgesetzt und etwas Raum im Haus für sich selbst, wird für Frauen, wie für Männer, die Literatur eine Kunst werden, die studiert sein will. Das Talent der Frauen wird geschult und gestärkt werden. Der Roman wird nicht länger der Abladeplatz für die persönlichen Gefühle sein. Mehr als gegenwärtig wird er ein Kunstwerk werden wie andere auch und in seinen Grenzen und Möglichkeiten erforscht werden.

Von hier aus ist es nur ein kleiner Schritt zu den weltläufigen Künsten, die bisher so selten von Frauen betrieben wurden – dem Schreiben von Essays und Kritik, Geschichte und Biographie. Und auch das wird, wenn wir an den Roman denken, von Vorteil sein; denn es wird nicht nur die Qualität des Romans selbst verbessern, sondern es wird auch die Fremdlinge abziehen, die den Weg zu Erzählformen nahmen, weil er gangbar war, während ihr Herz sie zu anderem zog. Auf diese Weise wird der Roman frei werden von jenen Auswüchsen des Historischen und Faktischen, die ihn in unserer Zeit so formlos gemacht haben.

So werden, wenn wir prophezeien dürfen, in künftigen Zeiten Frauen weniger Romane schreiben, aber bessere Romane; und nicht nur Romane, sondern Lyrik und Kritik und Geschichte. Doch hierin schaut man gewiß in die Ferne zu jenem goldenen, vielleicht fabelhaften Zeitalter, in dem Frauen haben werden, was ihnen so lange versagt blieb – Muße und Geld und ein eigenes Zimmer.

Deutsch von Hannelore Faden

Anmerkungen

Zuerst erschienen in *The Forum*, New York, März 1929. Der Essay basiert wahrscheinlich auf einem Vortrag, den VW unter diesem Titel (›Women and Fiction‹) zweimal in Cambridge im Oktober 1928 gehalten hatte. Er erschien auf deutsch zuerst in dem Band *Frauen und Literatur*, Frankfurt: S. Fischer, 1989. – Im gleichen Jahr 1929 erschien im Oktober VWs buchlanger, bahnbrechender Essay *A Room of One's Own* (*Ein eigenes Zinmer*, deutsch von Heidi Zerning, Frankfurt: S. Fischer, 2001).

1 Murasaki Shikibu, japanische Dichterin (ca. 978–ca. 1016), kaiserliche Hofdame in Kioto, Autorin des Liebesromans vom *Prinzen Genji*.
2 George Macaulay Trevelyan, *History of England* (London: Longmans, 1926), S. 436.
3 John Keats (1795–1821), der Dichter der jüngeren Romantikergeneration. Insbesondere seine Briefe an die Braut Fanny Brawne, aber auch die an die Dichterkollegen Shelley und Leigh Hunt, geben Aufschluß über seinen schöpferischen Prozeß.
4 Thomas Carlyle (1795–1881), viktorianischer Historiker und Sozialreformer, dessen postum veröffentlichte *Reminiscences* (1881) wegen ihrer Tabuverletzungen im intimen Bereich Entrüstung auslösten.
5 Gustave Flaubert (1831–1880), der erste »moderne« Romancier (*Madame Bovary*, 1857), hinterließ aufschlußreiche Tagebücher und Briefe, in denen die Qualen des Schreibens eindringlich geschildert sind.

6 Jane Austen (1775–1817), die erste bedeutenden Romanautorin Englands (*Pride and Prejudice*, 1813; *Emma*, 1816), war in vieler Hinsicht ein Vorbild VWs.

7 Emily Brontë (1818–1848), die Autorin des leidenschaftlichen Romans *Wuthering Heights* (1847).

8 Charlotte Brontë (1816–1855), Schwester der Vorigen, Autorin der Romane *Jane Eyre* (1847) und *Villette* (1853).

9 George Eliot (1819–1880), zu Lebzeiten als bedeutendste Autorin ihrer Zeit angesehen, von Einfluß noch auf Proust, ist vor allem durch ihre Romane *The Mill on the Floss* (1860), *Middlemarch* (1871–72) und *Daniel Deronda* (1874–76) klassisch geworden.

10 Joseph Conrad (1857–1924), der in Polen geborene, englisch schreibende Autor vor allem von Seegeschichten. Siehe VWs Essays in: *Der gewöhnliche Leser 1*, S. 267–274, sowie in: *Das Totenbett des Kapitäns*, S. 94–100.

11 Leo Tolstoi (1828–1910), der Autor vor allem von *Krieg und Frieden* (1863–69) und *Anna Karenina* (1873–77). Siehe VWs Essay ›Der russische Standpunkt‹, in: *Der gewöhnliche Leser1*, S. 209–219.

12 Siehe J. W. Cross, *George Eliot's Life. As Related in her Letters and Journals*, 3 Bde., London: Blackwood, 1885, Bd. I, Kap. VII, ›Richmond – Scenes of Clerical Life‹. Siehe VWs Essay ›George Eliot‹, in: *Der gewöhnliche Leser 1*, S. 196–208.

Versuch über literarische Kritik

Die menschliche Leichtgläubigkeit ist wirklich wundervoll. Es mag gute Gründe dafür geben, an einen König oder einen Richter oder einen Oberbürgermeister zu glauben. Wenn wir sie in ihren Roben und Perücken an uns vorbeidefilieren sehen, mit ihren Herolden und Reitereskorten, fangen unsere Knie an zu zittern, und die Augen gehen uns über. Doch welchen Grund es geben kann, an Kritiker zu glauben, läßt sich unmöglich sagen. Sie haben weder Perücken noch Reitereskorten. Sie unterscheiden sich in nichts von anderen Menschen, wenn man sie in Fleisch und Blut vor sich sieht. Und doch müssen diese unbedeutenden Wesen sich nur in ein Zimmer zurückziehen, die Feder in die Tinte tunken und sich selbst »wir« nennen, und schon ist der ganze Rest von uns überzeugt, daß sie irgendwie erhaben, erleuchtet, unfehlbar sind. Perücken sprießen auf ihren Köpfen. Roben umhüllen ihre Glieder. Nie wurde von der menschlichen Leichtgläubigkeit ein größeres Wunder vollbracht. Und wie die meisten Wunder hat auch dieses einen schwächenden Einfluß auf den Geist des Gläubigen. Er beginnt zu denken, daß Kritiker, weil sie sich selbst so nennen, recht haben müssen. Er beginnt anzunehmen, daß tatsächlich irgend etwas mit einem Buch geschieht, wenn es in gedruckter Form gelobt oder verunglimpft wurde. Er beginnt, seine eigenen gefühlten, zögernden Bedenken in Zweifel zu ziehen und für sich zu behalten, wenn sie im Widerspruch zu den Dekreten des Kritikers stehen.

Und doch ist der Kritiker, von den wissenschaftlichen einmal abgesehen (und Wissenschaftlichkeit ist hauptsächlich dann nützlich, wenn es darum geht, die Werke Verstorbener zu beurteilen), eher fehlbarer als wir anderen. Er muß uns seine Meinung über ein Buch kundtun, das vielleicht erst vor zwei Tagen erschienen ist und an dessen Kopf noch die Eierschale klebt. Er muß die Wolke fruchtbarer, aber undurchdachter Empfindungen, die einen Leser umschwebt, hinter sich lassen, um es zu verdichten, um es zusammenzufassen. Dabei besteht die Wahrscheinlichkeit, daß er dies tut, bevor die Zeit reif ist; er tut es zu schnell und zu entschieden. Er sagt, daß es ein großartiges oder ein schlechtes Buch ist. Doch wie er selbst weiß, wenn er sich damit begnügt, einfach nur zu lesen, ist es weder das eine noch das andere. Er wird durch die Macht der Umstände und irgendeine menschliche Eitelkeit dazu getrieben, die Unsicherheiten, die ihn beim Lesen befallen, für sich zu behalten, alle Spuren jenes umwegigen und gewundenen Pfades zu glätten, auf dem er erreicht hat, was er »ein Fazit« zu nennen beliebt. Und so tönen die kruden Trompetenstöße der Kritikermeinung laut und schrill, und wir, die bescheidenen Leser, die wir sind, neigen unterwürfig die Köpfe.

Doch lassen Sie uns sehen, ob wir diese Anmaßungen eine Zeitlang beiseite schieben und den imposanten Vorhang herunterreißen können, der den kritischen Prozeß verbirgt, bis er abgeschlossen ist. Lassen Sie uns dem Geist ein neues Buch geben, so wie man ein Stück Fisch in einen Käfig voller fransiger, gieriger Seeanemonen wirft, und beobachten, wie er innehält, überlegt, seinen Angriff plant. Lassen Sie uns sehen, welche Vorurteile auf ihn wirken; welche Einflüsse in ihm zur Geltung kommen. Und falls die Schlußfolgerung im Laufe des Prozesses etwas weniger eindeutig wird, könnte sie, aus eben diesem Grund, der Wahrheit näherkommen. Das erste, was der Geist sich wünscht, ist eine Grundlage aus Fakten, auf die er sich stützen kann, bevor er sich zu seinem spekulativen Flug aufschwingt. Vage Gerüchte heften sich an die Namen der Menschen. Von Mr Hemingway wissen wir, daß er Amerikaner ist, in Frankreich lebt, ein »fortschrittlicher« Schriftsteller, wie wir vermuten, verbunden mit etwas, was eine Bewegung genannt wird, doch mit welcher von den vielen, können wir, wie wir eingestehen, nicht sagen. Es wäre gut, sich in Bezug auf diese Dinge etwas mehr Gewißheit zu verschaffen, indem wir zunächst Mr Hemingways früheres Buch, *The Sun Also Rises*,[1] lesen, und bald stellt sich dabei heraus: wenn Mr Hemingway »fortschrittlich« ist, so nicht auf eine Weise, die für uns am interessantesten ist. Ein Vorurteil, das zu vermerken der Leser an dieser Stelle wohl beraten wäre, wird hier offengelegt; der Kritiker ist Modernist. Ja, die Entschuldigung wäre, daß die modernen Schriftsteller uns bewußt machen, was wir unterbewußt fühlen; sie entsprechen mehr unserer eigenen Erfahrung; sie nehmen sie sogar vorweg, und das erfüllt uns mit einer besonderen Erregung. Aber in *The Sun Also Rises* wird über keinen der Charaktere irgend etwas Neues enthüllt. Sie treten geformt, proportioniert, gewichtet vor uns, genau wie die Charaktere Maupassants geformt und proportioniert sind. Sie werden vom alten Blickwinkel aus gesehen; die alten Zurückhaltungen, die alten Beziehungen zwischen Autor und Charakter werden beibehalten.

Doch der Kritiker besitzt die Güte zu bedenken, daß diese Forderung nach neuen Aspekten und neuen Perspektiven durchaus übertrieben sein kann. Sie kann zu einer Absonderlichkeit werden. Sie kann töricht werden. Denn wieso sollte die Kunst nicht gleichzeitig traditionell und originell sein? Legen wir nicht allzuviel Gewicht auf eine Erregung, die zwar angenehm sein mag, vielleicht aber nicht an und für sich wertvoll ist, so daß wir dazu verleitet werden, den fatalen Fehler zu begehen, uns über das Talent des Schriftstellers hinwegzusetzen?

Jedenfalls ist Mr Hemingway im genannten Sinn nicht modern; und seinem ersten Roman nach zu urteilen scheint es, als sei das Gerücht von seiner Modernität mehr seiner Thematik und ihrer Behandlung entsprungen, und nicht etwas fundamental Neuem in seiner Auffassung von der Kunst des Erzählens. Es ist ein karges, abruptes, freimütiges Buch. Das Leben, wie die Menschen es 1927 oder auch 1928 in Paris leben, wird beschrieben, wie wir, die wir diesem Zeitalter angehören, das Leben beschreiben (hier laufen wir den Viktorianern den Rang ab), offen, freimütig, ohne Prüderie, aber auch ohne Überraschung. Die Unmoral und Moral von Paris werden so beschrieben, wie wir sie im Privatleben vielleicht im Gespräch geschildert bekommen. Eine derartige Offenheit ist modern und sie ist bewundernswert. Dann, denn Qualitäten wachsen in der Kunst wie im Leben zusammen, entdecken wir an diese bewundernswerte Offenheit angeheftet eine ebensolche Kargheit des Stils. Niemand spricht länger als ein oder zwei Zeilen. In den meisten Fällen reicht eine halbe Zeile aus. Wenn ein Hügel oder eine Stadt beschrieben werden (und es gibt immer irgendeinen Grund für ihre Beschreibung), sind sie da, genau und nüchtern aus kleinen Fakten aufgebaut, durchaus nüchtern, aber, wie die endgültige Schärfe der Skizze beweist, mit äußerster Sorgfalt ausgewählt. Daher haben ein paar Worte wie: »Das Getreide begann gerade zu reifen, und die Felder standen voller Mohn. Die Weiden waren grün, und man sah schöne Bäume und manchmal große Flüsse und Schlösser zwischen den Bäumen«[2] eine eigenartige Kraft. Jedes Wort im Satz hat Gewicht. Und die vorherrschende Atmosphäre ist fein gezeichnet und scharf, wie die von Wintertagen, wenn sich die Zweige kahl vor dem Himmel abzeichnen. (Doch wenn wir gezwungen wären, einen einzigen Satz zu wählen, mit dem wir beschreiben sollen, was Mr Hemingway versucht und manchmal erreicht, würden wir eine Passage aus der Beschreibung eines Stierkampfes zitieren: »Bei Romero gab es keine Verzerrungen, es war immer alles gerade, rein und natürlich in der Linie. Die anderen wanden sich wie Korkenzieher, mit hochgehobenen Ellbogen, und lehnten sich an die Flanke des Stiers, wenn seine Hörner vorbei waren, damit es gefährlich aussehen sollte. Nachher merkte man schon, was Schwindel gewesen war, es gab einem ein unangenehmes Gefühl. Romeros Stierkampf gab allem wirkliche Emotion, weil er die absolute Reinheit der Linie seiner Bewegungen bewahrte und immer ruhig und glatt die Hörner ganz dicht an sich vorbeiließ.«[3]) Mr Hemingways Art zu schreiben, könnte man paraphrasieren, gibt uns hin und wieder wirkliche Emotion, weil er die absolute Reinheit der Linie seiner Bewegungen bewahrt und immer ruhig und glatt die Hörner (nämlich Wahrheit, Faktum, Realität) ganz dicht an sich vorbeiläßt. Aber da ist auch etwas, was Schwindel ist und einem ein unangenehmes Gefühl gibt – auch dem müssen wir uns stellen, wenn es an der Zeit ist.

Und hier können wir passenderweise innehalten und zusammenfassen, welchen Punkt in unserem kritischen Vorgehen wir erreicht haben. Mr Hemingway ist kein fortschrittlicher Schriftsteller in dem Sinn, daß er das Leben von einem neuen Blickwinkel aus betrachtet. Was er sieht, ist ein leidlich vertrauter Anblick. Gewöhnliche Gegenstände wie Bierflaschen und Journalisten nehmen im Vordergrund viel Raum ein. Aber er ist ein geschickter und gewissenhafter Schriftsteller. Er hat ein Ziel und bewegt sich ohne Angst oder Umweg darauf zu. Daher müssen wir ihn an jemandem von Substanz messen und ihn nicht einfach nur der Form halber neben die undeutliche Masse irgendeiner kurzlebigen Gestalt stellen, die größtenteils mit Stroh ausgestopft ist. Zögerlich kommen wir zu diesem Schluß, denn dieser Prozeß des Maßnehmens gehört zu den schwierigsten Aufgaben eines Kritikers. Er muß entscheiden, welche die hervorstechendsten Merkmale des Buches sind, das er gerade gelesen hat; korrekt unterscheiden, zu welcher Art sie gehören, und sie dann gegen das wie auch immer geartete Modell halten, das zum Vergleich ausgewählt wurde, um ihre Unzulänglichkeit oder ihre Zulänglichkeit darzulegen.

Wenn wir an *The Sun Also Rises* denken, kommen uns gewisse Szenen in den Sinn: der Stierkampf, der Charakter des Engländers, Harris; hier eine kleine Landschaft, die ganz natürlich hinter den Menschen zu wachsen scheint; hier ein langer, schlanker Satz, der sich um eine Situation windet wie eine Peitschenschnur. Hin und wieder läßt diese Wendung einen Charakter brillant zutage treten, öfter eine Szene. Was Charaktere angeht, so bleibt nur wenig fest und klar verdeutlicht. Tatsächlich scheint etwas mit den Personen nicht zu stimmen. Wenn wir sie (der Vergleich ist schlecht) Tschechows Personen gegenüberstellen, sind sie platt wie ein Stück Pappe. Wenn wir sie (der Vergleich ist besser) Maupassants Personen gegenüberstellen, sind sie grob wie eine Photographie. Wenn wir sie (der Vergleich ist vielleicht unzulässig) echten Menschen gegenüberstellen, gehören die Menschen, mit denen wir sie vergleichen, einem unwirklichen Typus an. Es sind Menschen, die man vielleicht in einem Café gesehen hat, wo sie sich produzierten; in schnellem, hohem Jargon sprachen, denn ein Jargon ist die Sprache der Herde, allem Anschein nach ganz entspannt, doch, wenn wir sie aus dem Schatten heraus ein wenig betrachten, überhaupt nicht entspannt, sondern vielmehr erfüllt von schrecklicher Angst, sie selbst zu sein, sonst würden sie die Dinge einfach mit natürlicher Stimme sagen. Und so scheint es, als sei das, was Schwindel ist, der Charakter. Mr Hemingway lehnt sich an die Flanken dieses Stiers, wenn die Hörner vorbei sind.

Nach dieser Vorbetrachtung von Mr Hemingways erstem Buch gelangen wir, beherrscht von gewissen Ansichten oder Vorurteilen, zu dem neuen Buch, *Men Without Women*.[4] Sein Talent könnte sich durchaus entlang anderer Linien entwickeln. Es könnte sich weiten und runden; es könnte sich etwas mehr Zeit nehmen und etwas tiefer in Dinge – insbesondere Menschen – eindringen. Und selbst wenn das bedeutete, eine gewisse Energie oder Pointiertheit zu opfern, entspräche der Wandel unserem persönlichen Geschmack. Andererseits ist sein Talent eines, das sich noch mehr kontrahieren und festigen könnte! Es könnte in noch größerem Maß auf den emphatischen Moment bauen; noch mehr Gebrauch von Dialogen machen und Erzählung und Beschreibung als Hemmnis über Bord werfen.

Die Tatsache, daß *Men Without Women* eine Sammlung von Kurzgeschichten ist, erhöht die Wahrscheinlichkeit, daß Mr Hemingway die zweite Richtung eingeschlagen hat. Doch bevor wir das neue Buch erkunden, sollte ein Wort, das im allgemeinen ungesagt bleibt, über die Implikationen des Titels gesagt werden. Wie der Verleger es ausdrückt, fehlt der »besänftigende weibliche Einfluß – sei es durch Erziehung, Disziplin, Tod oder die Situation«.[5] Ob wir das so verstehen sollen, daß Frauen unfähig sind zu Erziehung, Disziplin, Tod oder einer Situation, wissen wir nicht.

Doch wenn wir unser Bemühen, die Prozesse im Kopf des Kritikers offenzulegen, fortsetzen wollen, ist zweifellos wahr, daß jede Betonung des Geschlechts gefährlich ist. Sagen Sie einem Mann, dies sei ein Frauenbuch, oder einer Frau, es sei eines für Männer, haben Sie Sympathien und Antipathien ins Spiel gebracht, die nichts mit Kunst zu tun haben. Die größten Schriftsteller betonen das Geschlecht weder auf die eine noch die andere Weise. Der Kritiker wird beim Lesen nicht daran erinnert, daß er dem maskulinen oder femininen Geschlecht angehört. Aber dank unserer sexuellen Verwirrungen ist das Geschlechtsbewußtsein in unserer Zeit stark ausgeprägt und zeigt sich in der Literatur in Form einer Übertreibung, einer Beteuerung geschlechtlicher Charakteristika, die in jedem Fall unangenehm ist. So vergällen Mr Lawrence, Mr Douglas und Mr Joyce[6] den Leserinnen ihre Bücher zum Teil durch ihre Zurschaustellung einer allzu selbstbewußten Männlichkeit; und Mr Hemingway folgt ihrem Beispiel, allerdings weniger ausgeprägt. Wir, gleich ob wir männlich oder weiblich sind, können nichts weiter tun, als den Einfluß zuzugestehen, der Tatsache ins Gesicht zu sehen und zu hoffen, sie dadurch aus der Contenance zu bringen.

Fahren wir also fort – *Men Without Women* besteht aus Kurzgeschichten in der eher französischen denn russischen Manier. Die großen französischen Meister, Mérimée und Maupassant, machten ihre Geschichten so selbstbewußt und kompakt wie möglich. Nie bleibt ein loser Faden übrig; vielmehr sind sie so komprimiert, daß wir, wenn der letzte Satz auf der letzten Seite aufleuchtet, wie es so oft der Fall ist, in seinem Licht die ganze Kontur und Bedeutung der Geschichte aufgedeckt sehen. Die Methode Tschechows ist, natürlich, genau das Gegenteil davon. Alles ist wolkig und vage, schlängelt sich lose dahin, statt straff aufgerollt zu sein. Die Geschichten entschwinden langsam unseren Blicken wie Wolken am Sommerhimmel und hinterlassen in unseren Köpfen eine Spur der Bedeutung, die allmählich verblaßt. Wer will sagen, welche der beiden Methoden die bessere ist? Jedenfalls setzt Mr Hemingway, der sich bei den französischen Meistern eingeschrieben hat, ihre Lehren bis zu einem gewissen Grad mit beträchtlichem Erfolg um.

Es gibt in *Men Without Women* viele Geschichten, die man, wäre das Leben länger, gerne noch einmal lesen würde. Die meisten sind tatsächlich so kompetent, so effizient und so bar aller Überflüssigkeiten, daß man sich fragt, wieso sie keine tiefere Kerbe im Geist hinterlassen, als es der Fall ist. Nehmen wir die rührende Geschichte des Majors, dessen Frau gestorben ist – ›In Another Country‹; oder die sardonische Geschichte einer Unterhaltung in einem Eisenbahnabteil – ›A Canary for One‹; oder Geschichten wie ›The Undefeated‹ und ›Fifty Grand‹,[7] die voll sind von der Scheußlichkeit und Heldenhaftigkeit des Stierkampfs und des Boxens – alles gute, präzise Geschichten, schnell, straff und kraftvoll. Hätte man nicht die Geister von Tschechow, Mérimée und Maupassant heraufbeschworen, wäre man zweifellos begeistert. So jedoch sieht man sich nach etwas um, findet es nicht und wird wieder einmal auf die altvertraute Gewohnheit zurückgeworfen, seine Eindrücke wie Münzen auf die Ladentheke zu knallen und zu fragen, was stimmt nicht?

Aus irgendeinem Grund erscheint uns diese Sammlung von Kurzgeschichten weniger tief und weniger vielversprechend als der Roman. Vielleicht liegt es am exzessiven Gebrauch von Dialogen, denn Mr Hemingways Gebrauch von Dialogen ist gewiß exzessiv. Ein Schriftsteller geht immer behutsam mit Dialogen um, da Dialoge den heftigsten Druck auf die Aufmerksamkeit des Lesers ausüben. Er muß hören, sehen, selbst den richtigen Ton beisteuern und aus dem, was die Charaktere sagen, ohne jede Hilfe des Autors, den Hintergrund ausfüllen. Wenn fiktive Personen das Wort ergreifen dürfen, dann weil sie etwas so Wichtiges zu sagen haben, daß es den Leser dazu veranlaßt, weit mehr als seinen Teil der kreativen Arbeit zu übernehmen. Aber obwohl Mr Hemingway uns ständig dem Beschuß des Dialogs aussetzt, sagen seine Personen die halbe Zeit über nur, was der Autor bedeutend ökonomischer für sie sagen könnte. Zu guter Letzt würden wir am liebsten mit dem jungen Mädchen in ›Hills Like White Elephants‹[8] ausrufen: »Würdest du, bitte, bitte, bitte, bitte, bitte, bitte, still sein?«

Und wahrscheinlich ist es dieses Übermaß an Dialogen, das zu jenem anderen Fehler führt, der immer auf den Verfasser von Kurzgeschichten lauert: zum Mangel an Verhältnismäßigkeit. Schon ein überflüssiger Absatz bringt das kleine Gefährt in Schieflage und bewirkt jene Verschwommenheit, die, wenn man auf Klarheit und Pointiertheit aus ist, den Leser so verwirrt. Und beide Fehler, die Neigung, die Seiten mit unnötigen Dialogen zu überfrachten, und der Mangel an scharfen, unmißverständlichen Punkten, mittels deren wir die Geschichte zu fassen bekommen, entspringen der fundamentaleren Tatsache, daß Mr Hemingway zwar brillant und außerordentlich geschickt ist, allerdings zuläßt, daß seine Fertigkeit, ähnlich wie der Mantel des Stierkämpfers, zwischen ihn und die Tatsache gerät. Denn tatsächlich hat das Verfassen von Kurzgeschichten viel mit einem Stierkampf gemein. Man mag sich winden wie ein Korkenzieher und alle möglichen Verrenkungen vornehmen, so daß das Publikum denkt, man ginge jedes Risiko ein und lege überwältigende Heldenhaftigkeit an den Tag. Aber der wahre Schriftsteller steht dicht neben dem Stier und läßt die Hörner – man mag sie Leben nennen, Wahrheit, Realität, was immer man will – jedes Mal ganz dicht an sich vorbei.

Mr Hemingway ist also mutig; er ist freimütig; er ist hochgradig geschickt; er setzt die Wörter genau dahin, wo er sie haben will; er besitzt Momente nackter und nervöser Schönheit; er ist modern in seiner Art, nicht aber in seiner Vision; er ist selbstbewußt männlich; sein Talent hat sich eher verengt denn erweitert; verglichen mit seinem Roman sind seine Kurzgeschichten ein wenig trocken und steril. So ist unser Fazit. Damit offenbaren wir einige der Vorurteile, der Instinkte und der Irrtümer, aus denen sich zusammensetzt, was wir literarische Kritik zu nennen belieben.

Deutsch von Brigitte Walitzek

Besprechung des Erzählungsbandes *Men Without Women* des jungen Ernest Hemingway (1898–1961) im *New York Herald Tribune* vom 9. Oktober 1927.

1 *The Sun Also Rises* (1926), deutsch unter dem Titel *Fiesta* in der autorisierten Übersetzung von Annemarie Horschitz. Berlin: Rowohlt, 1928.
2 Buch II, Kap. IX. Zitiert nach der Ausgabe des Aufbau Verlags, Berlin und Weimar o. J., (2. Auflage), S. 97.
3 Buch II, Kap. XV. In der deutschen Ausgabe S. 190.
4 *Men Without Women* (1927), deutsch unter dem Titel *Männer ohne Frauen* in der autorisierten Übersetzung von Annemarie Horschitz. Berlin: Rowohlt, 1929.
5 Die Verlagsankündigung ist nicht zu ermitteln, sie beruht aber wohl auf einem Brief Hemingways an seinen Lektor Max Perkins vom 14. Februar 1927, in dem es heißt: »In all these, almost, the softening feminine influence through training, discipline, death or other causes, being absent.« Es erboste Hemingway, daß VW das Gemeinte ins Gegenteil verkehrt.
6 Zu D. H. Lawrence (1885–1930) und James Joyce (1882–1941) siehe VWs Essay ›Moderne Romankunst‹, in: *Der gewöhnliche Leser 1*, S. 178–188. – Norman Douglas (1868–1952), vor allem bekannt als Reiseschriftsteller. Sein Roman *South Wind* (1917) feiert das hedonistische Leben auf der Insel Nepenthe.
7 In der deutschen Fassung: ›In einem anderen Land‹, ›Für einen Kanarienvogel‹, ›Der Unbesiegte‹, ›Um eine Viertelmillion‹.
8 ›Hügel wie weiße Elefanten‹.

Phasen der Romankunst

Die folgenden Seiten versuchen die Eindrücke festzuhalten, die im Geist entstehen, wenn man eine bestimmte Anzahl von Romanen nacheinander liest. Bei der Entscheidung, mit welchem Buch beginnen und mit welchem Buch fortfahren, war der Geist nicht gedrängt, eine Wahl zu treffen. Es war ihm gestattet, zu lesen, was ihm gefiel. Er war mithin nicht aufgefordert, historisch oder kritisch zu lesen. Er war nur aufgefordert, aus Interesse und zum Vergnügen zu lesen und gleichzeitig die Eigenart des Interesses und des Vergnügens, die bei der Lektüre entstanden, zu erläutern. Er ging deshalb seines Weges, unabhängig von Zeit und Bedeutung. Er las Trollope, bevor er Jane Austen las, und übersprang, durch Zufall oder Unachtsamkeit, einige der berühmtesten Werke der englischen Romanliteratur. Daher gibt es wenig oder keine Bemerkungen zu Fielding, Richardson oder Thackeray.

Doch auch, wenn niemand außer dem berufenen Historiker und Kritiker liest, um eine Epoche zu verstehen oder eine Einschätzung zu revidieren, so liest niemand rein durch Zufall oder ohne feste Wertmaßstäbe. Es gibt, metaphorisch gesprochen, ein Muster, das unserem Geist eingeschrieben ist und vom Lesen ans Licht gebracht wird. Neigungen, Vorlieben, gleichgültig, wie wir zu ihnen gelangen mögen, setzen es zusammen, ziehen Linien mal in diese Richtung, mal in jene. Daher kann ein gewöhnlicher Leser seinen Weg durch die Literatur oft mit großer Genauigkeit verfolgen und sich sogar von Zeit zu Zeit im Besitz einer ganzen Welt wähnen, so bewohnbar wie die wirkliche Welt. Solch eine Welt, mag dagegen geltend gemacht werden, ist ständig im Entstehen begriffen. Solch eine Welt, mag weiterhin dagegen eingewandt werden, ist eine ganz persönliche Welt, eine begrenzte und vielleicht für andere unbewohnbare Welt, eine Welt, erschaffen nach einem Geschmack, der dem einen Naturell gefallen und dem anderen zuwider sein mag – in der Tat ist jede solche Leseliste, wie daraus folgt, zwangsläufig begrenzt, persönlich, willkürlich.

Zu ihrer Verteidigung kann jedoch ins Feld geführt werden, daß der Kritiker und der Historiker zwar eine universellere Sprache, eine gelehrtere Sprache sprechen, aber auch Gefahr laufen, die Mitte zu verfehlen und abzuirren, einfach weil sie so viele Dinge über einen Schriftsteller wissen, die der Betreffende über sich selbst nicht weiß. Schriftsteller klagen darüber, daß Einflüsse – Bildung, Erbe, Theorie – ein Gewicht erhalten, dessen sie sich selbst beim Akt des Schaffens gar nicht bewußt sind. Ist der fragliche Autor der Sohn eines Architekten oder eines Maurers? Erwarb er seine Bildung zu Hause oder auf der Universität? Kommt er vor oder nach Thomas Hardy? Doch nicht eines von diesen Dingen ist ihm vielleicht im Sinn, während er schreibt, und die Unwissenheit des Lesers, so einengend und begrenzend sie sein mag, hat zumindest den Vorteil, das unbeeinträchtigt zu lassen, was der Leser mit dem Schriftsteller gemein hat, wenn auch wesentlich schwächer: das Verlangen, schöpferisch zu sein.

Hier wird nun in aller Kürze und mit unvermeidlichen Vereinfachungen ein Versuch unternommen, den Geist bei der Beschäftigung mit einem Bord voller Romane zu zeigen und dabei zu beobachten, wie er auswählt und verwirft, sich eine Wohnstatt sucht, die in Übereinstimmung mit seinen eigenen Vorlieben steht. Vielleicht ist die einfachste dieser Vorlieben der Wunsch, ganz und gar an etwas zu glauben, was frei erfunden ist. Diese Vorliebe geht allen anderen voran, und sie wechseln einander ab. Ob nun eine Vorliebe besser ist als die andere, läßt sich, da sie sich in verschiedenem Alter so stark verändern, nicht sagen. Der gewöhnliche Leser ist überdies mißtrauisch gegen feste Etiketten und hergebrachte Hierarchien. Doch da es einen ursprünglichen Impuls geben muß, wollen wir diesem den Vortritt lassen und uns an das Bord voller Romane machen, um erst einmal unserem Wunsch, zu glauben, Genüge zu tun.

In der englischen Romanliteratur gibt es eine Reihe von Schriftstellern, die unserem Glaubensvermögen Genüge tun – Defoe, Swift, Trollope, Borrow, W. E. Norris[1] zum Beispiel; unter den Franzosen denkt man sofort an Maupassant. Jeder von ihnen versichert uns, daß die Dinge genau so sind, wie sie sagen. Was sie beschreiben, geschieht tatsächlich vor unseren Augen. Ihre Romane bereiten uns dieselbe Art von Erfrischung und Ergötzen, die uns zuteil wird, wenn wir unten auf der Straße etwas tatsächlich geschehen sehen. Ein Müllmann zum Beispiel stößt mit einer ungeschickten Armbewegung eine Flasche um, die offenbar Condy's Tinktur[2] enthält und auf dem Pflaster zerbricht. Der Müllmann bückt sich; er hebt die kantigen Scherben der zerbrochenen Flasche auf; er dreht sich zu einem Mann um, der auf der Straße vorbeigeht. Wir können unsere Augen nicht von ihm wenden, bis unsere Glaubensfähigkeit sich gütlich getan hat. Es ist, als würde ein Kanal gestochen, in den sich plötzlich und mit großer Erleichterung eine bislang zurückgehaltene Empfindung ergießt. Wir vergessen alles, womit wir sonst noch beschäftigt sein mögen. Dieses positive Erlebnis überwältigt all die gemischten und unklaren Gefühle, von denen wir im Augenblick beherrscht sein mögen. Der Müllmann hat eine Flasche umgestoßen; der rote Fleck breitet sich auf dem Pflaster aus. Es geschieht genau so.

Die Romane der großen Erzähler der Wahrheit, unter denen Defoe gut und gerne das englische Oberhaupt ist, verschaffen uns eine Erquickung dieser Art. Er erzählt uns die Geschichte von Moll Flanders, von Robinson Crusoe, von Roxana,[3] und wir spüren unsere Glaubensfähigkeit augenblicklich in diesen neu gestochenen Kanal strömen, was unser ganzes Wesen befruchtet und erquickt. Zu glauben scheint das größte unserer Vergnügen zu sein. Es ist unmöglich, unsere Gier nach Wahrheit zu sättigen, so gefräßig ist sie. In dem ganzen Buch steht nicht ein verschwommenes oder substanzloses Wort, um unser nervöses Sicherheitsgefühl aufzuschrecken. Drei oder vier kräftige, klare Federstriche umreißen Roxanas Charakter. Ihr Dinner wird unbestreitbar auf den Tisch gestellt. Es besteht aus Kalbfleisch und Rübchen. Der Tag ist sonnig oder bewölkt; der Monat ist April oder September. Beharrlich, selbstverständlich, mit seltsamer, fast unbewußter Wiederholung, wird Nachdruck auf genau jene Dinge gelegt, die uns im wirklichen Leben am ehesten Sicherheit gewährleisten, auf Geld, Möbel, Nahrung, bis wir eingeklemmt zu sein scheinen zwischen festen Gegenständen in einem festen Universum.

Ein Teil unseres Vergnügens rührt von dem Gefühl her, daß diese Welt, bei all ihren besonderen Gegebenheiten, hell, rund und hart, dennoch vollständig ist, so daß wir in jedweder Richtung nach Sicherheit greifen können und sie erhalten. Wenn wir über den Rand der Seiten hinausdrängen, wie es unser Instinkt ist, um zu ergänzen, was der Autor ungesagt ließ, werden wir feststellen, daß wir uns zurechtfinden; daß es Hinweise gibt, die uns weiterhelfen; zu der Unterseite, der dunklen Seite dieser Welt. Defoe herrschte über sein Universum mit der Allmacht eines Gottes, so daß seine Welt vollkommen ausgewogen ist. Nichts ist so groß, daß es anderes zu klein macht; nichts so klein, daß es anderes zu groß macht.

Der Name Gottes wird von seinen Menschen oft im Munde geführt, aber sie rufen ein göttliches Wesen an, das nur ein bißchen weniger stofflich ist als sie selbst, ein Wesen, das stabil nicht sehr weit über ihnen in den Baumwipfeln sitzt. Eine mystischere Gottheit, wäre Defoe imstande gewesen, uns an sie glauben zu machen, hätte die Landschaft derart in Frage gestellt und die Substanz der Männer und Frauen so stark in Zweifel gezogen, daß unser Glaube an sie im Kern erloschen wäre. Oder angenommen, er hätte sich gestattet, die grünen Schatten der Waldestiefen oder das gleitende Glas des sommerlichen Bachs auszumalen. Wiederum, wie sehr uns auch die Beschreibung entzückt hätte, wären wir verunsichert worden, weil diese andere Wirklichkeit der massiven und monumentalen Wirklichkeit von Crusoe und Moll Flanders Schaden zugefügt hätte. Doch so, durchdrungen von der Wahrheit seines eigenen Universums, erlaubt er keiner derartigen Unstimmigkeit, einzudringen. Gott, Mensch und Natur sind alle wirklich, und sie sind es alle mit derselben Art von Wirklichkeit – eine erstaunliche Leistung, da sie von seiten des Schriftstellers eine vollständige und fortwährende Unterwerfung unter seine Überzeugung voraussetzt, eine hartnäckige Taubheit gegen alle Stimmen, die ihn dazu verlocken und verführen, anderen Launen nachzugeben. Wir brauchen uns nur vor Augen zu führen, wie selten ein Buch von ein und derselben Glaubenskraft getragen wird, so daß seine Perspektive durchgehend harmonisch ist, um zu erkennen, was für ein großer Schriftsteller Defoe war. Man kann an den Fingern ein halbes Dutzend Romane abzählen, die versprachen, Meisterwerke zu werden, und doch gescheitert sind, weil der Glaube ermattet; die Wirklichkeiten werden vermischt; die Perspektive verschiebt sich, und statt endgültiger Klarheit erfaßt uns eine verdutzte, wenn auch nur kurz anhaltende Verwirrung.

Da sich nun unsere Glaubensfähigkeit zur Genüge gütlich getan hat und wir die Erleichterung und Erquickung dieser positiven Welt genossen haben, die so greifbar und vollständig außerhalb von uns existiert, überkommt uns allmählich jenes Nachlassen der Aufmerksamkeit, welches bedeutet, daß der betroffene Nerv vorläufig gesättigt ist. Wir haben so viel von dieser buchstäblichen Wahrheit in uns aufgenommen, wie wir nur können, und wir sehnen uns allmählich nach etwas, das Abwechslung bringen, jedoch mit ihr harmonieren wird. Wir wollen, außer in einem Aufblitzen oder in einer Andeutung, keine solche Wahrheit, wie Roxana sie uns bietet, wenn sie uns erzählt, daß ihr Herr, der Prinz, oft bei ihrer beider Kind saß und »es anzuschauen liebte, wenn es schlief«. Denn diese Wahrheit ist verborgene Wahrheit; sie zwingt uns, unter die Oberfläche zu tauchen, um sie zu erfassen, und hält so die Handlung auf. Wir wollen also Handlung. Da ein Wunsch erfüllt worden ist, springt ein anderer vor, um die Last zu übernehmen, und kaum haben wir unseren Wunsch formuliert, da hat ihn

Defoe schon erfüllt. »Weiter mit der Geschichte« – dieser Ruf ist beständig auf seinen Lippen. Sobald er seine Fakten beisammen hat, wird die Last flottgemacht. Unablässig aufkommend, rasch einander folgend, mühelos setzen Handlung und Ereignis diese dichte Ansammlung von Fakten in Bewegung, so daß uns ständig eine frische Brise ins Gesicht weht. Da wird deutlich, wenn seine Menschen spärlich ausgestattet und bestimmter Gefühle beraubt sind, etwa der Liebe von Ehemann und Kind, wie wir sie bei Wohlhabenden erwarten, dann deshalb, daß sie sich rascher bewegen können. Sie müssen mit leichtem Gepäck reisen, denn sie sind geschaffen fürs Abenteuer. Sie werden auf ihrem Weg eher rasche Auffassungsgabe, starke Muskeln und viel gesunden Menschenverstand brauchen als innige Gefühle, Nachdenklichkeit und die Fähigkeit zur Selbstanalyse.

Dem Glauben wird also von Defoe völlig Genüge getan. Hier kann sich der Leser ausruhen und einen großen Teil seines Reiches in Besitz nehmen. Er untersucht es; er stellt es auf die Probe; er spürt nichts unter sich nachgeben oder vor sich verblassen. Trotzdem sucht sich der Glaube frische Nahrung, wie ein Schläfer sich eine frische Seite des Kissens sucht. Es kann sein, daß er sich jemandem zuwendet, der ihm zeitlich näher steht als Defoe, um sein Verlangen nach Glauben zu befriedigen (denn zeitliche Ferne in einem Roman schafft eine pittoreske und daher nicht vertraute Welt). Falls er zum Beispiel ein Buch eines produktiven und einst geschätzten Romanciers wie W. E. Norris aus dem Regal nimmt, wird ihm auffallen, daß die Gegenüberstellung der beiden Bücher jedes deutlicher hervortreten läßt.

W. E. Norris war ein fleißiger Schriftsteller, dessen genauere Betrachtung sich einfach deshalb lohnt, weil er ein Repräsentant jener großen Zahl vergessener Romanciers ist, durch deren Anstrengungen die englische Romanliteratur während der Abwesenheit großer Meister am Leben erhalten wurde. Anfangs scheinen wir alles zu bekommen, was wir brauchen:[4] Mädchen und Jungen, Kricket, Schießen, Tanzen, Bootsfahrten, Liebschaften, Heirat; ein Park hier; ein Londoner Salon dort; hier ein englischer Gentleman; dort ein Schuft; Dinners, Teegesellschaften, Ausritte auf der Row; und hinter allem, grün und grau, anheimelnd und ehrwürdig, die Wiesen und Herrenhäuser von England. Dann, während eine Szene der anderen folgt, mitten im Buch, will uns scheinen, wir seien mit so viel Glauben überhäuft worden, daß wir nicht mehr wissen, was wir damit anfangen sollen. Wir haben die Lebendigkeit der Umgangssprache aufgebraucht; die Modernität, den geschickten Stimmungswechsel. Wir drücken uns auf der Schwelle der Szene herum und bitten, ein wenig tiefer eindringen zu dürfen; wir greifen eine Formulierung heraus und betrachten sie, als müßte sie mehr hergeben. Dann wenden wir unseren Blick von den Hauptfiguren ab und versuchen, etwas im Hintergrund zu skizzieren, diese Gefühle und Beziehungen fort vom gegenwärtigen Augenblick zu verfolgen; nicht, das versteht sich von selbst, mit der Absicht, ein überwölbendes Konzept zu entdecken, sozusagen »eine Lesart des Lebens«. Nein, unser Verlangen geht auf anderes: einen Schatten von Tiefe, wie sie dieser Fülle von Figuren angemessen ist; eine Vorsehung, wie Defoe sie bereithält, oder eine Moral, wie er sie nahelegt, so daß wir über das betreffende Zeitalter hinausgelangen können, ohne ins Belanglose zu fallen.

Da entdecken wir, es kennzeichnet einen zweitklassigen Schriftsteller, daß er weder hier innehalten noch dort auf etwas hindeuten kann. All seine Kraft wird davon beansprucht, uns die Szene vor Augen zu führen, ihre Helle und ihre Glaubwürdigkeit. Die Oberfläche ist alles; darunter gibt es nichts.

Unsere Glaubensfähigkeit ist jedoch noch nicht im mindesten erschöpft. Es geht nur darum, etwas zu finden, was sie wiederbelebt. Nicht Shakespeare und nicht Shelley und nicht Hardy; vielleicht Trollope, Swift, Maupassant. Am vielversprechendsten ist im Augenblick Maupassant,[5] denn er hat den großen Vorteil, auf Französisch zu schreiben. Ohne besonderes eigenes Verdienst gewährt er uns den kleinen Genuß, den es uns bereitet, eine Sprache zu lesen, deren Kanten sich für uns noch nicht durch täglichen Gebrauch abgeschliffen haben. Schon allein die Sätze formen sich in einer Art, die absolut bezaubernd ist. Die Wörter prickeln und funkeln. Englisch dagegen, ach, es ist *unsere* Sprache – abgenutzt, nicht so begehrenswert vielleicht. Überdies enthält jede dieser kompakten kleinen Geschichten ihr Quentchen Schießpulver, kunstvoll plaziert, so daß es explodiert, wenn wir ihr auf den Schwanz treten. Die letzten Worte sind immer stark geladen. *Peng*, gehen sie hoch, direkt in unser Gesicht, und beleuchten für uns in einem kompromißlosen grellen Aufblitzen jemanden, der die Hand gehoben hat, jemanden, der höhnisch grinst, jemanden, der den Rücken kehrt, jemanden, der in einen Omnibus steigt, als fasse diese unbedeutende Geste, welche es auch sein mag, die gesamte Situation ein für allemal zusammen.

Die Wirklichkeit, die Maupassant uns vor Augen führt, ist immer eine des Körpers, der Sinne – das reife Fleisch eines Dienstmädchens zum Beispiel oder die Saftigkeit von Speisen. »Elle restait inerte, ne sentant plus son corps, et l'esprit dispersé, comme si quelqu'un l'eût déchiqueté avec un de ces instruments dont se servent les cardeurs pour effiloquer la laine des matelas.« (»Sie blieb bewegungslos, spürte ihren Körper nicht mehr, und ihr Geist war verstreut, als hätte ihn jemand zerfetzt mit einer jener Maschinen, mit denen man die Wolle für Matratzen in Flocken reißt.«) Oder ihre Tränen trockneten von selbst auf ihren Wangen »comme des gouttes d'eau sur du fer rouge«[6] (»wie Wassertropfen auf rotglühendem Eisen«). Es ist alles konkret; es ist alles anschaulich. Es ist eine Welt, in der man also mit den Augen und der Nase und den Sinnen glauben kann; trotzdem ist es eine Welt, die ständig einen kleinen Tropfen Bitterkeit absondert. Ist das alles? Und wenn das alles ist, ist es genug? Müssen wir das dann glauben? So fragen wir. Nun, da wir ungeschönte Wahrheit erhalten haben, scheint eine unangenehme Empfindung damit verbunden zu sein, die wir untersuchen müssen, bevor wir weitergehen.

Angenommen, eine der Voraussetzungen der Dinge, wie sie sind, ist, daß sie unangenehm sind, haben wir Kraft genug, dieses

Unangenehme zu ertragen, um des Vergnügens willen daran zu glauben? Sind wir nicht irgendwie schockiert von *Gulliver's Travels*[7] und *Boule de Suif* und *La Maison Tellier*? Werden wir nicht immer versuchen, um das Hindernis der Häßlichkeit herumzukommen, indem wir sagen, daß Maupassant und seinesgleichen engstirnig, zynisch und phantasielos sind, wenn es in Wirklichkeit ihre Wahrheitsliebe ist, die uns verstimmt – die Tatsache, daß Blutegel an den nackten Beinen von Dienstmädchen saugen, daß es Bordelle gibt, daß die menschliche Natur im Grunde kalt, selbstsüchtig und korrupt ist? Dieses Unbehagen am Unangenehmen der Wahrheit ist mit das erste, was unser Verlangen, zu glauben, ein klein wenig erschüttert. Unser angelsächsisches Blut hat uns vielleicht einen Instinkt eingegeben, daß die Wahrheit, wenn auch nicht gerade schön, so doch zumindest angenehm oder tugendhaft anzusehen ist. Aber wir wollen noch einmal die Wahrheit betrachten, und diesmal mit den Augen von Anthony Trollope,[8] »ein großer, polternder, bebrillter, stimmgewaltiger Jägersmann … dessen Sprache in männlicher Gesellschaft vermutlich so schauerlich war, daß mir nicht gestattet wurde, mit ihm zu frühstücken … der im ganzen Land umherritt, um die Pennypost einzurichten, und der, so erzählt man sich, an jedem Tag seines Lebens vor dem Frühstück etliche tausend Wörter schrieb«.

Gewiß, die Barchester-Romane erzählen die Wahrheit, und die englische Wahrheit ist auf den ersten Blick von fast so schlichter Gestalt wie die französische, wenn auch mit einem Unterschied. Mr Slope ist ein Heuchler, der »etwas Zudringliches, Schmieriges an sich hat«. Mrs Proudie ist eine herrschsüchtige Despotin. Der Erzdiakon ist wohlmeinend, aber ungehobelt und grobschlächtig. Dank der Energie des Autors absolviert die Welt, deren prominenteste Bewohner diese drei sind, ihre tägliche Litanei von Essen, Kinderzeugen und Beten mit einer Gründlichkeit, einem Eifer, die uns kein Schlupfloch zur Flucht lassen. Wir glauben an Barchester, wie wir an die Wirklichkeit unserer eigenen wöchentlichen Rechnungen glauben. Auch wollen wir vor den Konsequenzen unseres Glaubens gar nicht fliehen, denn die Wahrheit der Slopes und der Proudies, die Wahrheit der Abendgesellschaft, auf der Mrs Proudie unter dem Licht von elf Gasflammen das Kleid vom Leib gerissen wird, ist völlig annehmbar.

Auf seinem Höhepunkt ist Trollope ein großer, wenn nicht erstklassiger Romancier, und sein Höhepunkt kam, als er seine Feder hart und schnell auf die Eigentümlichkeiten des Provinzlebens richtete und mit herzhaftem gesunden Menschenverstand die Porträts dieser wohlgenährten, schwarz gewandeten und phantasielosen Männer und Frauen der fünfziger Jahre zeichnete. In seiner Schilderung von ihnen, und seine Schilderung ist deutlich, liegt ein bewundernswerter Scharfsinn gleich dem eines Familienarztes oder -anwalts, der mit den menschlichen Schwächen zu gut vertraut ist, um sie anders als tolerant zu beurteilen, und selbst nicht dagegen gefeit ist, ohne besonderen Grund eine Person wesentlich lieber zu mögen als eine andere. Denn auch, wenn er sein Bestes tut, um streng zu sein, und am strengsten am besten ist, konnte er sich nicht heraushalten, sondern ließ uns wissen, daß er das hübsche Mädchen so heftig liebte und den schmierigen Schwindler so heftig haßte, daß er sich nur durch einen kräftigen Ruck an den Zügeln gerade halten kann. Es ist ein Familienfest, dem er vorsitzt, und der Leser, der im Laufe der Zeit zu einem von Trollopes engsten Vertrauten wird, hat seinen Platz gleich zu seiner rechten Hand. Seine Beziehung zu ihm wird vertraulich.

Dies alles macht natürlich das, was bei Defoe und Maupassant ziemlich einfach war, komplizierter. Dort wurden wir schlicht und unumwunden gebeten zu glauben. Hier werden wir gebeten zu glauben, allerdings durch das Medium von Trollopes Naturell, und so wird eine zweite Beziehung zu Trollope selbst hergestellt, die, auch wenn sie zu unserer Unterhaltung beiträgt, uns gleichzeitig ablenkt. Die Wahrheit ist nicht mehr ganz so wahr. Die klare, kalte Wahrheit, die in *Gulliver's Travels* und *Moll Flanders* und *La Maison Tellier* unverschleiert vor uns zu liegen scheint, wird hier mit entzückender Stickerei geschmückt. Aber nicht von dieser reizvollen Verschönerung durch Trollopes Persönlichkeit rührt die Krankheit her, die sich am Ende für die umfängliche, stoffreiche, wohluntermauerte und glaubwürdige Wahrheit der Barchester-Romane als tödlich erweist. Die Wahrheit, sie mag so unangenehm sein, wie sie will, ist immer interessant. Aber unglücklicherweise sind die Bedingungen der Erzählkunst hart; sie verlangen, daß eine Szene der anderen folgt; daß ein Fest von einem anderen Fest gestützt wird und ein Pfarrhaus von einem anderen; daß alles vom selben Kaliber ist; daß dieselben Werte vorherrschen. Wenn uns erzählt wird, daß das Schloß mit Gas beleuchtet wurde, muß uns auch erzählt werden, daß das Herrenhaus der Petroleumlampe treu blieb. Aber was soll geschehen, wenn der Schriftsteller dabei ist, dem gesamten Gebäude seiner Geschichte eine feste Form zu geben, und merkt, daß ihm die Fakten ausgehen oder seine Erfindungskraft ermattet? Muß er dann fortfahren? Ja, denn die Geschichte muß zu Ende gebracht werden: die Intrige aufgedeckt, die Schuldigen bestraft, die Liebenden am Schluß verheiratet. Die Erzählung verkommt daher gelegentlich zur Chronik. Die Wahrheit verkümmert zu einer dünnblütigen Auflistung. Besser wäre es, fühlen wir, eine Lücke zu lassen oder sogar unseren Sinn für das Wahrscheinliche zu verletzen, als die Ritzen mit diesem Behelfsstoff zu stopfen; die falsche Seite der Wahrheit ist ein abgetragenes, mattes Gewebe, nicht mit den Wassern der Phantasie getränkt, und versengt. Aber der Roman hat seine Befehle ausgegeben; ich bestehe, sagt er, aus zweiunddreißig Kapiteln; und wer bin ich, meinen wir den klugen und demütigen Trollope mit seiner üblichen Einsichtigkeit fragen zu hören, daß ich hingehe und dem Roman nicht gehorche? Und mannhaft versorgt er uns mit Notbehelfen.

Wenn wir nun zusammenrechnen, was wir von den Erzählern der Wahrheit erhalten haben, stellen wir fest, daß es eine Welt ist, in der unsere Aufmerksamkeit immer auf Dinge gelenkt wird, die man sehen, anfassen und schmecken kann, so daß wir ein intensives Gefühl von der Wirklichkeit unserer eigenen physischen Existenz bekommen. Haben die Erzähler der Wahrheit erst einmal unseren Glauben gewonnen, legen sie es sofort darauf an, dessen Festigkeit, bevor er zur Last wird, durch Handlung zu brechen. Ereignisse geschehen; der Zufall macht die schlichte Geschichte komplizierter. Aber ihre Begebenheiten stehen alle in Einklang miteinander, und sie achten äußerst sorgfältig darauf, ihnen nicht die Glaubhaftigkeit zu nehmen oder den Schwerpunkt irgend zu verlagern, indem sie andere Charaktere einbringen als solche Menschen, die von Natur aus in einem aktiven und abenteuerlichen Leben zu vollem Ausdruck gelangen. Stets halten sie die drei großen Kräfte, die in der Romanliteratur herrschen – Gott, Natur und Mensch –, in stabilem Gleichgewicht, so daß wir eine Welt in der richtigen Perspektive sehen; in der zudem die Dinge nicht nur hier im Augenblick direkt vor uns Gültigkeit haben, sondern auch dort, hinter diesem Baum oder unter jenen unbekannten Menschen weit weg im Schatten hinter jenen Bergen. Gleichzeitig enthält das Erzählen der Wahrheit Unangenehmes. Sein Stachel und seine Schneide sind Teil der Wahrheit. Wir können nicht leugnen, daß Swift, Defoe und Maupassant uns davon überzeugen, daß sie alle in ihrer Häßlichkeit größere Tiefe erreichen als Trollope in seiner Gefälligkeit. Aus diesem Grund kommt das Erzählen der Wahrheit leicht ein wenig vom Wege ab und wird satirisch. Es geht neben der Tatsache her und äfft sie nach, wie ein Schatten, der nur ein wenig buckliger und eckiger ist als der Gegenstand, der ihn wirft. Doch in seiner vollkommenen Form, wenn wir absolut glauben können, gewährt es uns vollständige Befriedigung. Dann können wir sagen, auch wenn es andere Formen geben mag, die besser oder hochfliegender sind, es gibt keine, die es überflüssig macht, keine, die es ersetzt. Aber das Erzählen der Wahrheit trägt in der Brust eine Schwäche, die in den Werken der unbedeutenderen Schriftsteller zutage tritt oder auch bei den Meistern selbst, wenn sie erschöpft sind. Das Erzählen der Wahrheit hat die Neigung, zum mechanischen Aufzeichnen von Fakten zu verkommen, zu der Wiederholung der Feststellung, daß es der Mittwoch war, an dem der Pfarrer die Betstunde bei seiner Mutter abhielt, die oft von Mrs Brown und Miss Dobson in ihrem Pony-Wägelchen besucht wurde, eine Feststellung, die, wie der Leser rasch bemerkt, außer dem ehrbaren Äußeren nichts an Wahrheit enthält.

Schließlich, wenn wir die mechanische Faktenaufzeichnung, den Mangel an Metaphern, die Schlichtheit der Sprache und die Tatsache, daß wir am meisten glauben, wenn die Wahrheit für uns am schmerzlichsten ist, in Betracht ziehen, mutet es nicht weiter seltsam an, daß wir spüren, wie ein anderes Verlangen spontan in uns aufwallt und sich einen Weg bahnt in die Risse und Spalten, die die großen Denkmäler der Erzähler der Wahrheit unvermeidlich auf ihren soliden Sockeln an sich tragen. Ein Verlangen nach Ferne, nach Musik, nach Schatten, nach Raum ergreift von uns Besitz. Der Müllmann hat seine zerbrochene Flasche aufgehoben; er hat die Straße überquert; er beginnt, dort drüben in der Abenddämmerung an Festigkeit und Deutlichkeit zu verlieren.

Die Romantiker

»Es war ein Novembermorgen, und die Klippen hoch über dem Ozean waren von dichtem schweren Nebel verhangen, als das Portal des sinistren und halb zerfallenen Kastells, in dem Lord Ravenswood die letzten sorgenvollen Jahre seines Lebens verbracht hatte, sich auftat, so daß man seinen sterblichen Überresten das letzte Geleit geben konnte zu einer noch desolateren und einsameren Stätte.«[9]

Kein Wechsel könnte vollständiger sein. Der Müllmann ist zum Lord geworden; die Gegenwart zur Vergangenheit; altvertraute angelsächsische Sprache lateinisch und vielsilbig; statt der Töpfe und Pfannen, der Gasflammen und behaglichen Kutschen haben wir ein halb zerfallenes Kastell und Klippen, den Ozean und November, in dichtem Nebel. Diese Vergangenheit und diese Ruine, dieser Lord und dieser Herbst, dieser Ozean und diese Klippen sind für uns so erquickend wie der Wechsel von einem geschlossenen Zimmer und Stimmen zur Nacht und der frischen Luft. Die sonderbare Weichheit und Ferne der *Bride of Lammermoor*, die Atmosphäre von rostbraunem Moorland und gischtenden Wellen, die Dunkelheit und die Weite scheinen sich tatsächlich jener anderen, wahrheitsgetreueren Szene, die wir noch vor Augen haben, hinzuzufügen und sie zu vervollständigen. Nach jenem Sturm dieser Friede, nach jenem grellen Licht diese Kühle. Die Erzähler der Wahrheit brachten, wie es scheint, der Natur sehr wenig Liebe entgegen. Sie benutzten die Natur fast ausschließlich als Hindernis, das es zu überwinden galt, oder als Hintergrund, der abrundete, nicht, damit sie ästhetischen Anlaß zu Betrachtungen gäbe oder irgendeine Rolle im Leben und Treiben ihrer Charaktere spielte. Deren natürlicher Aufenthaltsort war denn doch die Stadt. Aber wir wollen sie in wesentlicheren Dingen miteinander vergleichen: in ihrem Umgang mit Menschen. Ein Mädchen kommt leichtfüßig auf uns zu, am Arm des Vaters eingehängt:

»... Lucy Ashtons erlesen schöne, noch ein wenig mädchenhafte Züge waren geformt, um Seelenruhe, Heiterkeit und Gleichmut gegenüber dem Flitter weltlicher Vergnügungen auszudrücken. Ihre Locken aus dunklem Gold teilten sich über einer Stirn von makellosem Weiß, gleich dem Schimmer des letzten schwachen Sonnenlichts auf einem schneeigen Berg. Der Gesichtsausdruck war über die Maßen gütig, sanft, schüchtern und weiblich und schien den zufälligsten Blick eines Fremden eher zu meiden als seine Bewunderung zu suchen.«[10]

Niemand könnte Moll Flanders oder Mrs Proudie weniger ähneln. Lucy Ashton ist unfähig, zu handeln oder sich zu beherrschen. Der Stier rennt auf sie zu, und sie sinkt zu Boden; der Donner kracht, und sie fällt in Ohnmacht. Sie stammelt in den ärmlichsten Redeweisen der Förmlichkeit und Höflichkeit: »O, wenn Ihr ein Mann seid, wenn Ihr ein Edelmann seid, so helft mir, meinen Vater zu finden.« Man könnte sagen, daß sie keinen Charakter hat, nur die traditionellen Eigenschaften; zu ihrem Vater ist sie töchterlich; zu ihrem Geliebten bescheiden; zu den Armen mildtätig.

Im Vergleich zu Moll Flanders ist sie eine Puppe mit Sägemehl in den Adern und Wachs in den Wangen. Doch wir haben uns in das Buch eingelesen und gewöhnen uns an seine Proportionen. Wir erkennen schließlich, daß etwas Individuelleres oder Exzentrisches oder Markantes einen Schwerpunkt schaffen würde, wo wir keinen brauchen. Dieser hauchdünne Schemen schwebt über der Landschaft und ist ein Teil von ihr. Sie und Edgar Ravenswood werden gebraucht, um mit ihren bloßen Gestalten diese romantische Welt zu tragen, sie zu verbinden mit jenem Thema der unglücklichen Liebe, das nötig ist, um den Rest zusammenzuhalten. Aber die Welt, die sie tragen, hat ihre eigenen Gesetze. Sie läßt nicht weniger weg und schließt nicht weniger kategorisch aus als die andere. Einerseits haben wir Gefühle von größter Heftigkeit – Liebe, Haß, Eifersucht, Reue; andererseits äußerste Derbheit und Einfalt. Die Rhetorik der Ashtons und Ravenswoods wird von den Späßen der Bauern und dem Gegickel der Dörflerinnen vervollständigt. Der wahre Romantiker kann uns von der Erde in den Himmel tragen; und als großer Meister romantischer Romanliteratur, der Sir Walter Scott zweifellos ist, kostet er seine Freiheit voll aus. Gleichzeitig widersetzen wir uns dieser Melancholie, die er heraufbeschworen hat wie in der *Bride of Lammermoor*. Wir lachen über uns selbst, weil wir uns von einer so absurden Maschinerie derart haben rühren lassen. Bevor wir jedoch diese Schwäche der Romantik selbst anlasten, müssen wir darüber nachdenken, ob es nicht etwa Scotts Schuld ist. Dieser denkfaule Mann war, wenn ihn die Trägheit überkam, durchaus dazu fähig, ein oder zwei Kapitel flüssig und konventionell aus einem Vorrat leerer journalistischer Phrasen zu füllen, die trotz all des ihnen eigenen Charmes die nachlassende Aufmerksamkeit noch weiter ermüden.

Nachlässigkeit ist Robert Louis Stevenson[11] nie zur Last gelegt worden. Er war sorgfältig bis zum Übermaß – ein Mann, der aufs Seltsamste die Psyche eines Jungen mit der extremen Feinsinnigkeit eines Künstlers vereinte. Dennoch gehorchte er nicht weniger bedingungslos als Walter Scott den Gesetzen der Romantik. Er verlegt seine Szene in die Vergangenheit; er stürzt seine Charaktere ständig mit gezücktem Degen in ein verwegenes Abenteuer; er krönt seine Tragödie mit biderbem Humor. Und ohne jeden Zweifel kamen ihm sein Gewissen und seine Ernsthaftigkeit als Schriftsteller gut zustatten. Man nehme eine beliebige Seite aus *The Master of Ballantrae*, und sie zeigt noch keine Spuren von Verschleiß; das Gewebe der *Bride of Lammermoor* dagegen ist voller Löcher und Flicken; es ist hingeschluderter Pfusch, hastig zusammengeschustert. Hier bei Stevenson wird die Romantik ernst genommen und mit allen Vorzügen der höchst verfeinerten literarischen Kunst ausgestattet, mit dem Ergebnis, daß wir nie auf den Gedanken kommen, was für eine absurde Situation das ist, oder befürchten müssen, keine Rührung mehr übrig zu haben, um den Anforderungen zu begegnen, die an uns gestellt werden. Wir erhalten im Gegenteil eine feste, glaubwürdige Geschichte, die uns nie auch nur einen Augenblick lang im Stich läßt, sondern durch jede Einzelheit belegt, erhärtet und bewiesen wird. Mit welcher Genauigkeit und Raffinesse wird uns eine Szene vor Augen geführt, als wäre die Feder ein Messer, das die Umhüllung wegschnitt bis auf den bloßen Kern!

»Es war, wie er sagte: kein Hauch regte sich; ein starres Gerüst aus Frost hielt die Luft gefangen; und als wir im Kerzenlicht voranschritten, war die Dunkelheit wie ein Dach über unseren Köpfen.«[12] Oder dann: »Den ganzen 27. hindurch hielt dieses strenge Wetter an; eine lähmende Kälte; die Leute gingen umher wie rauchende Schornsteine; am großen Kamin im Saal stapelte sich hoch das Brennholz; einige der Zugvögel, die schon weit nach Norden bis in unsere Gegend geraten waren, belagerten die Fenster des Hauses oder hüpften über den gefrorenen Rasen wie närrisch.«[13]

»Ein starres Gerüst aus Frost … die Leute gingen umher wie rauchende Schornsteine« – man wird die *Waverley Novels* vergebens nach solch dichter Ausdrucksweise absuchen. Einzeln betrachtet sind diese Beschreibungen hinreißend und brillant. Der Fehler liegt anderswo, im Ganzen, von dem sie ein Teil sind. Denn in jenen kritischen Minuten, die über das Schicksal eines Buches entscheiden, wenn es zu Ende ist und das Buch vollständig vor uns schwebt und sich betrachten läßt, scheint etwas zu fehlen. Vielleicht liegt es daran, daß die Einzelheit zu stark hervorsticht. Unsere Gedanken werden gefesselt von dieser schönen Beschreibung, von jener merkwürdigen Genauigkeit der Formulierung; aber dem Rhythmus und dem Schwung des Gefühls, welche die Geschichte in uns ausgelöst hat, wird die Befriedigung verweigert. Wir werden festgehalten, während wir frei schwingen sollten. Unsere Aufmerksamkeit wird auf eine seidene Schleife oder die Feinheit von Maßwerk gelenkt, während uns eigentlich nur nach einer schlichten Gestalt unter freiem Himmel verlangt.

Scott verletzt unseren Geschmack auf tausenderlei Art. Aber die Krise, also der Wendepunkt, auf den die Betonung fällt und das Buch darunter formt, sie stimmt. Er mag noch so bequem und nachlässig sein, im kritischen Augenblick jedoch reißt er sich zusammen und schlägt den einen Schlag, der not tut, den Schlag, der dem Buch in der Erinnerung seine Lebendigkeit gibt. Lucy plappert wirr und sitzt da, »hingeduckt wie ein Hase auf seiner Sasse«. »Na, habt's euern wonnigen Bräutigam fortgeschafft?«,[14] sagt sie und verfällt von der gezierten Sprechweise der feinen Dame in die Mundart. Ravenswood versinkt im Treibsand. »Ein einziges Überbleibsel zeugte von seinem Schicksal. Eine große schwarze Feder hatte sich von seinem Hut gelöst, und die auflaufenden Wellen der steigenden Flut spülten sie vor Calebs Füße. Der alte Mann hob sie auf, trocknete sie und barg sie an seinem Busen.«[15] An beiden Stellen ruht die Hand des Schriftstellers auf dem Buch, und geformt geht es darunter hervor. In *The Master of Ballantrae* jedoch, auch wenn jede Einzelheit stimmt und gestaltet ist, um für sich unsere höchste Bewunderung hervorzurufen, gibt es keinen solchen abschließenden Höhepunkt. Was dazu hätte beitragen sollen, scheint sich im nachhinein davon abzusondern. Wir erinnern uns an die Einzelheit, aber nicht an das Ganze. Lord Durisdeer und der Master sterben zusammen, aber wir nehmen kaum davon Notiz. Unsere Aufmerksamkeit ist anderswo vertändelt worden.

Allem Anschein nach ist der romantische Geist recht streng; wenn er sieht, wie ein Mann im Laternenlicht die Straße überquert und sich dann im Abenddunkel verliert, diktiert er sofort, wie der Schriftsteller fortzufahren habe. Wir wollen, wird er sagen, nicht viel über ihn wissen. Wir verlangen, daß er unserer Fähigkeit zu Edelmut und Verwegenheit Ausdruck gibt; daß er an wilden Orten weilt und die Extreme des Schicksals erduldet; daß er mit Jugend und Vornehmheit begabt ist und verbunden mit Mooren, Wind und wilden Vögeln. Er muß überdies ein Liebender sein, nicht auf kleinliche, introspektive Art, sondern in großem Stil und im Umriß. Seine Gefühle müssen Teil der Landschaft sein; die matten Braun- und Blautöne ferner Wälder und Stoppelfelder sollen in ihnen vorkommen; ein Turm vielleicht und eine Burg, wo das Löwenmaul blüht. Vor allem fordert der romantische Geist hier eine Krise und dort eine Krise, in der sich die Welle, die in der Brust angeschwollen ist, bricht. Solche Gefühle bedient Scott vollständiger als Stevenson, obwohl mit genügend Einschränkungen, die uns Anlaß geben, die Frage nach der Romantik und ihren Möglichkeiten und ihren Grenzen noch ein wenig weiter zu verfolgen. Vielleicht mag es hier interessant sein, *The Mysteries of Udolpho*[16] zu lesen.

The Mysteries of Udolpho sind so oft als Inbegriff des absurden Schauerromans verlacht worden, daß es schwerfällt, mit frischem Blick an das Buch heranzugehen. Wir nehmen es zur Hand und erwarten, uns lustig zu machen. Dann, wenn wir Schönheit finden, wie wir es tatsächlich tun, fallen wir ins andere Extrem und geraten ins Schwärmen. Aber beide sind da, die Schönheit und die Absurdität der Romanze, und das Buch ist ein guter Prüfstein der romantischen Haltung, da Mrs Radcliffe die Freiheiten der Romanze bis ins Äußerste vorantreibt. Wo Scott einhundert Jahre zurückgeht, um die Wirkung von Ferne zu erzielen, geht Mrs Radcliffe dreihundert Jahre zurück. Mit einem Schlag entledigt sie sich vielerlei Unannehmlichkeiten und genießt ihre Freiheit in vollen Zügen.

Als Romanautorin ist es ihr Wunsch, die Schauplätze zu beschreiben, und da liegt ihre große Begabung. Wie jeder wahre Schriftsteller bahnt sie sich ihren Weg an jedem Hindernis vorbei zu ihrem Ziel. Sie bringt uns in eine endlose, leere und luftige Welt. Einige Damen und Herren, die in Denkungsart, Umgangsformen und Redeweise reines achtzehntes Jahrhundert sind, ergehen sich in weiten Ebenen, lauschen den Liebesgesängen der Nachtigallen in mitternächtlichen Wäldern; sehen die Sonne in der Lagune von Venedig versinken; schauen von den Türmchen eines italienischen Kastells zu, wie die fernen Alpen sich rosa und blau färben. Diese Menschen sind, falls von vornehmer Herkunft, vom selben Geblüt wie Scotts höhere Stände; dünne und formelle Silhouetten, denen dieselbe merkwürdige Kraft zu eigen ist, selbst unbedeutend und fade zu sein, sich aber harmonisch ins Ganze einzufügen.

Wieder spüren wir die Macht, die der Romantiker erlangt, indem er Tatsachen undeutlich macht. Mit abnehmendem Licht schwindet die Festigkeit des Vordergrundes, andere Gestalten werden sichtbar, und andere Sinne werden geweckt. Die Gefahr und die Dunkelheit unserer Existenz werden uns bewußt; die behagliche Wirklichkeit hat sich ebenfalls als ein Phantom erwiesen. Außerhalb unseres kleinen geschützten Raums hören wir den Wind toben und die Wellen brechen. In dieser Stimmung sind unsere Sinne angespannt und empfänglich. Geräusche sind zu vernehmen, die wir normalerweise nicht hören würden. Vorhänge rascheln. Etwas im Halbdunkel scheint sich zu bewegen. Ist es etwas Lebendiges? Und was ist es? Und was sucht es hier? Mrs Radcliffe gelingt es, uns das alles empfinden zu lassen, weitgehend, weil sie fähig ist, uns die Landschaft vor Augen zu führen und so eine schwebende Stimmung hervorzurufen, die dem Romantischen zuträglich ist; aber bei ihr tritt deutlicher als bei Scott oder Stevenson die Absurdität zutage, das Räderwerk der Maschine wird sichtbar und sein Rasseln hörbar. Sie läßt uns deutlicher als die beiden anderen erkennen, welche Anforderungen die Romantiker an uns stellen.

Scott und Stevenson, beide mit dem echten Instinkt der Einbildungskraft begabt, führten die bäurische Komödie und den breiten schottischen Dialekt ein. Denn in jene Richtung, wie sie richtig erahnten, wird sich der Geist ausstrecken, wenn er sich entspannt. Mrs Radcliffe hingegen findet, nachdem sie den Gipfel ihres Berges erklommen hat, keine Möglichkeit, herunterzukommen. Sie versucht, uns mit komischen Wortwechseln zu trösten, die sie natürlich Annette und Ludovico in den Mund legt, den Dienstboten. Aber der Höhenunterschied ist zu groß für ihre beschränkte und damenhafte Denkungsart, und sie flickt ihre Höhepunkte und ihre schöne Atmosphäre mit einem schwachen Abglanz des Romantischen zusammen, der langweiliger ist als alle unanständigen Witze. Mysteriöses mehrt sich. Mordopfer häufen sich; aber sie ist unfähig, damit unsere Gefühle anzusprechen, mit dem Resultat, daß die Leichen unglaubhaft umherliegen; und daher lächerlich. Der Schleier wird weggezogen; hier ist die verborgene Gestalt; da das verwesende Gesicht; dort das wimmelnde Gewürm – und wir lachen.

Sobald die Kraft sinkt, die in einem Buch lebt, leidet das ganze Gewebe des Buches, seine Sätze, deren Länge und Form, seine Modulationen, seine Manierismen, all das, was es stolz und natürlich unter dem Impuls eines echten Gefühls zur Schau trug, es wird schal, gequält, unappetitlich. Mrs Radcliffe gleitet matt in die ausgeblichene Manier von Scott und spult Seite um Seite in einem Stil herunter, den dieses Beispiel illustrieren mag:

> Emily, die stets getrachtet hatte, ihr Betragen nach den sittsamsten Regeln auszurichten, und deren Gemüt äußerst empfänglich war, nicht nur für den geziemenden Anstand, sondern auch für alles Liebliche im weiblichen Charakter, war von diesen Worten schockiert.[17]

Und so gleitet es dahin, und so versinken und ertrinken wir in der fahlen Flut. Trotzdem besteht Udolpho diese Probe: Es gibt uns ein Gefühl, das sowohl distinkt als auch einzigartig ist, gleichgültig, wie hoch oder wie tief wir dieses Gefühl einschätzen.

Wenn wir jetzt sehen, wo die Gefahr der Romantik liegt: wie schwer sich die Stimmung durchhalten läßt; wie sehr sie den Kontrast der Komödie braucht; wie gerade der große Abstand zu üblicher menschlicher Erfahrung und die Absonderlichkeit ihrer Bestandteile lächerlich werden – wenn wir diese Dinge sehen, dann sehen wir auch, daß diese Gefühle an sich Juwelen von unschätzbarem Wert sind. Der romantische Roman verwirklicht für uns ein Gefühl, das tief und echt ist. Scott, Stevenson, Mrs Radcliffe, alle auf ihre verschiedene Weise, enthüllen eine andere Gegend im Reich des Romans; und es ist nicht der geringste Beweis ihrer Kraft, daß sie in uns ein starkes Verlangen nach etwas anderem wecken.[18]

Die Charakterkrämer und Komödianten

Die Romane, die uns in der Phantasie leben lassen, physisch ebenso wie geistig, rufen in uns die körperlichen Empfindungen von Hitze und Kälte, Lärm und Stille hervor, vielleicht ein Grund, warum wir uns nach Veränderung sehnen und warum unsere Reaktionen auf sie zu verschiedenen Zeiten so stark schwanken. Nur darf die Veränderung natürlich nicht gewaltsam sein. Eher ist es so, daß wir eine neue Szene brauchen; eine Rückkehr zu menschlichen Gesichtern; ein Gefühl von Mauern und Städten um uns mit ihren Lichtern und ihren Charakteren, nach der Stille der windgepeitschten Heide.

Nach der Lektüre der romantischen Romane von Scott und Stevenson und Mrs Radcliffe scheinen unsere Augen überanstrengt, ihre Sicht ein wenig verschwommen, als hätten sie in die Ferne gestarrt und als wäre es eine Erleichterung, zur Abwechslung in ein stark gezeichnetes menschliches Gesicht zu blicken, Persönlichkeiten zu begegnen, die über außergewöhnliche Kraft verfügen und deren Charakter zu unserer romantischen Stimmung paßt. Solche Figuren sind natürlich am leichtesten bei Dickens zu finden und besonders in *Bleak House*, über das Dickens sagte: »… ich habe absichtlich die romantische Seite vertrauter Dinge hervorgekehrt.«[19] Dort sind sie besonders trefflich zu finden – denn während die Charaktere uns durch ihre Exzentrizität und Vitalität zufriedenstellen, sind London und die Landschaft des Familiensitzes der Dedlocks in Chesney Wold in der Stimmung des Moores gehalten, nur gespenstischer beleuchtet und schärfer in Hell oder Dunkel getaucht, weil Dickens über eine so wundersame Charakterschaffenskraft verfügt, daß sogar die Häuser und Straßen und Felder ganz im Einklang mit den Menschen gestaltet sind. Die Charakterschaffenskraft ist in der Tat so wundersam, daß sie kaum nötig hat, sich mit Betrachtungen abzugeben, und ein großer Teil des Vergnügens an Dickens liegt in dem Empfinden, das wir haben, mit Menschen zu lustwandeln, die zwei- oder zehnmal so groß sind, wie es ihrer natürlichen Kleinheit entspräche, und die gerade genug Ähnlichkeit mit menschlichen Wesen aufweisen, daß wir ihre Gefühle in groben Zügen nicht mit unseren eigenen in Verbindung bringen, sondern mit jenen von seltsamen Gestalten, die flüchtig durch die halboffenen Türen von Wirtshäusern zu sehen sind, die auf Kais herumlungern oder sich geheimnisvoll kleine Gassen hinunterstehlen, wie sie in der Gegend von Holborn und den Gerichtsgebäuden zu finden sind. Wir begeben uns sofort in die Geisteshaltung der Übertreibung.

Wer ist im Laufe eines langen Lebens Mr Chadband begegnet oder Mr Turveydrop oder Miss Elite?[20] Wer ist irgend jemandem begegnet, der, ganz gleichgültig, an welchem Tag sich dazu Anlaß bietet, zuverlässig denselben Satz sagen, dieselbe Handlung wiederholen wird? Diese ständige Wiederholung hat natürlich eine ungeheure Kraft, um die Charaktere zu verdeutlichen, sie zu festigen. Mr Vholes mit seinen drei lieben Mädchen zu Hause und seinem hilfsbedürftigen Vater im Tal von Taunton, Mrs Jellyby und die Eingeborenen von Borrioboola-Gha, Mr Turveydrop und seine guten Manieren, alle dienen als Fixpunkte im Fluß und Durcheinander der Erzählung; sie haben eine schmückende Wirkung, als wären sie Wasserspeier, gemeißelt, reglos, an der Ecke eines Bauwerks. Wohin wir auch gewandert sein mögen, wenn wir zurückkommen, werden wir sie wiederfinden. Sie sind Wegweiser auf den außerordentlich gewundenen Pfaden der Handlung, in deren Wirrwarr wir oft bis zum Hals stecken. Denn es ist unmöglich, sich vorzustellen, daß die Jellybys und die Turveydrops je von menschlichen Gefühlen ergriffen werden, oder daß ihr üblicher Tagesablauf von den erstaunlichen Ereignissen gestört wird, die aus so vielen Richtungen gleichzeitig durch die Seiten dieses Buches wehen. So besitzen sie eine Stärke, eine Erhabenheit, die den geringeren, weniger ausgefallenen Charakteren abgeht.

Ist letztlich nicht das Leben selbst mit seinen Zufällen und seinen Verwicklungen erstaunlich kurios? »Welche Verbindung«, ruft Dickens selbst aus, »kann es zwischen vielen Menschen in den unzähligen Geschichten dieser Welt gegeben haben, die von gegenüberliegenden Seiten tiefer Abgründe dennoch aufs Seltsamste zusammengebracht wurden!«[21] Einer nach dem anderen treten seine Charaktere hervor, ins Leben gerufen von einem Auge, das nur einen Blick in ein Zimmer zu werfen braucht, um jedes Objekt darin, menschlich oder unbelebt, zu erfassen; von einem Auge, das ein für allemal sieht; das sich die stählernen Lockenwickler einer Frau, ein rotgerändertes Augenpaar, eine weiße Narbe schnappt und sie irgendwie dazu bringt, das Wesentliche eines Charakters zu enthüllen; ein Auge, gierig, ruhelos, unersättlich, das mehr erschafft, als es brauchen kann. Dadurch ist der vorherrschende Eindruck einer von Bewegung, von dem endlosen Hin und Her des Lebens um ein oder zwei Fixpunkte herum.

Oft hören wir auf, uns um den Fortgang der Handlung zu sorgen, und begeben uns auf seltsame Abwege, angeregt in dieser weiten und beweglichen Welt von einer belanglosen Geste, einem Wort, einem Blick. »Immer noch, sehr ruhig und unbeirrt darauf zugehend, auch sie eine friedliche Gestalt in der Landschaft, schritt Mademoiselle Hortense unbeschuht durch das nasse Gras.«[22] Sie geht, und sie hinterläßt einen seltsamen Strudel des Gefühls. Oder dann wieder wird in den nebligen Armenvierteln von London eine Tür aufgerissen; da ist der Freund von Mr Tulkinghorn, der nur ein einziges Mal auftritt – »... ein Mann vom gleichen Schlag und ebenfalls Advokat, der das gleiche Leben führte, bis er fünfundsiebzig Jahre alt war, und dann, plötzlich (so wird vermutet) von dem Gedanken überkommen, es sei zu gleichförmig, eines Sommerabends seine goldene Uhr an seinen Friseur verschenkte und gemächlich nach Hause in den Temple ging und sich erhängte.«[23]

Dieses Empfinden, daß die Bedeutung weitergeht, nachdem die Worte ausgesprochen worden sind, daß Türen aufgehen und uns den Blick freigeben, ist voller Romantik. Aber Romantik wird uns bei Dickens durch Charaktere nahegebracht, durch extreme Typen von Menschen, nicht durch Burgen oder Banner, nicht durch die Gewaltsamkeit von Handlung, Abenteuer oder Natur. Gesichter, finstere, grinsende, bösartige, gutartige werden uns aus jeder Ecke entgegengestreckt. Alles ist ungemildert und extrem.

Aber schließlich begegnen wir unter all diesen Charakteren, die so statisch und so extrem sind, einem – Inspektor Bucket, dem Detektiv –, der nicht wie die anderen aus einem Stück ist, sondern aus Gegensätzen und Widersprüchen besteht. Die romantische Kraft des aus einem Stück bestehenden Charakters ist fort. Denn der Charakter ist nicht mehr starr und Teil des Konzepts; er ist selbst von Interesse. Seine Bewegungen und Wandlungen zwingen uns, ihn zu beobachten. Wir versuchen diesen vielschichtigen Mann zu verstehen, der sich die Haare, die dünn sind, mit einer nassen Bürste gekämmt hat; der seine pompöse, offizielle Seite hat, jedoch damit, wie wir sehen, als die Bombe platzt, Tatkraft, Gewissen und sogar Mitleid verbindet – denn all diese Eigenschaften zeigen sich abwechselnd in der erstaunlich lebhaften Schilderung der Fahrt durch die Nacht und das Unwetter bei der Verfolgung von Esthers Mutter. Wäre wesentlich mehr hinzugefügt worden, so daß Inspektor Bucket mehr von unserer Aufmerksamkeit auf sich zöge und von der Geschichte ablenkte, dann würden wir angesichts seiner neuen Wertmaßstäbe die anderswo benutzten krassen

Gegensätze allmählich zu heftig finden, um sie zu ertragen. Doch Dickens beging keine solche Sünde gegen seine Leser. Er benutzt diese klar umrissene, vielgesichtige Figur, um seine letzten Szenen zu verstärken, läßt dann Inspektor Bucket von der Kriminalpolizei verschwinden, bündelt die losen Enden der Geschichte zu einem üppigen Strauß und macht Schluß. Aber er hat uns neugierig gemacht und zugleich unzufrieden mit den Grenzen und sogar dem Überschwang seines Genies. Die Szene wird zu dehnbar, zu umfangreich, zu wolkig in ihren Umrissen. Gerade ihre Überfülle ermüdet uns, ebenso wie die Unmöglichkeit, alles zusammenzuhalten. Wir verlaufen uns ständig in Seitengassen und Nebenwege, in denen wir uns verirren, bis wir nicht mehr wissen, wohin wir unterwegs waren.

Obwohl das Herz von Dickens vor Empörung über öffentliches Unrecht brannte, mangelte es ihm an Sensibilität für das Private, so daß er scheiterte, wenn er sich an intimen Beziehungen versuchte. Seine bedeutenden Gestalten sind in zu großem Maßstab gehalten, um sich gut zusammenzufügen. Sie verzahnen sich nicht. Sie brauchen Gesellschaft, um sich abzuheben, und Handlung, um ihre Eigenarten zu zeigen. Sie sind oft ohne Verbindung zueinander. Bei Tolstoi, in den Szenen zwischen der Fürstin Marja und ihrem Vater, dem alten Fürsten, läßt der Druck eines Charakters auf den anderen nie nach.[24] Die Spannung wird ständig gehalten, jeder Nerv in den Charakteren ist lebendig. Vielleicht ist aus diesem Grund Tolstoi der größte aller Romanautoren. Bei Dickens sind die Charaktere in sich eindrucksvoll, aber nicht in ihren persönlichen Beziehungen. Wenn sie miteinander reden, sind sie oft äußerst seicht oder unglaublich sentimental. Man stellt sie sich vor als unabhängig, für immer existierend, unveränderlich, wie Monolithe, die zum Himmel emporblicken. So kommt es, daß wir uns allmählich etwas Kleineres, Intensiveres, Komplizierteres wünschen. Dickens selbst hat uns einen Vorgeschmack von dem Vergnügen gegeben, das wir daraus ziehen, neugierig und aufmerksam in einen anderen Charakter hineinzuschauen. Er hat uns dazu angehalten, instinktiv die Größe der Szene zu verringern und der Gestalt eines normalen Menschen anzupassen, und auf der Suche nach dieser Intensivierung, dieser Verringerung finden wir sie vollkommener und vollständiger ausgeführt in den Romanen von Jane Austen.[25]

Sofort, wenn wir *Pride and Prejudice* aufschlagen, merken wir, daß der Satz einen anderen Charakter angenommen hat. Dickens schreitet selbstverständlich schwungvoll so weit und frei wie möglich aus. Aber, im Vergleich zu diesem feinnervigen Stil, wie ungeschlacht und wie ungefüge. Hier gleitet der Satz wie ein Messer, hinein und hinaus, eine klare Form schneidend. Es geschieht in einem Salon. Es geschieht mittels Dialogen. Ein halbes Dutzend Leute kommen nach dem Dinner zusammen und unterhalten sich, wie sie es wohl tun mögen, über das Briefeschreiben. Mr Darcy schreibt langsam und »strebt zu sehr nach Wörtern mit vier Silben«.[26] Mr Bingley andererseits (denn es ist notwendig, daß wir beide kennenlernen, und sie können am schnellsten durch eine Gegenüberstellung gezeigt werden) »läßt die Hälfte seiner Wörter weg und verkleckst den Rest«. Aber dies ist nur der erste grobe Entwurf, der die Umrisse des Gesichts zeichnet. Wir fahren fort, genauer zu bestimmen und zu unterscheiden. Bingley, sagt Darcy, prahlt eigentlich, wenn er sich einen nachlässigen Briefschreiber nennt, denn er hält die Schwäche für interessant. Es war Prahlerei, als er Mrs Bennet sagte, wenn er Netherfield je verlassen sollte, wäre er innerhalb von fünf Minuten verschwunden.[27] Und dieser kleine analysierende Passus von seiten Darcys, außer daß er seinen Scharfsinn und sein kühles, beobachtendes Naturell beweist, bringt Bingley dazu, uns ein lebhaftes Bild von Darcy zu Hause zu entwerfen. »... ich kenne kein gräßlicheres Gesprächsthema als Darcy bei bestimmten Gelegenheiten und in bestimmter Umgebung abgibt; besonders in seinem eigenen Haus und an einem Sonntagabend, wenn er nichts zu tun hat.«[28]

So werden mit Hilfe vollkommen natürlicher Frage und Antwort alle dargestellt und im Laufe des Gesprächs nicht nur deutlicher sichtbar, sondern jeder Dialogbeitrag bringt sie zusammen oder rückt sie auseinander, so daß die Gruppe nicht mehr zufällig beisammen, sondern miteinander verzahnt ist. Das Gespräch ist nicht einfach ein Gespräch; es hat eine emotionale Intensität, die ihm mehr als Glanz verleiht. Licht, Landschaft – alles, was außerhalb des Salons liegt, ist gestaltet, um es zu beleuchten. Entfernungen werden genau angegeben; ebenso die Umstände. Es ist eine Meile bis Meryton; es ist Sonntag und nicht Montag. Wir möchten, daß alle Zweifel und Fragen ausgeräumt sind. Es ist notwendig, daß die Charaktere in einem so klaren und ruhigen Licht wie nur möglich vor uns liegen, da wir auf jedes Flackern und Zucken achtgeben müssen. Nichts geschieht, wie die Dinge so oft bei Dickens geschehen, um seiner eigenen Merkwürdigkeit oder Kuriosität willen, sondern in Beziehung zu etwas anderem. Keine Alleen mit Mutmaßungen tun sich auf, keine Türen werden plötzlich weit aufgerissen; die Seile, die das Gefüge zusammenbinden, werden so, da sie alle im Herzen verankert sind, straff und fest gehalten. Denn um die persönlichen Beziehungen bis zum Äußersten fortzuentwickeln, ist es wichtig, den Bereich des Abstrakten, des Unpersönlichen herauszuhalten; und anzudeuten, daß es irgend etwas gibt, was außerhalb von Männern und Frauen liegt, hieße, den Schatten des Zweifels auf die Komödie ihrer Beziehungen und deren Zulänglichkeit zu werfen. Ja, bei scharfkantigen Sätzen, wo oft ein Wort, gegen den Strom des Satzes gestellt, dazu dient, ihm Flügel zu geben (so: »… und wenn welche der Häusler sich geneigt zeigten, streitsüchtig, unzufrieden oder *zu arm* zu sein …«[29]), sinken wir hinunter in die Tiefen, denn tief sind sie, bei all ihrer Klarheit.

Aber persönliche Beziehungen haben Grenzen, wie Jane Austen einzusehen scheint, indem sie deren Komik betont. Alles, scheint sie zu sagen, hat, wenn wir es entdecken könnten, eine vernünftige Bilanz; und es ist außerordentlich amüsant und interessant mitanzusehen, welche Anstrengungen die Menschen unternehmen, um die vernünftige Ordnung umzustürzen, wo sie doch unweigerlich scheitern. Aber sobald wir, den Mangel an Poesie oder den Mangel an Tragik beklagend, die übliche Feststellung treffen wollen, daß dies eine Welt ist, zu klein, um uns zufriedenzustellen, eine prosaische Welt, eine Welt der Fingerbreite und der Grashalmdicke, werden wir von einem anderen Eindruck aufgehalten, der einen Augenblick weiterer Analyse erfordert. Unter all den Elementen, die beim Lesen von Romanen auf uns einwirken, hat es immer, wenn auch in verschiedenen Maßen, eine Stimme, einen Tonfall oder ein Timbre gegeben, die deutlich zu hören sind, wenn auch hinter den Szenen des Buches. »Trollope, der Romancier, ein großer, polternder, bebrillter, stimmgewaltiger Jägersmann«; Scott, der finanziell ruinierte Landedelmann, dem sogar die Schweine nachliefen, so angenehm war der Klang seiner Stimme – beide kommen uns mit den Gesten von Gastgebern entgegen, heißen uns willkommen, und wir erliegen ihrem Charme oder der Faszination ihres Charakters.

Von Jane Austen können wir das nicht sagen, und ihre Abwesenheit hat die Wirkung, uns in eine Ferne von ihrem Werk zu versetzen und ihm, bei all seinem Funkeln und seiner Lebhaftigkeit, eine gewisse Distanz und Geschlossenheit zu geben. Ihr Genie zwang sie, sich selbst herauszuhalten. Eine Sicht, so wahrheitsgetreu, so klar, so vernünftig, würde keine Ablenkung dulden, nicht einmal, wenn sie von den Ansprüchen der Autorin selbst herrührte, noch würde sie dulden, daß die kurzzeitige Erfahrung einer vergänglichen Frau etwas einfärbt, was von allem Persönlichen unbefleckt bleiben soll. Aus diesem Grunde mögen wir von ihr weniger mitgerissen werden, sind allerdings auch weniger unzufrieden. Es kann gerade die Eigenart eines Autors sein, die uns irgendwann ermüdet. Jane Austen, die so wenig Eigenartiges hat, ermüdet uns nicht, noch weckt sie in uns das Verlangen nach den Autoren, deren Methode und Stil völlig von den ihren abweichen. Statt daß es uns am Ende der letzten Seite danach verlangt, uns auf die Suche nach etwas zu begeben, das ganz anders und ergänzend ist, halten wir, wenn wir *Pride and Prejudice* gelesen haben, inne.

Das Innehalten ist das Ergebnis einer Zufriedenheit, die unseren Geist auf das, was wir gerade gelesen haben, zurücklenkt und nicht vorwärts zu etwas Frischem. Zufriedenheit widersetzt sich von Natur aus der Analyse, denn die Eigenschaft, die uns zufriedenstellt, ist die Summe vieler verschiedener Teile, so daß wir, wenn wir anfangen, *Pride and Prejudice* für die Eigenschaften zu loben, die es ausmachen – seinen Witz, seine Wahrheit, seine tiefe komische Kraft –, es noch nicht für diejenige Eigenschaft loben, die die Summe von all diesen ist. An diesem Punkt, in die Enge getrieben, windet sich der Geist aus dem Dilemma und nimmt Zuflucht zu Bildern. Wir vergleichen *Pride and Prejudice* mit etwas anderem, denn, da Zufriedenheit sich nicht weiter definieren läßt, bleibt dem Geist nichts anderes übrig, als eine Ähnlichkeit mit dem Gegenstand herzustellen und sich der Illusion hinzugeben, daß er ihn durch die Verleihung einer anderen Gestalt erklärt, während er ihn in Wirklichkeit nur von neuem betrachtet. Zu sagen, daß *Pride and Prejudice* wie eine Muschel, ein Juwel, ein Kristall ist, welches Bild wir auch wählen mögen, heißt, ein und denselben Gegenstand in verschiedener Erscheinung zu sehen. Doch vielleicht, wenn wir *Pride and Prejudice* mit etwas Konkretem vergleichen, dann, weil wir dem Empfinden einer Eigenschaft Ausdruck zu geben versuchen, die wir in anderen Romanen nur unvollständig, hier aber in aller Deutlichkeit antreffen, eine Eigenschaft, die nicht in der Handlung zu finden ist, sondern darüber, nicht in den Dingen selbst, sondern in ihrem Arrangement.

Pride and Prejudice, sagt man, hat Form; *Bleak House* nicht. Das Auge (in Romanen immer so aktiv) liefert seine eigene Interpretation der Eindrücke, die der Geist in anderer Form empfangen hat. Dem Geist ist bei *Pride and Prejudice* bewußt gewesen, daß die Dinge bei all ihrer Natürlichkeit mit einer Absicht gesagt werden; ein Gefühl ist einem anderen gegenübergestellt worden; eine Szene ist kurz gewesen, die nächste lang; so daß wir die ganze Zeit über, statt wahllos zu lesen, ohne Kontrolle, nach dem oder jenem greifend, das eine oder andere hervorhebend, ganz nach Lust und Laune, uns einer Lenkung und eines Antriebs bewußt gewesen sind, einer geisterhaften Architektur, errichtet hinter der Lebhaftigkeit und Vielfalt der Szene. Es ist eine so präzise Eigenschaft, daß sie weder in dem, was gesagt wird, noch in dem, was getan wird, zu finden ist; das heißt, sie widersetzt sich der Analyse. Es ist auch eine Eigenschaft, die im Roman keinen leichten Stand hat. Ihr Einfluß ist dort unweigerlich schwach, viel schwächer als in der Poesie oder im Drama, weil der Roman sich so eng an das Leben hält, daß die beiden ständig zusammenstoßen. Daß diese architektonische Eigenschaft auch einem Romanautor zu eigen sein kann, beweist Jane Austen. Und sie beweist auch, daß diese Eigenschaft, weit entfernt davon, das Interesse an den Charakteren abzukühlen oder die Aufmerksamkeit von ihnen abzulenken, sie im Gegenteil darauf zu richten scheint und dem Buch ein weiteres Vergnügen hinzufügt, eine Bedeutung. Sie erweckt den Anschein, daß hier etwas von sich aus Gutes ist, ganz unabhängig von unseren persönlichen Gefühlen.

Nichts Gegensätzliches suchen, sondern neu anfangen – das ist der Impuls, der uns antreibt, nachdem wir *Pride and Prejudice* ausgelesen haben. Wir müssen einen völlig neuen Anfang machen. Persönliche Beziehungen, erinnern wir uns, haben Grenzen. Um ihre Kanten scharf zu halten, ziehen sich das Geheimnisvolle, das Unbekannte, das Zufällige, das Fremde zurück; ihr Einschreiten wäre verwirrend und erschreckend. Die Autorin nimmt ihren Geschöpfen gegenüber eine ironische Haltung ein, weil sie ihnen so viele Abenteuer und Erfahrungen verweigert hat. Eine passende Heirat ist am Ende das Ergebnis von all diesen Bewegungen aufeinander zu oder voneinander weg. Eine Welt, die so oft mit einer passenden Heirat endet, ist keine Welt, um darüber die Hände zu ringen. Im Gegenteil, es ist eine Welt, über die wir sarkastisch sein können; in die wir endlos hineinstarren können, während wir die gezackten Stücke ineinanderfügen. Daher ist es möglich, zu verlangen, nicht, daß ihre Welt verbessert und verändert wird (das verbietet unsere Zufriedenheit), sondern, daß eine andere errichtet wird, deren Verfassung anders sein und andere Beziehungen erlauben wird. Die Figuren werden Beziehungen zu Gott oder zur Natur haben. Sie werden nachdenken. Sie werden sitzen, wie Dorothea Casaubon in *Middlemarch*,[30] und Pläne für die Häuser anderer Leute zeichnen; sie werden wie die Charaktere von Gissing in Einsamkeit leiden; sie werden allein sein. *Pride and Prejudice* dringt wegen seiner eigenen Geschlossenheit nie auch nur für einen Augenblick in andere Bereiche ein und bewirkt dadurch, daß diese klarer abgegrenzt sind.

Nichts könnte größer sein als der Unterschied zwischen *Pride and Prejudice* und *Silas Marner*.[31] Zwischen uns und die Szene, die so nah, so deutlich war, wird jetzt ein Schatten geworfen. Etwas tritt dazwischen. Die Figur des Silas Marner bleibt uns fern. Sie wird in Beziehung zu anderen Menschen gesetzt, und ihr Leben wird mit dem Leben anderer verglichen. Beständig wird dieser Vergleich angestellt und illustriert von jemandem, der nicht in dem Buch figuriert, aber in ihm steckt, jemand, der sich sofort als »ich« zu erkennen gibt, so daß von Anfang an kein Zweifel bestehen kann, daß uns die Beziehungen der Menschen nicht insgesamt geboten werden, sondern das Schauspiel des Lebens, soweit »ich« es uns zeigen kann. »Ich« werde mein Bestes tun, um diese bestimmten Beispiele von Männern und Frauen mit all dem Wissen, all den Überlegungen zu erhellen, die »ich« euch bieten kann.

»Ich«, erkennen wir sofort, hat Zugang zu wesentlich mehr Erfahrungen und Überlegungen, als je im Bereich der Bauersleute gelegen haben können. Sie entdeckt, welche Gefühle ein einfacher Weber beim Verlassen seines Heimatortes hat, indem sie diese Gefühle mit denen anderer Menschen vergleicht. »… Menschen, deren Leben durch Bildung und Wissen vielseitig geworden ist, finden es manchmal schwer, an ihren gewohnten Lebensanschauungen festzuhalten, an ihrem Glauben an das Unsichtbare …«[32] Es ist die Beobachterin, die spricht, und wir treten sofort in Gedankenaustausch mit einem ernsten Geist – und es ist Teil unserer Aufgabe, diesen Geist zu verstehen. Das verdunkelt und verdichtet natürlich die Atmosphäre, denn wir blicken durch so viele Gemütsarten; so viele Streiflichter aus Wissen und Reflexion beeinflussen das, was wir sehen; oft, sogar während wir den Weber beobachten, kreisen unsere Gedanken um ihn, und wir beobachten ihn mit einem Vergnügen, mit Mitleid oder Interesse, wie er es unmöglich selbst empfinden kann.

Raveloe ist nicht einfach ein Städtchen wie Meryton, das es jetzt gibt, mit bestimmten Läden und einem Gemeindesaal; es hat eine Vergangenheit, und daher wird die Gegenwart vergänglich, und wir genießen unter anderem das Gefühl, daß dies eine Welt ist, die der Veränderung und dem Verfall unterliegt, deren Charme teilweise auf der Tatsache beruht, daß sie vergangen ist. Vielleicht vergleichen wir sie in unseren Gedanken mit dem England von heute und die Napoleonischen Kriege mit denen unserer eigenen Zeit. All das, obschon es dazu dient, den Horizont zu erweitern, macht auch das Dorf und die Menschen darin, die vor eine so weite Aussicht gestellt werden, kleiner und ihren Zusammenprall weniger hart. Der Romancier, der glaubt, daß persönliche Beziehungen genug sind, intensiviert sie und spitzt sie zu und widmet seine Kraft ihrer Erkundung. Aber wenn das Ziel des Lebens nicht ist, sich zu begegnen, auseinanderzugehen, zu lieben, zu lachen, wenn wir anderen Kräften ausgeliefert sind, einige davon unbekannt, alle außerhalb unserer Macht, wird die Dringlichkeit dieser Begegnungen und Trennungen verringert und verwischt. Die Kanten des Aufeinandertreffens werden stumpf, und die Komödie tendiert dazu, sich zu einer größeren Sphäre zu erweitern und so in etwas Melancholisches, Tolerantes und vielleicht Resigniertes überzugehen. George Eliot hat sich zu weit von ihren Charakteren entfernt, um sie haarscharf oder haarfein zu analysieren, aber sie hat die Anwendung ihres eigenen Geistes auf eben diese Charaktere gewonnen. Jane Austen ging in den Köpfen ihrer Menschen ein und aus wie das Blut in deren Adern.

George Eliot hat sich den Motor ihres schwerfälligen und mächtigen Geistes zum eigenen Gebrauch vorbehalten. Sie kann ihn, sobald sie genug Stoff dafür geschaffen hat, frei einsetzen. Sie kann jeden Augenblick innehalten, um die Motive des Geistes zu ergründen, der ihn geschaffen hat. Wenn Silas Marner entdeckt, daß sein Gold gestohlen worden ist, nimmt er Zuflucht zu der Art von Schlupfwinkel, die »sich stets darbietet, wenn klares Denken von einer übermächtigen Leidenschaft vernichtet wird: nämlich die Hoffnung auf Unmögliches, der Glaube an einander widersprechende Vorstellungen, der sich vom Wahnsinn noch deutlich unterscheidet, denn er kann durch äußere Tatsachen zerstört werden«.[33] Solche Analyse ist bei Dickens oder bei Jane Austen undenkbar. Aber sie fügt dem Charakter etwas hinzu, was ihm vorher fehlte. Sie gibt uns ein Gefühl, nicht nur, daß die Arbeitsweise des Geistes interessant ist, sondern daß wir zu einem viel wahreren und feineren Verständnis dessen, was da gesagt und getan wird, gelangen, wenn wir es derart betrachten. Wir werden erkennen, daß eine Handlung oft nur in geringer Beziehung zu einem Gefühl steht, und daß daher die Wahrheitserzähler, die sich damit zufrieden geben, genau zu verzeichnen, was gesagt und getan wird, sich oft grotesk täuschen und in ihrer Einschätzung fehlgehen. Es gibt Veränderungen in andere Richtungen. Der Gebrauch von Dialog ist eingeschränkt; denn die Menschen können sehr wenig direkt sagen. Wesentlich mehr kann für sie oder über sie vom Autor selbst gesagt werden. Der Geist des Autors also, sein Wissen, sein Können, nicht nur die Farbe seines Naturells, werden Mittel, die Veranlagung des Charakters ans Licht zu bringen und ihn auch mit anderen Zeiten und Orten in Beziehung zu setzen. So wird ein darunterliegender Geisteszustand aufgedeckt, der oft der Handlung und der Rede zuwiderläuft.

In diese Richtung lenkt George Eliot ihre Charaktere und ihre Szenen. Schatten sprenkeln sie. Die verschiedensten Einflüsse der Geschichte oder der Zeit oder der Reflexion wirken auf sie ein. Wenn wir unsere eigenen schwierigen und gemischten Gefühle während des Lesens befragen, wird deutlich, daß wir uns rasch aus dem Bezirk der reinen Charakterkrämerei, der Komödie entfernen in ein weitaus ungewisseres Reich.

Wirklich, wir haben das sonderbare Gefühl, all diese Welten verlassen zu haben, wenn wir *What Maisie Knew*[34] aufschlagen; ohne Rückhalt zu sein, der, auch wenn er uns bei Dickens und George Eliot hemmte, uns aufrecht hielt und leitete. Der Gesichtssinn, der bislang so aktiv war, beständig Felder und Bauernhäuser und Gesichter entwerfend, scheint jetzt zu versagen oder seine Fähigkeiten einzusetzen, um eher die Innenwelt des Geistes zu erhellen als die Außenwelt. Henry James muß ein Äquivalent für die Prozesse des Geistes finden, um eine Geistesverfassung konkret zu machen. Er sagt, Maisie war »ein geeignetes Gefäß für Verbitterung, ein tiefes kleines Porzellantäßchen, in dem beißende Säuren gemischt werden könnten«. Er benutzt ständig diese intellektuelle Metaphorik. Die üblichen Stützen, die Träger und Streben der Konventionen, vom Autor geschildert oder beobachtet, sind fort. Alles scheint ohne Vermittlung zu sein, der Diskussion und dem Licht ausgesetzt, obwohl auf keinen sichtbaren Stützen ruhend. Die Gemüter, aus denen diese Welt zusammengesetzt ist, scheinen sonderbar frei vom Druck der alten Beschwernisse zu sein und über der Last der Umstände zu stehen.

Krisen können nicht von einem der alten Kunstgriffe ausgelöst werden, die Dickens und George Eliot benutzten. Morde, Vergewaltigungen, Verführungen, plötzliche Tode haben keine Macht über diese hohe, distanzierte Welt. Hier sind die Menschen nur der Spielball subtiler Einflüsse: von Gedanken, die Menschen über einander denken, aber kaum aussprechen; von Urteilen, die Menschen mit genügend Muße, da ihre Zeit von nichts beansprucht wird, ersinnen und anwenden. Infolgedessen scheinen diese Charaktere sich in einem Vakuum aufzuhalten, in großer Ferne von den gegenständlichen und schwerfälligen Welten von Dickens und George Eliot oder von dem engmaschigen Netz der Konventionen, das der Welt von Jane Austen zu eigen ist. Sie leben in einem Kokon, gesponnen aus den feinsten Bedeutungsschattierungen, die eine Gesellschaft mit genügend Zeit, da sie sich überhaupt nicht damit abgeben muß, ihren Unterhalt zu verdienen, um sich spinnen kann. Daher wird uns sofort bewußt, daß wir Fähigkeiten benutzen, die bislang brachlagen, Findigkeit und Geschicklichkeit, eine geistige Beweglichkeit und Gewandtheit, wie sie dazu dienen, ein Rätsel einfallsreich zu lösen; unser Vergnügen wird aufgespalten, verfeinert, seine Substanz unendlich aufgeteilt, statt daß es uns in einem Stück vorgesetzt wird.

Maisie, das kleine Mädchen, das der Zankapfel zwischen Vater und Mutter ist, die es beide für jeweils sechs Monate beanspruchen und schließlich beide neue Ehen eingehen, liegt versunken unter den Tiefen von Andeutung, Fingerzeig und Vermutung, so daß die Kleine uns nur sehr indirekt rühren kann, denn jede ihrer Gefühlsregungen wird abgelenkt und erreicht uns erst, wenn sie vom Geist einer anderen Person abgeprallt ist. Deshalb weckt sie in uns kein einfaches und direktes Gefühl. Wir haben immer Zeit, um es kommen zu sehen und zu berechnen, welchen Weg es nehmen wird, jetzt nach rechts, jetzt nach links. Kühl, amüsiert, rätselnd, in jeder Sekunde bemüht, unsere Sinne noch weiter zu verfeinern und alles, was wir an subtiler Intelligenz haben, in einem bestimmten Bereich unseres Ichs zu versammeln, schweben wir über dieser abgehobenen kleinen Welt und halten mit intellektueller Neugier Ausschau nach dem Ereignis.

Trotz der Tatsache, daß unser Vergnügen weniger direkt ist, weniger das Ergebnis eines starken Mitgefühls mit einer Freude oder einem Leid, hat es eine Feinheit, eine Süße, welche die direkteren Autoren uns nicht geben können. Das rührt zum Teil von der Tatsache her, daß in diesem abendlichen oder morgendlichen Dämmerlicht tausend emotionale Adern und Stränge wahrnehmbar sind, die im vollen Licht des Mittags verlorengehen.

Neben dieser Feinheit und Süße empfangen wir ein weiteres Vergnügen, das sich einstellt, wenn der Geist von der unaufhörlichen Forderung des Romanciers befreit ist, daß wir mit seinen Charakteren mitfühlen sollen. Indem er die Reaktionen, die im wirklichen Leben hervorgerufen werden, abtrennt, gibt uns der Romancier die Freiheit, uns, wie wir es tun, wenn wir krank oder auf Reisen sind, an den Dingen selbst zu erfreuen. Wir können ihre Merkwürdigkeit erst sehen, wenn die Gewohnheit uns nicht mehr in sie eintaucht und wir außerhalb stehend etwas beobachten, was in keiner Weise Macht über uns hat. Dann sehen wir den Geist am Werk; uns amüsiert seine Macht, Muster zu schaffen; seine Macht, Beziehungen und Unvereinbarkeiten an den Tag zu bringen, die verdeckt sind, wenn wir aus Gewohnheit handeln oder von den üblichen Impulsen angetrieben werden. Es ist ein Vergnügen, das vielleicht ein wenig dem Vergnügen an der Mathematik oder dem an der Musik ähnelt. Nur, da der Romancier Männer und Frauen als seine Gegenstände benutzt, erregt er natürlich beständig Gefühle, die im Gegensatz zu der Unpersönlichkeit von Zahlen und Klängen stehen; er scheint sogar deren natürliche Gefühle zu mißachten oder zu unterdrücken, sie in einen Plan zu zwingen, den wir mit unbestimmtem Mißbehagen ›künstlich‹ nennen, obwohl wir aller Wahrscheinlichkeit nach nicht so töricht sind, Kunstgriffe in der Kunst übelzunehmen. Entweder auf Grund eines Gefühls von Ängstlichkeit oder Prüderie oder auf Grund eines Mangels an schöpferischer Kühnheit verringert Henry James die Interessantheit und Bedeutsamkeit seines Themas, um eine Symmetrie zu schaffen, die ihm teuer ist. Das nehmen seine Leser übel. Wir spüren, wie er, ganz der gewiefte Inszenator, seine Charaktere geschickt manipuliert; beschneidend, zügelnd; gewandt ausweichend und außer acht lassend, wo ein Schriftsteller von größerer Tiefe oder natürlichem Feuer sich auf das Risiko eingelassen hätte, das ihm das Material aufbürdet, volle Segel gesetzt und so vielleicht die Symmetrie und das Muster, die beide an sich so reizvoll sind, trotzdem erreicht hätte.

Aber es ist das Maß von Henry James' Größe, daß er uns eine so klar umrissene Welt beschert hat, eine so ausgeprägte und besondere Schönheit, daß wir uns nicht zufriedengeben können, sondern weiter mit diesen außergewöhnlichen Wahrnehmungen experimentieren, mehr und mehr verstehen wollen, aber ohne die ständige Bevormundung durch die Anwesenheit des Autors, seine Arrangements, seine Ängste. Um dieses Verlangen zu befriedigen, wenden wir uns natürlich dem Werk von Proust zu, wo wir sofort eine so große Erweiterung des Mitfühlens finden, daß es fast seinen eigenen Gegenstand erdrückt. Wenn uns alles zu Bewußtsein gebracht wird, was soll uns da noch bewußt werden? Doch wenn die Welt von Henry James, nach den Welten von Dickens und George Eliot, ohne materielle Grenzen zu sein schien, alles durchlässig für Gedanken und empfänglich für zwanzig Bedeutungsschattierungen, werden hier Erleuchtung und Analyse weit über jene Grenzen hinausgetrieben. Zum einen war Henry James selbst, der Amerikaner, bei all seiner bewundernswerten Urbanität nie frei von Unbehagen in einer fremden Zivilisation, ein nicht einmal durch die Säfte seiner Kunst vollständig assimilierter Fremdkörper. Proust, das Produkt der Zivilisation, die er beschreibt, ist so porös, so anpassungsfähig, so vollkommen aufnahmefähig, daß wir ihn nur als eine Hülle wahrnehmen, dünn, aber elastisch, die sich weiter und weiter dehnt und nicht dazu dient, eine Sichtweise zu erzwingen, sondern eine Welt umschließt. Sein ganzes Universum ist in das Licht der Intelligenz getaucht. Der gewöhnlichste Gegenstand wie das Telefon verliert seine Einfachheit, seine Festigkeit, und wird ein Teil des Lebens und transparent. Die gewöhnlichsten Handlungen, wie in einem Fahrstuhl hinauffahren oder Kuchen essen, wirbeln, statt automatisch verrichtet zu werden, in ihrem Verlauf eine ganze Serie von Gedanken, Empfindungen, Ideen und Erinnerungen hoch, die offenbar auf den Mauern des Geistes schliefen.

Was sollen wir mit all dem anfangen?, möchten wir uns fragen, während sich diese Trophäen um uns aufhäufen. Der Geist kann sich nicht damit zufriedengeben, eine Empfindung nach der anderen passiv für sich zu behalten; etwas muß mit ihnen geschehen; ihre Fülle muß geformt werden. Doch anfangs will es scheinen, als sei diese belebende Kraft so fruchtbar, daß sie unsere Schritte behindert und uns sogar, wenn wir am schnellsten gehen müßten, ins

Stolpern bringt, indem sie uns einen merkwürdigen Gegenstand verführerisch in den Weg legt. Gegen unseren Willen müssen wir stehen bleiben und hinschauen.

So, als seine Mutter ihn ruft, ans Sterbebett seiner Großmutter zu kommen, sagt der Autor: »›Ich habe nicht geschlafen‹, behauptete ich im Erwachen.«[35] Dann, sogar in dieser Krise, hält er inne, um sorgfältig und feinsinnig zu erklären, warum wir im Augenblick des Erwachens so oft eine Sekunde lang denken, daß wir nicht geschlafen haben. Die Pause, die um so mehr ins Gewicht fällt, weil die Betrachtung nicht von dem »ich« selbst angestellt wird, sondern unpersönlich vom Erzähler und deshalb aus einem anderen Blickwinkel, erlegt dem Geist, der von der Dringlichkeit der Situation dazu angehalten ist, sich auf die sterbende Frau im Nebenzimmer zu konzentrieren, eine große Last auf.

Viel von der Schwierigkeit, Proust zu lesen, kommt von dieser bereitwilligen Umständlichkeit. Bei Proust ist die Anhäufung von Gegenständen, die jeden Mittelpunkt umgeben, so ungeheuer, und sie sind oft so fern, so schwer für Zugang und Verständnis, daß dieser Vorgang des Zusammenziehens schrittweise und gewunden geschieht und das Verhältnis am Ende äußerst schwierig ist. Es gibt wesentlich mehr, worüber man nachdenken muß, als man angenommen hatte. Man tritt in Beziehung nicht nur zu einer anderen Person, sondern zu dem Wetter, dem Essen, der Kleidung, den Gerüchen, zu Kunst und Religion und Naturwissenschaft und Geschichte und tausend anderen Einflüssen.

Wenn man anfängt, das Bewußtsein zu analysieren, wird sich herausstellen, daß es von tausenden kleiner, belangloser Ideen erregt ist, vollgestopft mit allerlei Wissensschnipseln. Wenn wir also etwas so Gewöhnliches sagen wie »ich küßte sie«, dann kann gut sein, daß wir auch erklären müssen, wie ein Mädchen über einen Mann in einem Liegestuhl am Strand sprang, bevor wir gewunden und schrittweise bei dem schwierigen Vorgang anlangen, zu beschreiben, was ein Kuß bedeutet. In jeder Krise, wie dem Tod der Großmutter oder jenem Augenblick, in dem die Herzogin, während sie in ihre Kutsche steigt, erfährt, daß ihr alter Freund Swann todkrank ist, ist die Zahl der Gefühlsregungen, die jede dieser Szenen formen, ungeheuer viel größer, und sie sind in sich selbst wesentlich widersprüchlicher und zwiespältiger als jede andere Szene, die ein Romanautor uns vorgelegt hat.

Außerdem kommt, wenn wir auf der Suche nach unserem Weg um Hilfe bitten, diese nicht durch die üblichen Kanäle. Uns wird nie gesagt, wie so häufig von den englischen Romanciers, daß der eine Weg richtig und der andere falsch ist. Alle Wege werden ohne Vorbehalt und ohne Vorurteil frei gemacht. Alles, was empfunden werden kann, kann gesagt werden. Der Geist Prousts ist mit der Anteilnahme eines Dichters und dem Abstand eines Wissenschaftlers offen für alles, was zu empfinden in seiner Macht steht. Anweisung oder Nachdruck, gesagt zu bekommen, daß dieses richtig ist, angestoßen und gebeten zu werden, auf jenes zu achten, das würde wie ein Schatten auf diese tiefe Helligkeit fallen und einen Teil davon unserer Sicht entziehen. Der Stoff des Buches ist aus diesem tiefen Reservoir der Wahrnehmung gemacht. Aus diesen Tiefen steigen die Charaktere auf wie Wellen, die sich auftürmen, sich brechen und dann wieder hinabsinken in die bewegte See der Gedanken, Kommentare und Analysen, die sie hervorbrachte.

Im Rückblick scheinen daher die Charaktere Prousts, obwohl ebenso ausgeprägt wie sonstige Romancharaktere, aus einem anderen Stoff gemacht zu sein. Gedanken, Träume, Wissen sind Teil von ihnen. Sie sind zu voller Größe gewachsen, und ihr Verhalten ist nie auf Ablehnung gestoßen. Wenn wir nach Anweisung suchen, um sie an ihre Plätze im Universum zu stellen, finden wir lediglich das Fehlen jeder Anweisung – vielleicht ist Anteilnahme von größerem Wert als Einmischung, Verstehen von größerem Wert als Urteilen. Als Folge des Einsseins von Denker und Dichter stoßen wir oft gleich nach einer fanatisch genauen Beobachtung auf einen Schwarm von Sprachbildern – schön, farbig, anschaulich, als sei der Geist, nachdem er seine Kräfte so weit wie möglich der Analyse gewidmet hat, plötzlich in die Luft emporgestiegen und gewähre uns von einer Warte hoch droben mit den Mitteln der Metaphorik eine andere Sicht auf denselben Gegenstand. Diese zweifache Sichtweise macht die großen Charaktere bei Proust und die ganze Welt, der sie entspringen, eher zu einer Kugel, deren eine Seite stets verborgen ist, als zu einer Szene, die flach vor uns liegt und die wir in ihrer Gänze mit einem Blick erfassen können.

Um das zu präzisieren, könnte es dienlich sein, einen anderen Schriftsteller auszuwählen, ebenfalls ausländischer Herkunft, der dieselbe Kraft hat, das Bewußtsein von seinen Wurzeln bis zur Oberfläche zu erhellen. Sobald wir von der Welt Prousts in die Welt Dostojewskis wechseln, schrecken uns die Unterschiede auf und nehmen eine Zeitlang all unsere Aufmerksamkeit in Anspruch. Wie positiv der Russe ist, im Vergleich zu dem Franzosen. Er entwirft einen Charakter oder eine Szene durch den Gebrauch krasser Gegensätze, die unüberbrückt bleiben. Extreme Ausdrücke wie »Liebe« und »Haß« werden so verschwenderisch eingesetzt, daß wir unserer Phantasie die Sporen geben müssen, um die Strecke dazwischen zurückzulegen. Man spürt, daß das Netz der Zivilisation hier aus grobem Geflecht gemacht ist und die Löcher weit auseinander liegen. Männer und Frauen sind entkommen, verglichen mit der Einkerkerung, die sie in Paris erleiden. Sie sind frei, sich von einer Seite auf die andere zu werfen, zu gestikulieren, zu zischen, zu geifern, zu rasen vor Wut und Erregung. Sie sind frei, mit der Freiheit, die heftiges Gefühl verleiht, frei von Unschlüssigkeit, von Skrupeln, von Analyse. Anfangs sind wir verwundert ob der Leere und der Plumpheit dieser Welt im Vergleich zu der anderen. Aber wenn wir unsere Perspektive ein wenig justiert haben, ist klar, daß wir immer noch in derselben Welt sind – daß es der Geist ist, der uns reizt, und die Abenteuer des Geistes, die uns nahegehen. Andere Welten wie die Scotts oder Defoes sind unglaubwürdig. Dessen sind wir sicher, wenn wir jenen merkwürdigen Widersprüchen begegnen, an denen Dostojewski so reich ist. Es liegt eine Einfachheit in der Gewaltsamkeit, die wir nirgendwo bei Proust finden, aber die Gewaltsamkeit legt auch Regionen tief im Inneren des Geistes bloß, wo Widersprüchlichkeit vorherrscht. Jener Gegensatz, der Stawrogins Erscheinung kennzeichnete, so daß er »ein Bild von einem Mann, aber gleichzeitig irgendwie abstoßend« war, ist nur das grobe äußere Zeichen von Laster und Tugend, denen wir in ihrer ganzen Wucht in ein und derselben Brust begegnen.[36] Die Vereinfachung ist nur an der Oberfläche; wenn der kühne und unbarmherzige Vorgang, der Charaktere auszustanzen scheint, sie dann gruppiert und alle in heftige Bewegung setzt, so energisch, so ungeduldig, abgeschlossen ist, erkennen wir, daß unter dieser groben Oberfläche alles Chaos und Komplikation ist. Anfangs haben wir das Gefühl, in einer primitiven Gesellschaft zu sein, wo die Gefühle viel einfacher und stärker und viel beeindruckender sind als alle, die uns in *A la recherche du temps perdu* begegnen.

Da es so wenige Konventionen, so wenige Barrieren gibt (Stawrogin zum Beispiel steigt leicht aus den Tiefen in die Höhen der Gesellschaft auf), scheint die Komplexität tiefer zu liegen, und diese seltsamen Widersprüche und Anomalien, die einen Menschen göttlich und zugleich bestialisch machen, scheinen tief im Herzen zu sitzen und nicht aufgepfropft zu sein. Daher die sonderbare emotionale Wirkung von *Böse Geister*. Das Buch ist anscheinend von einem Fanatiker geschrieben worden, der bereit ist, Können und Kunst zu opfern, um die Schwierigkeiten und Verwirrungen der Seele zu enthüllen. Die Romane von Dostojewski sind durchdrungen von Mystik; er spricht nicht als Schriftsteller, sondern als ein Weiser, der in eine Decke gehüllt am Straßenrand hockt, mit unendlichem Wissen und unendlicher Geduld.

»Stimmt«, sagt sie, »die Mutter Gottes ist die Große Mutter Feuchte Erde, und darin ist die große Freude des Menschen beschlossen. Und jeglicher irdische Schmerz und jegliche irdische Träne soll uns eine Freude sein; und wenn du mit deinen Tränen die Erde unter dir einen halben Arschin tief getränkt hast, so wirst du sogleich über alles jubilieren, und nichts«, sagt sie, »rein gar nichts bleibt dann von deiner

Trauer übrig, es gibt«, sagt sie, »so eine Prophezeiung.« Dieses Wort fiel damals tief in meine Seele, und wenn ich seitdem bete, wenn ich mich bis zur Erde verneige, küsse ich jedesmal die Erde, ich küsse sie und weine.[37]

Dies ist eine charakteristische Passage. Aber in einem Roman ist die Stimme des Lehrers, wie erhaben auch immer, nicht genug. Wir müssen zu viele Interessen berücksichtigen, zu viele Probleme angehen. Man betrachte eine Szene wie das außerordentliche Fest, auf das Warwara Petrowna diese Marja mitgebracht hat, die lahme Schwachsinnige, die Stawrogin geheiratet hat »aus Leidenschaft für Qual, aus Leidenschaft für Gewissensbisse, aus moralischer Wollust«.[38] Wir können nicht bis zu Ende lesen, ohne das Empfinden zu haben, als drückte ein Daumen auf einen Knopf in uns, während wir kein Gefühl mehr übrig haben, um darauf zu reagieren. Es ist ein Tag der Überraschungen, ein Tag der erschrekkenden Enthüllungen, ein Tag der seltsamen Zufälle. Für mehrere der Menschen dort (und sie kommen aus allen Stadtvierteln in das Zimmer geströmt) ist die Szene von größerer emotionaler Bedeutung. Alles wird getan, um die Intensität ihrer Gefühle darzustellen. Sie werden bleich; sie zittern vor Angst; sie bekommen hysterische Anfälle. So werden sie uns mit blitzartiger Helligkeit vor Augen geführt – die verrückte Frau mit der Papierrose am Hut; der junge Mann, dessen Worte herausperlen »wie ebenmäßige, große Körner … Und auf einmal drängt sich die Vorstellung auf, die Zunge in seinem Mund müsse eine ganz besondere Form haben, irgendwie ungewöhnlich lang und schmal sein, ganz furchtbar rot, mit einer außerordentlich scharfen, unentwegt und wie von selbst kreisenden Spitze.«[39]

Doch obwohl sie aufstampfen und schreien, hören wir den Lärm, als ginge er nebenan vor sich. Vielleicht ist die Wahrheit, daß Haß, Überraschung, Zorn, Entsetzen alle zu stark sind, um ständig empfunden zu werden. Diese Leere und dieser Lärm geben Anlaß, uns zu fragen, ob der psychologische Roman, der sein

Drama in den Geist verlegt, nicht, wie die Wahrheitserzähler uns zeigten, seine Gefühle unterschiedlicher und abwechslungsreicher gestalten sollte, damit wir nicht vor Erschöpfung abstumpfen. Die Zivilisation abzutun und in die Tiefen der Seele abzutauchen bringt nicht wahrhaft eine Bereicherung. Wir haben, wenn wir uns Proust zuwenden, mehr Gefühlsregungen in einer Szene, die nicht bemerkenswert sein soll, so wie die in dem Restaurant im Nebel. Da leben wir entlang eines Fadens der Beobachtung, die ständig bei diesem und jenem Geist ein- und ausgeht; die Informationen aus verschiedenen gesellschaftlichen Schichten sammelt, damit wir bald mit einem Prinzen empfinden, bald mit einem Restaurantbesitzer, und die uns mit verschiedenen körperlichen Erfahrungen in Berührung bringt wie Licht nach Dunkelheit, Sicherheit nach Gefahr, so daß die Phantasie allseitig dazu angeregt wird, sich langsam, allmählich, ohne von Schreien oder Gewalt aufgestachelt zu werden, vollständig um den Gegenstand zu schließen. Proust ist entschlossen, dem Leser jedes Beweisstück vorzulegen, auf dem jeglicher Geisteszustand beruht; Dostojewski hingegen ist so überzeugt von einer bestimmten Wahrheit, die er vor sich sieht, daß er zu seinen Schlußfolgerungen hüpft und springt mit einer Spontaneität, die an sich anregend ist.

In dieser Verzerrung offenbart sich der Psychologe. Der Verstand, der analysiert und unterscheidet, wird immer und fast sofort von diesem Ansturm auf das Gefühl überwältigt; sei es nun Mitgefühl oder Zorn. Daher liegt oft etwas Unlogisches und Widersprüchliches in den Charakteren, vielleicht weil sie einem wesentlich stärkeren als dem üblichen Strom emotionaler Kraft ausgesetzt sind. Warum handelt er so?, fragen wir wieder und wieder und antworten recht unsicher, daß vielleicht Wahnsinnige so handeln. Bei Proust andererseits ist die Annäherung ebenso indirekt, aber es geschieht durch das, was Menschen denken und was über sie gedacht wird, durch das Wissen und die Gedanken des Autors selbst, daß wir sie schließlich sehr langsam und mühsam, aber mit unserem ganzen Geist verstehen.

Die Bücher sind jedoch bei all diesen Unähnlichkeiten in einem gleich; beide sind durchdrungen von Unglück. Und das scheint unvermeidlich, wenn der Geist keinen direkten Zugriff auf was auch immer erhält. Dickens ist in vieler Hinsicht wie Dostojewski; er ist ungeheuer fruchtbar und hat ungemeines Talent zur Karikatur. Aber Micawber, David Copperfield und Mrs Gamp[40] werden uns unvermittelt präsentiert, als sähe der Autor sie aus demselben Blickwinkel und hätte keinerlei Schlüsse zu ziehen und nichts weiter zu tun als der unmittelbaren Belustigung oder dem Interesse nachzugehen. Der Geist des Autors ist nichts als eine Glasscheibe zwischen uns oder dient höchstens dazu, sie mit einem Rahmen zu umgeben. Die gesamte emotionale Kraft des Autors ist in sie geflossen. Der Überschuß an Gedanken und Gefühl, der verblieb, nachdem die Charaktere bei George Eliot geschaffen wurden, um ihre Buchseiten zu bevölkern und zu verdunkeln, ist bei den Charakteren von Dickens aufgebraucht worden. Nichts Wichtiges bleibt übrig.

Aber bei Proust und Dostojewski, auch bei Henry James und bei all denen, die es sich zur Aufgabe machten, den Gefühlen und Gedanken zu folgen, gibt es immer eine Überfülle an Emotion vom Autor, als könnten Charaktere von solcher Subtilität und Komplexität nur geschaffen werden, wenn der Rest des Buches ein tiefes Reservoir von Gedanken und Emotionen ist. So können, obwohl der Autor selbst nicht anwesend ist, Charaktere wie Stepan Trofimowitsch und Charlus nur in einer Welt existieren, die aus demselben Stoff wie sie gemacht ist, wenn auch nicht in konkrete Form gegossen. Dieser brütende und analysierende Geist schafft stets eine Atmosphäre der Zweifel, der Fragen, von Schmerz, vielleicht von Verzweiflung. Zumindest scheint das das Ergebnis der Lektüre von *A la recherche du temps perdu* und *Böse Geister* zu sein.[41]

Die verwirrten Gefühle, die die Psychologen in uns geweckt haben, die außerordentliche Kompliziertheit, die sie uns aufgezeigt haben, das Netz aus feinen und kaum verständlichen, jedoch höchst interessanten Emotionen, in das sie uns eingesponnen haben, hat eine Sehnsucht nach Entspannung ausgelöst, anfangs so primitiv, daß sie fast ein körperliches Empfinden ist. Der Geist fühlt sich an wie ein Schwamm, vollgesogen mit Verständnis und Mitgefühl; er muß sich trocknen, sich um etwas Hartes zusammenziehen. Satire und das Gefühl, das der Satiriker uns gibt, er habe die Welt gut im Griff, so daß sie seiner Feder ausgeliefert ist, erfüllt genau unsere Bedürfnisse.

Ein weiteres Bedürfnis führt uns dazu, solche berühmten Satiriker wie Voltaire und Anatole France zu übergehen zugunsten von jemandem, der in unserer eigenen Sprache schreibt, dem Englischen. Denn bei allem Respekt vor dem Übersetzer, Dostojewski zu lesen hat uns unerträglich ermüdet, als hätten wir mit der falschen Brille gelesen oder als hätte sich zwischen uns und der Buchseite ein Nebel gebildet. Wir haben das Gefühl bekommen, daß jeder Gedanke in einem Anzug herumschleicht, der schlecht geschnitten und viele Nummern zu groß ist. Denn eine Übersetzung verdeutlicht uns klarer als die Vorlesungen jedes Professors den Unterschied zwischen lebenden Wörtern und geschriebenen Wörtern; die Eigenart und Bedeutung von dem, was wir Stil nennen. Sogar ein mittelmäßiger Schriftsteller, der seine eigene Sprache auf seine eigenen Ideen anwendet, bewirkt sofort eine Veränderung, die angenehm auffällt. Unter seiner Feder schrumpft der Satz zusammen und wickelt sich fest um die Bedeutung, sogar, wenn es nur eine kleine ist. Das Lose, das Weite schnurrt zusammen. Und wo dies schon ein Schriftsteller tut, dessen Englisch passabel ist, da tut ein Schriftsteller wie Peacock[42] unendlich viel mehr.

Wenn wir *Crotchet Castle* aufschlagen und den ersten, sehr langen Satz lesen, der folgendermaßen beginnt: »In einem jener schönen Täler, durch das die Themse fließt (noch nicht von den Gezeiten, dem Abwasser der Städte oder auch nur von dem geringen Schmutz der sandigen Flüßchen in Surrey verseucht)«, wäre es schwierig, die Erleichterung zu beschreiben, die er uns verschafft, außer metaphorisch. Als erstes ist da die Form, die an etwas reizvoll Anzuschauendes erinnert, wie eine fließende Welle oder die Schlangenlinie einer kräftig geschwungenen Peitsche; dann, während Wendung sich zu Wendung gesellt und eine Einfügung nach der anderen sich in ihrem Nebenfluß ergießt, haben wir ein Gefühl von dem ganzen fließenden Strom, der unterhalb alter Mauern vorbeigleitet, während die Schatten altehrwürdiger Gebäude und das Leuchten grüner Rasenflächen sich darin spiegeln. Und was noch reizvoller ist nach den ungeheuren Weiten und dem Dunkel, in dem wir gelebt haben, wir sind in einer Welt von so beherrschbarem Maßstab, daß wir sie erfassen, mit ihr umgehen, sie verspotten und lächerlich machen können. Es ist, als betrete man einen Garten an einem herrlichen Septembermorgen, wenn nach einer stürmischen Gewitternacht jeder Schatten scharf ist und jede Farbe hell. Die Natur hat sich dem Menschen unterworfen. Der Mensch selbst wird von seiner Intelligenz beherrscht. Statt vielseitig, kompliziert und schwer faßbar zu sein, haben die Menschen nur eine fixe Idee pro Person, die sie zu deutlich getrennten Charakteren formt und die zu brisanten Begegnungen führt. Sie wirken über alle Maßen lächerlich und grotesk vereinfacht. Dr. Folliott, Mr Firedamp, Mr Skionar, Mr Chainmail und die übrigen scheinen nach der ungeheuren Dichte und Masse der Guermantes und der Stawrogins nichts als angenehme Karikaturen zu sein, die ein gewitzter alter Gelehrter mit einer Schere aus einem Bogen schwarzen Papiers ausgeschnitten hat. Aber bei näherem Hinsehen stellen wir fest, daß, obwohl es absurd wäre, Peacock irgendein Verlangen zuzuschreiben oder auch eine Fähigkeit, die Abgründe der Seele zu erkunden, seine Zurückhaltung nicht leer ist, sondern vielsagend. Der Charakter von Dr. Folliott wird mit drei Federstrichen gezeichnet. Was dazwischen liegt, wird ausgespart. Aber jeder Federstrich deutet die Fülle dahinter an, so daß der Leser ihr selber nachspüren kann; behält jedoch, eben wegen dieser offensichtlichen Vereinfachung, alle Schärfe einer Karikatur. Die Welt, so glücklich beschaffen, daß es immer Forellen zum Frühstück gibt, Wein im Keller und ein amüsantes Mißgeschick wie die Köchin, die sich selbst in Brand steckt und vom Lakai gelöscht wird, um uns zum Lachen zu bringen – eine Welt, in der es nichts Dringenderes zu tun gibt als »über das Wasser zu gleiten, alles zu erörtern und nichts zu klären«,[43] ist nicht die Welt reiner Phantasie; sie ist nahe genug, um eine Parodie unserer Welt zu sein und unsere eigenen Torheiten und den feierlichen Ernst unserer Institutionen ein wenig albern aussehen zu lassen.

Der Satiriker arbeitet nicht wie der Psychologe unter dem Druck der Allwissenheit. Er kann in aller Ruhe seinen Geist spielen lassen, frei, ironisch. Sein Mitgefühl ist nicht tief beteiligt. Sein Sinn für Humor ist nicht vergraben.

Aber der wichtigste Unterschied liegt in der veränderten Haltung zur Wirklichkeit. Bei den Psychologen ruht die riesige Last der Fakten auf einem festen Fundament aus Dinner, Lunch, Bett und Frühstück. Überrascht, doch erleichtert und vergnügt stutzend akzeptieren wir Peacocks Darstellung der Welt, die so viel außer acht läßt, so viel vereinfacht, dem alten Erdball einen Stups gibt und auf der anderen Seite ein anderes Gesicht von ihm zeigt. Anscheinend ist es unnötig, gar so sorgfältig zu sein. Und schließlich, ist dies nicht ebenso wirklich, ebenso wahr wie das andere? Und vielleicht ist dieser ganze Wirbel um die »Wirklichkeit« übertrieben. Der große Gewinn ist vielleicht, daß unsere Beziehung zu den Dingen distanzierter wird. Wir ernten den Lohn einer poetischen Sehweise. Eine Zeile wie das bezaubernde »In Godstow legten sie Hasel aufs Grab von Rosamond«[44] konnte nur von einem Schriftsteller geschrieben werden, der eine gewisse Distanz zu seinen Menschen wahrte, so daß keine Erklärungen notwendig waren. Denn bei Trollopes Menschen wären Erklärungen gewiß notwendig gewesen; wir hätten gerne gewußt, wieso sie auf den

Hasel verfielen, wohin sie hinterher zum Essen fuhren, und wie die Kutsche sie abholte. »Denen« jedoch, da sie Chainmail, Skionar und die übrigen sind, steht es frei, Hasel aufs Grab von Rosamond zu legen, wenn sie wollen; ebenso wie es in ihrem Belieben steht, ein Lied zu singen oder über den Fortschritt des Geistes zu disputieren.

Der Romantiker nahm sich dieselbe Freiheit heraus, aber zu einem anderen Zweck. Bei dem Satiriker bekommen wir nicht das Gefühl von Wildheit und seelischen Abenteuern, sondern daß der Geist frei ist und daher vieles durchschaut und entbehren kann, was von Schriftstellern eines anderen Kalibers ernst genommen wird.

Es gibt natürlich Beschränkungen, Warnungen, sogar inmitten unseres Vergnügens, vor Grenzen, die wir nicht überschreiten dürfen. Zuerst einmal können wir uns nicht vorstellen, daß der Schreiber solch köstlicher Sätze damit viele tausend Seiten bedecken kann; dazu sind sie zu teuer in der Herstellung. Dann wiederum ist ein Schriftsteller, der uns durch die Form seiner Ausdrucksweise ein so deutliches Gefühl seiner Persönlichkeit gibt, eingeschränkt. Wir werden ständig in Berührung gebracht, nicht mit Peacock selbst wie mit Trollope selbst (denn er gibt keines seiner eigenen Geheimnisse preis; er beschwört keineswegs seine eigene Gestalt und den Klang seines Gelächters herauf, wie es Trollope tut), aber die ganze Zeit über nimmt unser Denken die Farbe seines Denkens an, wir denken unmerklich in seinem Rhythmus. Wenn wir schreiben, versuchen wir, in seinem Stil zu schreiben, und das bringt uns in weitaus größere Nähe zu ihm als zu Schriftstellern wie wiederum Trollope oder Scott, die ihre Gedanken angemessen in eine graubraune Decke einwickeln, die lange hält und zu allem paßt. Das mag natürlich letzten Endes einige Einschränkungen bewirken. Stil kann, besonders in der Prosa, so viel Persönlichkeit mit sich führen, daß wir innerhalb des Bannkreises dieser Persönlichkeit bleiben. Peacocks Buch ist von ihm selbst durchdrungen.

Um das ausführlicher zu betrachten, wollen wir uns von Peacock zu Sterne[45] wenden, einem viel bedeutenderen Schriftsteller, jedoch mit genügend Familienzugehörigkeit zu Peacock, daß wir unseren Gedankengang ohne Unterbrechung fortsetzen können.

Sofort wird uns bewußt, daß wir einem wesentlich subtileren Geist gegenübertreten, einem Geist von weitaus größerer Reichweite und Intensität. Peacocks Sätze, so fest geformt und schön poliert sie auch sind, vermögen nicht derart weit auszugreifen wie diese. Hier wird unser Gefühl von Elastizität derart vergrößert, daß wir kaum noch wissen, wo wir sind. Wir verlieren die Orientierung. Wir gehen rückwärts statt vorwärts. Eine simple Feststellung setzt eine Abschweifung in Gang; wir kreisen; wir schweben; wir drehen uns; und schließlich landen wir wieder bei Onkel Toby, der die ganze Zeit in seiner schwarz-plüschenen Reithose mit seiner Pfeife in der Hand dagesessen hat. Proust, könnte man sagen, war ebenso gewunden, aber seine Indirektheit beruhte auf seinen ungeheuren analytischen Fähigkeiten und auf der Tatsache, daß er, sowie er eine simple Feststellung gemacht hatte, alles, was sie mit sich brachte, wahrnahm und uns wahrnehmen ließ. Sterne ist kein Analytiker der Empfindungen anderer Menschen. Die bleiben einfach, exzentrisch, unberechenbar. Es ist sein eigener Geist, der ihn fasziniert, dessen Eigenheiten und Launen, dessen Marotten und Empfindlichkeiten; und es ist sein eigener Geist, der das Buch bunt färbt und ihm Mauern und Gestalt gibt. Doch offensichtlich ist sein Anspruch gerechtfertigt, wenn er sagt, wie weit er auch abschweifen möge, zu Tante Dinah und dem Kutscher und dann »einige Millionen Meilen … mitten ins Herz des Planetensystems«, während es eigentlich um Onkel Tobys Charakter geht, »daß am Portrait von meines Onkel *Toby's* Charakter die ganze Zeit über mählich weitergemalt wurde; – freilich nicht die großen Konturen, – das war unmöglich –, aber unterwegs sind doch hie und da einige Familienzüge und zarte Striche hineingetuscht worden, so daß Ihr jetzt mit meinem Onkel *Toby* schon weitaus besser bekannt seid als vorher.«[46] Das ist wahr, denn während wir dahingleiten und kreisen, flattern wir immer wieder hinunter, um ein Körnchen Beobachtung auf der Gestalt von Onkel Toby abzulegen, der mit seiner Pfeife in der Hand dasitzt. So wird intermittierend, unregelmäßig, das außergewöhnliche Porträt eines Charakters gezeichnet – eines Charakters, der meistens in einem passiven Zustand gezeigt wird, still sitzend, erfaßt vom rasch schweifenden Blick eines sprunghaften Beobachters, der seinen Charakter nie mehr als ein paar Worte sagen oder nie mehr als ein paar eigene Schritte tun läßt, ihn aber ständig umkreist, mit seinen Rockaufschlägen spielt, ihm ins Gesicht guckt und ihn liebevoll und drollig neckt, als sei er ein dienstbarer Kobold, der einen bewußtlosen Sterblichen zu hüten hat. Zwei derartige Gegensätze wurden geschaffen, um miteinander zu kontrastieren und einander zu konturieren. Man genießt die Schlichtheit, die Bescheidenheit von Onkel Toby um so mehr durch den Vergleich mit dem witzigen, rüpeligen, widerborstigen, jedoch ungeheuer sympathischen Charakter des Autors.

Während der gesamten Lektüre des *Tristram Shandy* sind wir uns dieses Miteinanders und Gegeneinanders bewußt. Laurence Sterne ist der wichtigste Charakter im Buch. Es ist wahr, im kritischen Augenblick zieht der Autor sich zurück und gibt seinen Charakteren den kleinen Extra-Stoß, der sie aus seiner Vormundschaft befreit, so daß sie etwas mehr sind als die Grillen und Phantastereien eines brillanten Hirns. Aber da ein Charakter zu großen Teilen aus Umgebung und Umständen besteht, sind diese Menschen, deren Umgebung so seltsam ist, die oft schweigen, von denen aber ständig so absonderlich gesprochen wird, unter den Menschen in der Romanliteratur eine Spezies für sich. Etwas wie sie gibt es nirgendwo sonst, denn in keinem anderen Buch sind die Charaktere so sehr vom Autor abhängig. In keinem anderen Buch kommen Autor und Leser so eng miteinander in Berührung. So erhalten wir schließlich ein Buch, in dem alle üblichen Konventionen beseitigt sind und sich dennoch kein Zusammenbruch oder Einsturz ereignet; das Ganze besteht vollständig aus eigener Kraft fort, wie ein Haus, das wundersamerweise ohne die Hilfe von Mauern, Treppen oder Trennwänden bewohnbar ist. Wir leben in den Launen,

Verzerrungen und Eigenarten des Geistes, nicht in der langsamen Entfaltung eines langen Lebens. Und es kommt der Gedanke, während wir uns auf einer dieser hohen Zinnen sonnen: Können wir nicht noch weiter entfliehen, so daß wir überhaupt keinen Autor mehr spüren? Können wir nicht in dem einen oder anderen Roman Poesie finden? Denn Sterne hat uns durch die Schönheit seines Stils über den Bereich der Persönlichkeit hinaus in eine Welt gelangen lassen, die nicht ganz und gar die Welt des Romans ist. Sie liegt darüber.

Die Dichter

Bestimmte Passagen haben diese Veränderung in uns bewirkt. Sie haben uns aus der Atmosphäre der Romanliteratur emporgehoben; sie haben uns verwundert innehalten lassen. Zum Beispiel:

> Ich will die Sache weiter nicht verhandeln: die Zeit schwindet zu rasch davon: jeder Buchstabe, den ich hinschreibe, sagt mir, mit welcher Schnelligkeit das Leben meiner Feder folgt; seine Tage und Stunden, die köstlicher sind, liebe Jenny!, als die Rubinen um deinen Hals, sie fahren über unsern Häuptern dahin gleich leichten Wolken an einem windigen Tag, ohne Wiederkehr – ein Jegliches dränget voran – während du noch diese Locke ringelst, – siehe! sie ist grau geworden; und jeder Kuß, den als Adieu auf deine Hand ich hauche, und jeder Abschied, so darauf folgt, sind Präludien jener ew'gen Trennung, die uns bald kommen muß.[47]

Passagen wie diese führen durch den seltsamen Rhythmus ihrer Formulierungen, durch einen Reiz des Gesichtssinns eine Veränderung in der Bewegung des Geistes herbei, so daß er innehält, seinen Blick weitet und seine Aufmerksamkeit leicht verlagert. Wir betrachten das Leben im allgemeinen.

Doch obwohl Sterne mit seiner außerordentlichen Geschmeidigkeit auch diesen Effekt ohne Unstimmigkeit benutzen konnte, ist das nur möglich, weil sein Genie reich genug ist, ihn einige der Eigenschaften opfern zu lassen, die den Charakter des Romans ausmachen, ohne daß wir es spüren. Es ist offensichtlich, daß es keine Anhäufung der Erfahrungen vieler Leben und vieler Seelen gibt wie in *Krieg und Frieden*; und auch, daß etwas vom Essayisten und Monologisten in den Bonmots und Aperçus dieses brillanten Geistes steckt. Manchmal ist er empfindsam, als müsse er nach einer so großen Zurschaustellung seiner Eigentümlichkeit seine Anteilnahme am normalen Leben und den normalen Gefühlen seiner Geschöpfe beweisen. Tränen werden gebraucht; Tränen werden hochgepumpt. Das sei, wie es wolle, so köstlich und individuell seine Poesie auch sein mag, es gibt eine andere Poesie, die dem Roman mehr entspricht, denn sie benutzt das Material, das der Romancier bereitstellt. Es ist die Poesie eher der Situation als der Sprache, die Poesie, die wir wahrnehmen, wenn Catherine in *Wuthering Heights*[48] die Federn aus dem Kissen zupft; wenn Oak[49] die Schafe nachts betrachtet; wenn Natascha in *Krieg und Frieden* aus dem Fenster zu den Sternen emporschaut. Und es ist bedeutsam, daß wir uns an diese Poesie nicht durch die Worte erinnern wie bei Versen, sondern durch die Szene. Die Prosa bleibt sachlich und unauffällig genug, so daß es wenig oder nichts brächte, sie zu zitieren, um ihre Wirkung zu erklären. Oft müssen wir weit zurückgehen und ein Kapitel oder mehr lesen, bevor wir den Eindruck von Schönheit oder Intensität erlangen, der uns so erfüllte.

Doch es läßt sich nicht leugnen, daß zwei der Schriftsteller, die am häufigsten poetisch sind – Meredith und Hardy –, als Romanciers unvollkommen sind. Sowohl *The Ordeal of Richard Feverel*[50] als auch *Far from the Madding Crowd* sind Bücher von großer Unausgeglichenheit. In beiden spüren wir einen Mangel an Kontrolle, eine Zusammenhanglosigkeit, wie wir sie in *Krieg und Frieden* oder in *A la recherche du temps perdu* oder in *Pride and Prejudice* nie spüren. Sowohl Hardy als auch Meredith sind, so scheint es, zu sehr von einem Sinn für Poesie erfüllt und haben ein zu begrenztes oder zu unvollständiges Mitgefühl mit Menschen, um sie auf diesem Wege angemessen auszudrücken. Daher, wie wir so oft bei Hardy feststellen, beherrscht das unpersönliche Element – das Fatum, die Götter, wie wir es auch nennen mögen – die Menschen. Sie wirken hölzern, melodramatisch, unwirklich. Sie können die Poesie, von der der Autor selbst so erfüllt ist, nicht mit ihrer eigenen Stimme ausdrücken, denn ihre Psychologie ist unzulänglich, und so bleibt deren Ausdruck dem Autor überlassen, der abseits von seinen Menschen Gestalt annimmt und nicht mühelos zu ihnen zurückkehren kann, wenn die Zeit gekommen ist.

Bei Meredith wiederum ist der Sinn des Autors für die Poesie der Jugend, der Liebe, der Natur zu hören wie ein Lied, dem die Charaktere passiv lauschen, ohne mit einem Muskel zu zucken; und dann, wenn das Lied zu Ende ist, bewegen sie sich mit einem Ruck wieder voran. Dies scheint zu beweisen, daß ein tiefer Sinn für Poesie für den Romancier eine gefährliche Gabe ist; denn bei Hardy und Meredith scheint die Poesie etwas Unpersönliches, Allgemeines, den Eigentümlichkeiten des Charakters Feindliches zu bedeuten, so daß beide leiden, wenn sie in Berührung gebracht werden. Es kann sein, daß der vollkommene Romancier einer anderen Art von Poesie Ausdruck gibt oder die Fähigkeit besitzt, sie in einer Weise auszudrücken, die den übrigen Eigenschaften des Romans nicht schadet. Wenn wir an die Passagen denken, die uns, jedenfalls im Rückblick, in der erzählenden Prosa poetisch zu sein schienen, dann erinnern wir uns an sie als Teil des Romans. Wenn Natascha in *Krieg und Frieden* aus dem Fenster zu den Sternen emporschaut, erzeugt Tolstoi ein Gefühl von tiefer und intensiver Poesie ohne Bruch oder dieses verstörende Empfinden eines Liedes, das lauschenden Menschen vorgesungen wird. Er tut das, weil sein Sinn für das Poetische in der Poesie der Situation Ausdruck findet oder weil seine Charaktere sie mit ihren eigenen Worten ausdrücken, die oft von schlichtester Art sind. Wir haben in ihnen gelebt und kennen sie, so daß, wenn Natascha sich auf die Fensterbank lehnt und an ihr künftiges Leben denkt, unser Empfinden für die Poesie des Augenblicks weniger in dem liegt, was sie sagt, als in unserem Gefühl für sie, die es sagt.

Wuthering Heights ist ebenfalls von Poesie durchdrungen. Aber hier gibt es einen Unterschied, denn man kann kaum sagen, daß die tiefe Poesie der Szene, in der Catherine die Federn aus dem Kissen zupft, irgend etwas mit unserem Wissen von ihr zu tun hat oder unser Verständnis oder unser Gefühl für ihre Zukunft erweitert. Vielmehr vertieft und beherrscht sie die wilde, stürmische Atmosphäre des ganzen Buches. Durch ein Meisterstück visionärer Kraft, in der Prosa seltener als in der Poesie, stehen Menschen und Landschaft und Atmosphäre in Einklang miteinander. Und, was noch seltener und beeindruckender ist, durch die Atmosphäre scheinen wir größere Männer und Frauen zu erblicken, andere Symbole und Bedeutungen. Dennoch sind die Charaktere Heathcliffs und Catherines vollkommen natürlich; sie verkörpern all die Poesie, die Emily Brontë selbst empfindet, ohne Mühe. Wir haben nie das Gefühl, daß dies ein poetischer Augenblick ist, ohne Verbindung zum übrigen, oder daß Emily Brontë hier durch ihre Charaktere zu uns spricht. Ihre Gefühle haben sich nicht unabhängig geregt und sind nicht in eigene Stellungnahmen oder Standpunkte geflossen. Sie benutzt ihre Charaktere, um ihr Konzept durchzusetzen, so daß ihre Menschen aktiv Handelnde im Leben des Buches sind, die zu dessen Ungestüm beitragen und es nicht behindern. Dasselbe geschieht, deutlicher, aber weniger konzentriert, in *Moby Dick*.[51] In beiden Büchern empfangen wir eine Vision von einem Sein außerhalb der Menschen, von einer Bedeutung, für die sie stehen, ohne aufzuhören, sie selbst zu sein. Aber es ist beachtenswert, daß sowohl Emily Brontë als auch Herman Melville größtenteils keine Notiz nehmen von jenen Errungenschaften des modernen Geistes, die Proust so hartnäckig aufgreift und so glanzvoll umwandelt. Beide älteren Schriftsteller vereinfachen ihre Charaktere, bis nur der große Umriß, die Klüfte und Grate des Gesichts zu sehen sind. Beide waren offenbar mit dem Roman als ihrer Form und mit der Prosa als ihrem Instrument zufrieden, vorausgesetzt, sie konnten die Szene weit aus den Städten fortverlegen, die Akteure vereinfachen und der Natur in ihrer wildesten Gestalt erlauben, Teil der Szene zu sein. So können wir sagen, daß es Poesie in Romanen gibt, sowohl dort, wo sie von einem bestimmten Charakter in einer bestimmten Situation ausgedrückt wird wie von Natascha am Fenster, als auch stärker noch durch die ganze Stimmung und das Grundgefühl des Buches wie das Grundgefühl von *Wuthering Heights* oder *Moby Dick*, dem die Charaktere Catherine oder Heathcliff oder Kapitän Ahab Ausdruck verleihen.

In *A la recherche du temps perdu* jedoch gibt es ebensoviel Poesie wie in jedem dieser Bücher; aber es ist eine Poesie anderer Art. Die Analyse der Gefühlsregungen wird von Proust weiter vorangetrieben als von jedem anderen Romancier; und die Poesie kommt nicht aus der Situation, die zu feinnervig und umfänglich für solch eine Wirkung ist, sondern aus jenen häufigen Passagen kunstvoller Metaphern, die dem Fels des Denkens entspringen wie Süßwasserquellen und als Übersetzungen von einer Sprache in die andere dienen. Es ist, als hätte jede Situation zwei Gesichter; eines voll im Licht, so daß es so genau wie möglich beschrieben und so detailliert wie möglich untersucht werden kann; das andere halb im Schatten, so daß es nur in einem Augenblick von Glaube und Vision durch Metaphern beschrieben werden kann. Je länger der Romancier über seiner Analyse brütet, desto mehr wird ihm etwas bewußt, das sich ihm stets entzieht. Und es ist diese doppelte Sehweise, die das Werk von Proust für uns in unserer Generation so vollkommen rund und umfassend macht. Während also Emily Brontë und Herman Melville den Roman von der Küste fort aufs Meer hinaussteuern, heftet dagegen Proust den Blick auf die Menschen.

Und hier wollen wir innehalten, gewiß nicht, weil es keine Bücher mehr zu lesen oder keine Stimmungsumschwünge mehr zu befriedigen gibt, sondern aus einem Grund, der von der Jugend und Vitalität dieser Kunstform selbst herrührt. Wir können uns so viele verschiedene Arten von Romanen vorstellen, wir sind uns so vieler Beziehungen und Gemütsregungen bewußt, die der Romancier nicht ausdrückte, daß wir mittendrin bei Emily Brontë oder bei Tolstoi abbrechen, ohne irgendeinen Anspruch darauf, daß die Phasen der Romankunst vollständig sind oder daß unsere Wünsche als Leser volle Befriedigung erlangt haben. Im Gegenteil, das Lesen weckt sie; sie steigen auf und rufen uns unartikuliert ein Dutzend verschiedene Romane ins Bewußtsein, die gleich unter dem Horizont ungeschrieben warten. Daher gegenwärtig die Vergeblichkeit irgendeiner Theorie über »die Zukunft des Romans«. Die nächsten zehn Jahre werden sie bestimmt über den Haufen werfen; das nächste Jahrhundert wird sie in die Winde zerstreuen. Wir brauchen uns nur zu erinnern, wie jung der Roman vergleichsweise ist, daß er, grob gesagt, ungefähr so alt ist wie die englische Dichtkunst zur Zeit von Shakespeare, um die Sinnlosigkeit irgendeiner abschließenden Beurteilung oder Theorie über die Zukunft dieser Kunstform zu begreifen. Darüber hinaus ist die Prosa selbst noch im Kindesalter und zweifellos fähig zu unendlicher Veränderung und Entwicklung.

Aber unsere eilige Reise von Buch zu Buch hat uns einige nebenbei gemachte Notizen hinterlassen, und die wollen wir sortieren, weniger, um zu einem Ergebnis zu gelangen, eher um der nachdenklichen, vergrübelten Stimmung Ausdruck zu geben, die der Tätigkeit des Lesens folgt. So haben wir denn vor allem, sogar trotz der kurzen Zeit, die uns zur Verfügung stand, beim Lesen dieser wenigen Bücher emotional eine große Entfernung zurückgelegt. Wir sind ernsten Sinnes auf der Hauptstraße vorangestapft, haben schlicht und vernünftig geredet und viele interessante Abenteuer erlebt; dann wurden wir romantisch, haben in Burgen gelebt, wurden auf Mooren gejagt, haben ritterlich gekämpft und sind gestorben; als wir dessen müde waren, sind wir wieder mit der Menschheit in Berührung gekommen, anfangs romantisch wundersam, die Gesellschaft von Riesen und Zwergen genießend, von Übergroßen und Mißgestalteten, und haben sie dann, wiederum dieser Überspanntheit müde, mit Hilfe von Jane Austens Mikroskop zu vollkommen wohlproportionierten, normalen Männern und Frauen verkleinert und die chaotische Welt zu englischen Pfarrhäusern, Sträuchern und Rasenflächen.

Doch bald fällt ein Schatten auf diese heitere Aussicht und verzerrt die reizende Harmonie ihrer Proportionen. Der Schatten unseres eigenen Geistes ist auf sie gefallen, und allmählich haben wir uns in unser Inneres zurückgezogen und sind mit Henry James den endlosen Fasern von Gefühl und Beziehung gefolgt, in die Männer und Frauen verwoben sind, wurden dann mit Dostojewski weitergeführt, um meilenweit hinabzusteigen in die tiefen und gärenden Wallungen der Seele.

Schließlich wirft Proust das Licht einer ungemein zivilisierten und gesättigten Intelligenz auf dieses Chaos und enthüllt die ungeheure Weite und Komplexität der menschlichen Gefühlswelt. Aber in seinem Gefolge verlieren wir den Sinn für den Überblick, und um ihn wiederzugewinnen, nehmen wir Zuflucht zu den Satirikern und den Phantasten, die Abstand halten und die Welt von fern betrachten und eliminieren und reduzieren, so daß wir die Befriedigung haben, runde Dinge zu sehen, nachdem wir in sie eingetaucht waren. Und die Satiriker und die Phantasten wie Peacock und Sterne schreiben wegen ihrer Distanz oft wie Dichter schreiben, um der Schönheit des Satzes und nicht um seines Gebrauchswerts willen, und regen uns dadurch an, nach Poesie im Roman zu verlangen. Poesie erfordert anscheinend eine andere Anordnung der Szene; Menschen werden gebraucht, aber eher in ihrer Beziehung zu Liebe oder Tod oder Natur als zueinander. Aus diesem Grund ist ihre Psychologie vereinfacht, wie sie es bei Meredith und Hardy ist, und statt die Kompliziertheit des Lebens zu spüren, fühlen wir seine Leidenschaft, seine Tragik. In *Wuthering Heights* und in *Moby Dick* hat diese Vereinfachung, weit davon entfernt, leer zu sein, Größe, und wir spüren jenes darüber hinausreichende Etwas, das nicht menschlich ist, jedoch ihre Menschlichkeit oder die Handlungen nicht zerstört. So können wir also unsere

Eindrücke knapp zusammenfassen. Kurz und bruchstückhaft wie sie sind, haben wir ein Gefühl gewonnen von der Unermeßlichkeit des Romans und der Größe seiner Spannweite.

Während wir zurückschauen, will uns scheinen, daß der Romancier alles tun kann. Im Roman ist Raum für das Erzählen von Geschichten, für Komödie, für Tragödie, für Kritik und Information und Philosophie und Poesie. Etwas von seiner Anziehungskraft liegt in der Weite seines Spielraums und in der Befriedigung, die er so vielen verschiedenen Stimmungen, Wünschen und Trieben auf seiten des Lesers bietet. Aber so sehr der Romancier auch seinen Schauplatz wandeln oder die Beziehungen von einer Sache zur anderen verändern mag – und während wir zurückschauen, sehen wir die ganze Welt in unaufhörlichem Wandel –, ein Element bleibt in allen Romanen konstant, und das ist das menschliche Element; sie handeln von Menschen, sie wecken in uns die Gefühle, die Menschen im wirklichen Leben in uns wecken. Der Roman ist die einzige Kunstform, die uns glauben machen will, daß sie einen vollständigen und wahrheitsgemäßen Bericht vom Leben eines wirklichen Menschen gibt. Und um diesem vollständigen Bericht vom Leben nicht den Höhepunkt und die Krise, sondern die Entstehung und Entwicklung von Gefühlen zu geben, was das Ziel des Romanciers ist, kopiert er die Tagesordnung, hält sich an die übliche Abfolge der Dinge, sogar wenn solche Treue kapitellange Beschreibungen und stundenlange Nachforschungen mit sich bringt. So gleiten wir in den Roman mit weit geringerer Anstrengung und geringerem Bruch mit unserer Umgebung als in jede andere Form der schönen Literatur. Wir scheinen weiterzuleben, nur in einem anderen Haus oder vielleicht auch Land. Unsere üblichsten und natürlichsten Sympathien erwachen mit den ersten Worten; wir spüren, wie sie sich auf jeder Seite ausdehnen und zusammenziehen, vor Zuneigung oder Abneigung, Hoffnung oder Furcht. Wir beobachten den Charakter und das Verhalten von Becky Sharp[52] oder Richard Feverel und gelangen instinktiv zu einer Meinung über sie wie über wirkliche Menschen, nehmen stillschweigend diesen oder jenen Eindruck hin, beurteilen jedes Motiv und bilden uns die Meinung, daß sie charmant, aber unaufrichtig sind, gut oder langweilig, verschlossen, aber interessant, ebenso, wie wir uns ein Urteil über die Charaktere der Menschen bilden, denen wir begegnen.

Dieser gewinnende Mangel an Künstlichkeit und die Stärke der Gefühle, die er erregen kann, sind große Vorteile für den Romancier, aber sie sind auch große Gefahren. Denn es läßt sich nicht vermeiden, daß der Leser, der eingeladen ist, in Romanen zu leben wie im Leben selbst, auch weiter so empfindet, wie er im Leben empfindet. Roman und Leben werden nebeneinander gelegt. Wir wollen Glück für den Charakter, den wir mögen, Strafe für jene, die wir nicht mögen. Wir hegen geheime Sympathien für jene, die uns zu ähneln scheinen. Es fällt schwer, zuzugeben, daß das Buch von Wert sein mag, wenn es unseren Sympathien zuwiderläuft oder ein Leben beschreibt, das uns unwirklich vorkommt. Wieder rückt der Charakter des Romanciers in den Vordergrund unseres Bewußtseins, und wir stellen Vermutungen an über sein Leben und seine Abenteuer. Diese persönlichen Maßstäbe erstrecken sich in jede Richtung, denn jede Art von Vorurteil, jede Art von Eitelkeit kann vom Romancier brüskiert oder besänftigt werden. Wirklich ist die enorme Zunahme des psychologischen Romans in unserer Zeit hauptsächlich durch den Irrglauben ausgelöst worden, den der Leser dem Autor aufgedrängt hat, nämlich daß Wahrheit immer gut sei; sogar wenn es die Wahrheit des Psychoanalytikers ist und nicht die der Phantasie.

Solche Eitelkeiten und Gefühle auf seiten des Lesers zwingen den Romancier fortwährend, sie zu befriedigen. Und das Ergebnis, obwohl es dem Roman ein kurzes Leben von extremer Vitalität bescheren mag, ist, wie wir wissen, sogar während wir die Tränen und das Gelächter und den Überschwang dieses Lebens genießen, seiner Dauerhaftigkeit sehr abträglich. Denn die Genauigkeit der Darstellung, die Lockerheit und Schlichtheit seiner Methode, sein Verzicht auf Künstlichkeit und Konvention, seine ungeheure

Kraft, die Oberfläche der Wirklichkeit zu imitieren – all die Eigenschaften, die einen Roman zur beliebtesten Literaturform machen –, lassen ihn auch, sogar während wir ihn lesen, schal werden und unter unseren Händen vermodern. Schon jetzt sind einige der »großen Romane« der jüngsten Vergangenheit wie *Robert Elsmere* oder *Uncle Tom's Cabin*[53] bis auf wenige Stellen vermodert, weil sie ursprünglich mit so viel von dem ausgestopft waren, das Belang und Lebendigkeit nur für jene besaß, die in dem Augenblick lebten, als die Bücher geschrieben wurden. Sobald Umgangsformen sich ändern oder die zeitgenössische Ausdrucksweise sich wandelt, werden Seite um Seite, Kapitel um Kapitel obsolet und leblos.

Aber der Romancier ist sich dessen ebenfalls bewußt, und während er die Fähigkeit benutzt, menschliche Sympathie zu wecken, die ihm eigen ist, versucht er auch, sie zu lenken. In der Tat ist das erste Anzeichen dafür, einen Autor von Bedeutung zu lesen, daß wir spüren, wie seine Lenkung auf uns einwirkt. Die Barriere zwischen uns und dem Buch wird erhöht. Wir gleiten nicht so instinktiv und so leicht in eine Welt, die wir schon kennen. Wir spüren, daß wir gezwungen werden, uns in eine Ordnung zu fügen und die Elemente des Romans – Mensch, Natur, Gott – auf Geheiß des Autors in bestimmte Beziehungen zu setzen. In der Rückschau auf die wenigen Romane, die wir betrachtet haben, können wir sehen, wie wir uns erstaunlicherweise erst eine Vision zu eigen machen und dann eine ganz andere, die deren Gegenteil ist. Auf den Befehl von Defoe löschen wir ein ganzes Universum aus; auf den Befehl von Proust sehen wir jeden Grashalm und jedes Schneckenhaus. Von der ersten Seite an spüren wir, wie unser Geist auf einen Punkt gerichtet wird, der immer klarer hervortritt, während das Buch voranschreitet und der Autor sein Konzept aus dem Dunkel hervorbringt. Schließlich liegt das Ganze vor Augen. Und dann, wenn das Buch zu Ende ist, meinen wir etwas zu sehen (es ist seltsam, wie visuell der Eindruck ist), das es umgürtet wie die feste Straße von Defoes Erzählweise; oder wir sehen es gestaltet und symmetrisch komplett mit Säule und Kuppel, wie *Pride and Prejudice* und *Emma*.[54] Noch eine weitere Kraft, die nicht die Kraft der Genauigkeit oder des Humors oder des Pathos ist, wird von den großen Autoren zur Gestaltung ihres Werkes eingesetzt. Beim Umwenden der Seiten wird etwas aufgebaut, was nicht die Handlung selbst ist. Und diese Kraft, die zwar akzentuiert und konzentriert und dem Fluß des Romans Dauerhaftigkeit und Stärke gibt, so daß ohne sie kein Roman auch nur ein paar Jahre überleben kann, ist aber auch eine Gefahr. Denn die charakteristischsten Eigenschaften des Romans – daß er die langsame Entstehung und Entwicklung von Gefühlen aufzeichnet, daß er dem Leben vieler Menschen folgt und ihren Verbindungen und Schicksalen über einen langen Zeitraum hinweg nachspürt – sind gerade die Eigenschaften, die am wenigsten vereinbar sind mit Formgebung und Ordnung. Es ist das Besondere von Stil, Arrangement, Konstruktion, uns in einen Abstand vom einzelnen Leben zu versetzen und dessen Merkmale auszulöschen; während es das Besondere des Romans ist, uns in enge Berührung mit dem Leben zu bringen. Die beiden Kräfte bekämpfen sich, wenn sie miteinander verknüpft werden. Der vollständigste Romancier muß derjenige sein, der die beiden Kräfte ins Gleichgewicht bringen kann, so daß die eine die andere steigert.

Dies scheint zu beweisen, daß der Roman seiner Natur nach zum Kompromiß verdammt, zur Mittelmäßigkeit verurteilt ist. Sein Aufgabenbereich, so mag man schlußfolgern, ist es, sich mit den gewöhnlicheren, aber schwächeren Gefühlsregungen zu befassen; die Fülle und nicht die Essenz des Lebens auszudrücken. Aber ein jedes solches Urteil muß auf der Voraussetzung beruhen, daß »der Roman« einen bestimmten Charakter hat, der inzwischen festgelegt ist und nicht geändert werden kann, daß »das Leben« eine bestimmte Grenze hat, die definiert werden kann. Und eben diese Schlußfolgerung wird von den Romanen, die wir gelesen haben, tendenziell in Frage gestellt.

Der Entdeckungsprozeß geht unaufhörlich weiter. Ständig wird mehr vom Leben urbar gemacht und einverleibt. Den Charakter des Romans, der die jüngste und kraftvollste Kunstform ist, in diesem Augenblick festzulegen, wäre deshalb, als hätte man den Charakter der Poesie im achtzehnten Jahrhundert festgelegt und gesagt, da Grays *Elegy* Dichtung sei, sei *Don Juan*[55] unmöglich. Eine Kunstform, deren sich Scharen von Menschen bedienen und die unterschiedlichen Geistern Raum bietet, ist zwangsläufig auch brodelnd, flüchtig, unbeständig. Und aus einem Grund, der hier nicht untersucht werden soll, ist diese Literaturform die gastfreundlichste aller Gastgeberinnen; sie zieht heute Autoren an, die noch gestern Dichter, Dramatiker, Pamphletisten, Historiker gewesen wären. So teilt sich »der Roman«, wie wir ihn immer noch mit knauseriger Sprache nennen, deutlich in verschiedene Bücher auf, die nichts miteinander gemein haben als diesen einen unzulänglichen Titel. Schon jetzt sind die Romanciers so weit voneinander entfernt, daß sie kaum miteinander in Verbindung stehen, und für den einen Romancier ist das Werk eines anderen wahrhaft unverständlich oder wahrhaft unbedeutend.

Den wesentlichsten Beweis für diese Fruchtbarkeit liefert uns jedoch unser Gespür dafür, daß etwas noch nicht gesagt worden ist; daß ein Verlangen noch nicht befriedigt worden ist. Ein sehr allgemeiner, ein sehr vereinfachter Blick auf dieses Verlangen scheint zu zeigen, daß es in zwei Richtungen weist. Das Leben – ein Gemeinplatz – wird immer komplizierter. Unser Bewußtsein von uns selbst wird ständig wacher und scharfsichtiger. Wir nehmen Beziehungen und Feinheiten wahr, die noch nicht erkundet worden sind. Proust ist der Pionier dieser Schule, und zweifellos wird die Zukunft Schriftsteller hervorbringen, die die Analyse von Henry James weiter vorantreiben werden, die feinere Gefühlsfäden, seltsamere und dunklere Phantasien offenbaren und verknüpfen werden.

Aber wir wünschen uns auch eine Synthese. Der Roman, darüber besteht Einigkeit, kann dem Leben folgen; er kann Einzelheiten aufhäufen. Aber kann er auch auswählen? Kann er symbolisieren? Kann er uns einen Abriß ebenso wie ein Inventar geben? Es war etwa eine Funktion wie diese, die die Poesie in der Vergangenheit erfüllte. Aber, ob nun für den Augenblick oder für längere Zeit, die Poesie mit ihren Rhythmen, ihrer poetischen Diktion, ihrem starken Geschmack nach Tradition ist heute zu weit von uns fort, um uns den Dienst zu leisten, den sie unseren Eltern erwies. Prosa ist vielleicht das am besten geeignete Instrument für die Komplexität und Schwierigkeit des modernen Lebens. Und Prosa – wir müssen es wiederholen – ist immer noch so jugendlich, daß wir kaum wissen, welche Kräfte sich in ihr verbergen mögen. Daher ist es möglich, daß der Roman in künftiger Zeit sich so weit von dem Roman Tolstois und Jane Austens unterscheiden wird, wie die Poesie von Browning und Byron sich von der Poesie Lydgates und Spensers[56] unterscheidet. In künftiger Zeit – aber die künftige Zeit liegt weit außerhalb unseres Ermessens.

Deutsch von Heidi Zerning

Anmerkungen

Der Essay erschien in Fortsetzungen, im April, Mai und Juni 1929, in *The Bookman*, New York.

VW hatte etwa seit 1925 geplant, »some theory about fiction« zu schreiben, widmete dem Projekt unverhältnismäßig viel Zeit, denn es bedeutete praktisch ein Wiederlesen großer Teile der englischen Romanliteratur, und sie arbeitete auch nach der Veröffentlichung in *The Bookman* weiter daran.

In die Anmerkungen sind außer den heute unbekannten nur solche Autoren aufgenommen, bei denen sie länger verweilt.

1 George Henry Borrow (1803–1881), Autor autobiographischer Romane, die oft das Leben und die Sprache von Zigeunern, die er erforschte, zum Thema haben (*Lavengro*, 1851; *The Romany Rye*, 1857). – William Edward Norris (1847–1925), Autor zahlreicher modischer Romane, von denen VW einige besprach. Siehe auch Anm. 4.

2 Kaliumpermanganatlösung zur Desinfektion, benannt nach dem englischen Chemikalienfabrikanten H. B. Condy.

3 Daniel Defoe (ca. 1660–1731), *The Life and Strange and Surprising Adventures of Robinson Crusoe*, 1719 (siehe VWs Essay ›Robinson Crusoe‹, in: *Der gewöhnliche Leser 2*, S. 61–69); *The Fortunes and Misfortunes of the famous Molly Flanders*, 1722; *The Fortunate Mistress Roxana*, 1724.

4 VW bezieht sich auf den Roman *The Triumphs of Sara* (1920). Rotten Row ist eine Allee im Hyde Park von Apsley Gate bis Kensington Gardens, frequentiert von modischen Reit- und Kutschpartien.

5 Guy de Maupassant (1850–1893), Autor hunderter kurzer Erzählungen und zweier Romane, darunter *Bel Ami* (1885). Die Woolfs besaßen zwei seiner Erzählungssammlungen, *Boule de Suif* und *La Maison Tellier*.

6 Aus ›Histoire d'une fille de ferme‹, zuerst in der Sammlung *La Maison Tellier* (1881).

7 Jonathan Swift (1667–1745), *Gulliver's Travels* (1726).

8 Anthony Trollope (1815–1882), Romancier der englischen Provinz, vor allem mit dem Zyklus der *Barchester*-Romane, zu denen *Barchester Towers* (1857) gehört, dem die im folgenden Absatz genannten Figuren entstammen. Die Charakteristik des Schriftstellers, die VW zitiert, findet sich in den *Vignettes of Memory* von Lady Violet Greville (1927), was VW in einer Fußnote selbst angibt. Trollope war maßgeblich am Aufbau des englischen Postsystems beteiligt; von ihm stammt die Einführung der roten Briefkastensäulen.

9 Sir Walter Scott (1771–1832), *The Bride of Lammermoor* (1819), Band I, Kap. II.

10 Ebd., Kap. III.

11 Robert Louis Stevenson (1850–1894), bis heute bekannt für seine Romane *Treasure Island* (1883), *The Strange Case of Dr. Jekyll and Mr Hyde* (1886), *Kidnapped* (1886) und *The Master of Ballantrae* (1889).

12 *The Master of Ballantrae: A Winter's Tale*, Kap. V.

13 Ebd.

14 *The Bride of Lammermoor*, Band III, Kap. VII (Kap. 34 in einer einbändigen Ausgabe).

15 Ebd., Band III, Kap. VIII (letztes Kapitel in einer einbändigen Ausgabe). Caleb Balderstone ist der alte Butler von Ravenswood.

16 Ann Radcliffe (1764–1823), *The Mysteries of Udolpho: A Romance* (1794). Siehe VWs Essay ›Die Schauerromanze‹ in diesem Band.

17 Ebd., Band II, Kap. VI.

18 Ende des ersten Teils des Abdrucks in *The Bookman*.

19 Charles Dickens (1812–1870), *Bleak House* (1852–53). Der Satz steht im Vorwort der ersten Ausgabe.

20 VW meint die verrückte Miss Flite.

21 *Bleak House*, Kap. XVI.

22 Ebd., Kap. XVIII.

23 Ebd., Kap. XXII.

24 Charaktere in Tolstois *Krieg und Frieden* (1863–69).

25 Jane Austen (1775–1817), *Pride and Prejudice* (1813).

26 *Pride and Prejudice*, Kap. X.

27 Ebd., Kap. IX.

28 Ebd., Kap. X.

29 Ebd., Kap. XXX. Die Hervorhebung stammt von VW.

30 George Eliot (1819–1880), *Middlemarch: A Study of Provincial Life* (1871–72). (Siehe VWs Essay ›George Eliot‹, in: *Der gewöhnliche Leser 1*, S. 196–208.) – Über George Gissing siehe VWs Essay ›George Gissing‹, in: *Der gewöhnliche Leser 2*, S. 260–267.

31 George Eliot, *Silas Marner: The Weaver of Raveloe* (1861).

32 Ebd., Kap. II. Deutsch von Eva Schumann, Berlin: Aufbau, 1968, S. 19.

33 Ebd., Kap. V. Deutsch S. 55.

34 Henry James (1843–1916), *What Maisie Knew* (1897). Das Zitat weiter unten findet sich auf den ersten Seiten.

35 Marcel Proust (1871–1922), *A la recherche du temps perdu* (1913–27). Band III, *Le Côté de Guermantes*, Teil II. *Auf der Suche nach der verlorenen Zeit*, deutsch von Eva Rechel-Mertens; Band III, *Die Welt der Guermantes*, Frankfurt: Suhrkamp, 1955, S. 491.

36 Fjodor Dostojewski (1821–1881), *Die Dämonen* (1871), Erster Teil, Zweites Kapitel. Hier zitiert in der Übersetzung von Svetlana Geier, *Böse Geister*, Zürich: Ammann, 1998, S. 58. Die Charakterisierung Stawrogins heißt in der englischen Übersetzung von Constance Garnett, die VW benutzte: »... a paragon of beauty. Yet at the same time there seemed something repellent about him.«

37 Ebd., Viertes Kapitel, S. 190 f.

38 Ebd., Zweiter Teil, Erstes Kapitel, S. 335.

39 Ebd., Erster Teil, Fünftes Kapitel, S. 236.

40 Wilkins Micawber in *David Copperfield* (1849–50); Sarah Gamp in *The Life and Adventures of Martin Chuzzlewit* (1843–44).

41 Ende des zweiten Teils des Abdrucks in *The Bookman*.

42 Thomas Love Peacock (1785–1866), Freund Shelleys, vor allem Autor satirischer Romane, meist in Konversationsform. *Crotchet Castle* (1831).

43 *Crotchet Castle*, Kap. X.

44 Ebd., Kap. IX.

45 Laurence Sterne (1713–1768), *The Life and Opinions of Tristram Shandy, Gentleman*, 9 Bändchen (1759–67). Deutsche Übersetzung von Michael Walter: *Leben und Ansichten von Tristram Shandy, Gentleman*. Frankfurt: Fischer Taschenbuch Verlag, 2010. (Zuerst Zürich: Haffmans, 1984–91.)

46 1. Bändchen, Kap. XXII, deutsche Übersetzung, S. 81 f.

47 9. Bändchen, Kap. VIII, deutsche Übersetzung, S. 651.

48 Emily Brontë (1818–1848), *Wuthering Heights* (1847). (Siehe VWs Essay ›*Wuthering Heights* und *Jane Eyre*‹, in: *Der gewöhnliche Leser 1*, S. 189–195.)

49 Gabriel Oak in Thomas Hardys (1840–1928) Roman *Far from the Madding Crowd* (1874).

50 George Meredith (1819–1909), *The Ordeal of Richard Feverel* (1859).

51 Herman Melville (1819–91), *Moby Dick* (1851).

52 Eine Hauptfigur in *Vanity Fair* (1848) von William Makepeace Thackeray (1811–1863).

53 Mrs Humphry Ward (1851–1920), *Robert Elsmere* (1888). – Harriet Beecher Stowe (1811–1896), *Uncle Tom's Cabin* (1851).

54 Jane Austen, *Emma* (1816).

55 Thomas Gray (1716–1771), ›Elegy Written in a Country Churchyard‹ (1751). – George Gordon, Lord Byron (1788–1824), *Don Juan*, unvollendete epische Satire (1819–24).

56 Robert Browning (1812–1889); John Lydgate (ca. 1370–ca.1451); Edmund Spenser (ca. 1552–1599).

II Die Kunst der Biographie

Die neue Biographie

»Das Ziel der Biographie«, sagte Sir Sydney Lee, der vielleicht mehr Biographien gelesen und geschrieben hatte als irgend jemand sonst zu seiner Zeit, »ist die wahrheitsgemäße Vermittlung der Persönlichkeit.«[1] Kein anderer einzelner Satz könnte das ganze Problem der Biographie, wie es sich uns heutzutage darstellt, säuberlicher in zwei Teile aufspalten. Auf der einen Seite haben wir die Wahrheit; auf der anderen die Persönlichkeit. Und wenn wir uns die Wahrheit als etwas von der Festigkeit des Granits vorstellen und die Persönlichkeit als etwas von der Ungreifbarkeit des Regenbogens und bedenken, daß das Ziel der Biographie darin besteht, diese beiden zu einem nahtlosen Ganzen zu verschweißen, werden wir zugeben, daß das Problem ein kniffliges ist und wir uns nicht zu wundern brauchen, wenn es den Biographen meistenteils nicht gelingt, es zu lösen.

Denn die Wahrheit, von der Sir Sidney spricht, die Wahrheit, welche die Biographie verlangt, ist eine Wahrheit in ihrer härtesten, störrischsten Form; es ist eine Wahrheit, wie sie im British Museum zu finden ist; es ist eine Wahrheit, aus der jeder Dunst der Falschheit durch das Gewicht der Nachforschung herausgepreßt wurde. Erst wenn die Wahrheit derart gesichert war, benutzte Sir Sidney Lee sie zur Errichtung seines Monuments; und niemand kann so töricht sein, zu leugnen, daß die Pfeiler, die er aus derart harten Fakten errichtete, gleich ob man Shakespeare oder König Edward VII.[2] heißt, unseren ganzen Respekt verdienen. Denn in der Wahrheit liegt eine Tugend; sie besitzt eine fast mystische Macht. Wie Radium scheint sie in der Lage, für immer und alle Zeiten Energiepartikel auszustrahlen, Lichtatome. Sie stimuliert den Geist, der in dieser Hinsicht mit einer merkwürdigen Empfänglichkeit ausgestattet ist, wie kein Roman, gleich wie kunstvoll oder bunt, ihn stimulieren kann. Da die Wahrheit derart wirksam und überlegen ist, können wir die Tatsache, daß Sir Sidneys Shakespeare-Biographie langweilig und seine Biographie Edwards VII. unlesbar ist, nur durch die Vermutung erklären, daß beide zwar mit Wahrheit vollgestopft sind, es ihm aber nicht gelang, jene Wahrheiten auszuwählen, die die Persönlichkeit vermitteln. Denn damit das Licht der Persönlichkeit durchscheinen kann, müssen die Fakten manipuliert werden; manche müssen aufgehellt, andere verschattet werden; doch dürfen sie in diesem Prozeß nie ihre Integrität verlieren. Und es ist offensichtlich, daß es einfacher ist, diese Gebote zu befolgen, indem man sich darauf besinnt, daß das wahre Leben des Subjekts sich eher in Taten zeigt, die offenkundig sind, als in jenem inneren Leben der Gedanken und Gefühle, die sich dunkel und verschwommen durch die verborgenen Kanäle der Seele schlängeln. Daher entschied sich der Biograph in früheren Zeiten für den einfacheren Weg. Ein Leben, selbst wenn es von einem Geistlichen gelebt wurde, war eine Folge von Heldentaten. Der Biograph, gleich ob es sich um Izaak Walton oder um Mrs Hutchinson[3] oder um jenen unbekannten Schreiberling handelte, der auf Grabsteinen oder Gedenktafeln oft so überraschend wortgewandt ist, erzählte eine Geschichte von Schlachten und Siegen. Mit ihren gesetzten Formulierungen und ihrem gewollten künstlerischen Ziel vermitteln derartige Aufzeichnungen die Persönlichkeit mit einer formellen Aufrichtigkeit, die auf ihre Art absolut befriedigend ist. Und so hätte die Biographie ihren Weg vielleicht fortgesetzt, indem sie die Roben dekorativ über die ruhenden Gestalten der Toten breitete, wäre nicht gegen Ende des achtzehnten Jahrhunderts einer jener eigenartig genialen Männer aufgetaucht, die in der Lage scheinen, die Steifheit, die sich über die Gesellschaft gelegt hat, dadurch zu brechen, daß sie mit natürlicher Stimme sprechen. So sprach Boswell.[4] So hören wir aus Boswells Seiten die Stimme von Samuel Johnson dröhnen. »Nein, Sir, pure Taktlosigkeit«, hören wir ihn sagen. Sobald wir diese Worte gehört haben, sind wir uns bewußt, daß sich unter uns eine unberechenbare Präsenz befindet, die fortfahren wird, in immer weiter werdenden Kreisen zu klingen und nachzuhallen, egal wie die Zeiten oder wir selbst uns ändern mögen. Alle biographischen Draperien und Schicklichkeiten sinken zu Boden. Wir können nicht länger behaupten, das Leben bestünde nur aus Taten oder Werken. Es besteht aus Persönlichkeit. Etwas wurde freigesetzt, neben dem alles andere kalt und farblos wirkt. Wir wurden von einer Knechtschaft befreit, die wir nun als unerträglich erkennen. Wir müssen nicht länger feierlich und steif von Feldlager zu Ratskammer schreiten. Wir dürfen, sogar mit den ganz Großen und Guten, am Tisch sitzen und reden.

Vermutlich durch den Einfluß Boswells beschäftigte sich die Biographie das ganze neunzehnte Jahrhundert hindurch ebensosehr mit dem Leben kontemplativer wie mit dem aktiver Menschen. Sie suchte gewissenhaft und hingebungsvoll, nicht nur das äußere Leben aus Arbeit und Aktivität zum Ausdruck zu bringen, sondern auch das innere Leben der Gefühle und Gedanken. Das ereignislose Leben von Dichtern und Malern wurde in ebensolcher Ausführlichkeit beschrieben wie das Leben von Soldaten und Staatsmännern. Aber die viktorianische Biographie war eine buntscheckige, monströse Mißgeburt. Denn obwohl die Faktenwahrheit ebenso gewissenhaft beachtet wurde, wie Boswell es tat, wurde die Persönlichkeit, die Boswells Genie befreit hatte, eingeschränkt und verzerrt. Die Konvention, die Boswell zerstört hatte, legte sich erneut, nur in anderer Form, über Biographen, die nicht über seine Kunstfertigkeit verfügten. Wo die Mrs Hutchinsons und die Izaak Waltons beweisen wollten, daß ihre Helden Wunder an Mut und Gelehrsamkeit waren, war der viktorianische Biograph von der Idee des Guten besessen. Edel, rechtschaffen, keusch, streng; so werden uns die verdienstvollen Viktorianer präsentiert. Die Person ist fast stets überlebensgroß in Zylinder und Gehrock, und die Art der Darstellung wird zunehmend plump und schwerfällig. Denn ein Leben, das sich nicht länger in Taten ausdrückt, nimmt in Form unzähliger Worte Gestalt an. Der gewissenhafte Biograph darf nicht mehr mit Bravour eine geschliffene Geschichte erzählen, sondern muß sich durch endlose Labyrinthe quälen und sich mit zahllosen Dokumenten belasten. Am Ende produziert er eine formlose Masse, eine Biographie Tennysons oder Gladstones,[5] in der wir verzweifelt nach einer Stimme oder einem Lachen suchen, nach Flüchen oder Zorn, nach irgendeinem Hinweis darauf, daß dieses Fossil einst ein lebendiger Mensch war. Oft stoßen wir tatsächlich auf irgendeine Trophäe von unschätzbarem Wert, denn viktorianische Biographien sind mit Wahrheiten vollgestopft; aber immer stöbern wir mit dem Gefühl der ungeheuerlichen Verschwendung und künstlerischen Verbohrtheit einer solchen Methode in ihnen herum.

Doch mit dem zwanzigsten Jahrhundert kam eine Veränderung über die Biographie wie auch über die erzählende Literatur und die Lyrik. Das erste und sichtbarste Zeichen war der unterschiedliche Umfang. In den ersten zwanzig Jahren des neuen Jahrhunderts müssen Biographien die Hälfte ihres Gewichts verloren haben. Mr Strachey zwängte vier behäbige Viktorianer in ein einziges dünnes Büchlein; Monsieur Maurois kochte die üblichen zwei dickleibigen Bände einer Shelley-Biographie zu einem kleinen Band von Romangröße ein.[6] Doch die Verringerung des Umfangs war nur das äußere Zeichen einer inneren Veränderung. Der Blickwinkel war ein völlig anderer geworden. Wenn wir eine Biographie der neuen Schule aufschlagen, macht ihre Kargheit, ihre Leere uns sofort bewußt, daß das Verhältnis des Autors zu seinem Subjekt anders ist. Er ist nicht mehr der ernste, mitfühlende Gefährte, der fast sklavisch den Fußstapfen seines Helden folgt. Ob Freund oder Feind, bewundernd oder kritisch, er ist ein Ebenbürtiger. Jedenfalls bewahrt er sich seine Freiheit und sein Recht auf ein unabhängiges Urteil. Überdies fühlt er sich nicht gezwungen, jedem einzelnen Schritt des Weges zu folgen. Auf einer kleinen Erhebung stehend, die seine Unabhängigkeit für ihn geschaffen hat, sieht er sein Sujet vor sich ausgebreitet. Er wählt aus; er verschmilzt; kurzum, er hat aufgehört, ein Chronist zu sein; er ist ein Künstler geworden.

Nur wenige Bücher illustrieren diese neue Haltung der Biographie gegenüber besser als *Some People* von Harold Nicolson. In seinen Tennyson- und Byron-Biographien[7] folgte Mr Nicolson dem Pfad, den Mr Strachey und andere bereits gegangen waren. Hier tut er von sich aus einen anderen Schritt. Denn hier hat er eine Methode ersonnen, über andere und über sich selbst zu schreiben, als seien sie zugleich real und fiktiv. Es ist ihm auf bemerkenswerte Weise, wenn auch nicht gänzlich, gelungen, das Beste aus beiden Welten zu machen. *Some People* ist nicht fiktiv, da es die Substanz, die Realität der Wahrheit besitzt. Es ist keine Biographie, da es die Freiheit, das Künstlerische der erzählenden Literatur besitzt. Und wenn wir versuchen zu ergründen, wie er die Freiheit errungen hat, die ihn befähigt, uns diese außerordentlich vergnüglichen Seiten vorzulegen, müssen wir ihm als erstes hoch anrechnen, daß er den Mut besaß, sich von einem Berg von Illusionen zu befreien. Einem englischen Diplomaten werden sämtliche Bestechungen angeboten, die Menschen für gewöhnlich dazu veranlassen, große Dosen Unfug mit Fassung zu schlucken. Wenn Mr Nicolson über Lord Curzon[8] schreibt, hätte er es feierlich tun sollen. Wenn er das Außenministerium erwähnt, hätte es voller Respekt geschehen müssen. Sein Ton der Welt von Bognor und Whitehall gegenüber hätte wohlwollend, aber untertänig sein müssen. Doch dank einer Reihe von Einflüssen und Menschen, unter denen man Max Beerbohm[9] und Voltaire erwähnen könnte, wurde die Haltung des bestochenen und willfährigen Amtsträgers zu Atomen zerstäubt. Mr Nicolson lacht. Er lacht über Lord Curzon; er lacht über das Außenministerium; er lacht über sich selbst. Und da sein Lachen ein intelligentes Lachen ist, bringt es uns dazu, die Menschen, über die er lacht, ernst zu nehmen. Die Gestalt Lord Curzons, die sich hinter der eines betrunkenen Bediensteten versteckt, ist mit Belustigung und Respektlosigkeit aufs Papier geworfen; aber von allen Abhandlungen über Lord Curzon, die seit seinem Tod geschrieben wurden, läßt uns keine freundlicher über diesen absurden, aber, wie es scheint, äußerst menschlichen Mann denken.

Und so könnte es scheinen, als sei einer der großen Vorteile der neuen Schule, der Mr Nicolson angehört, der Mangel an Pose, Humbug, Feierlichkeit. Sie nähern sich ihren Großkopferten furchtlos an. Sie haben kein fixes Bild vom Universum, keinen Maßstab für Mut oder Moral, dem er, nach ihrem Willen, entsprechen muß. Der Mann selbst ist das ultimative Objekt ihrer Neugier. Des weiteren, und das ist der Hauptgrund, der den Umfang der Biographie derart reduziert hat, vertreten sie die Ansicht, daß der Mann selbst, die Quintessenz seines Charakters, sich dem Auge des Betrachters im Tonfall einer Stimme zeigt, einer Drehung des Kopfes, irgendeiner kleinen Bemerkung oder Anekdote, die im Vorübergehen aufgeschnappt wurde. Und so werden in zwei feinsinnigen Sätzen, in einer einzigen brillant beschreibenden Passage ganze Kapitel eines viktorianischen Bandes komprimiert und zusammengefaßt. *Some People* ist voller Beispiele für diese neue Phase der Kunst des Biographen. Mr Nicolson möchte eine Gouvernante beschreiben und erzählt uns, dass sie einen Tropfen an der Nasenspitze hatte und ihn zwang, dem Quarterdeck zu salutieren. Er möchte Lord Curzon beschreiben und läßt ihn seine Hose verlieren und »Tears, Idle Tears«[10] rezitieren. Er belastet sich mit keinem einzigen Faktum über sie. Er wartet, bis sie etwas Charakteristisches gesagt oder getan haben; und stürzt sich dann freudig darauf. Aber obwohl er in der Absicht wartet, sich darauf zu stürzen, einer Absicht, die seine Opfer durchaus mit Unbehagen erfüllen könnte, wenn sie sich ihrer bewußt wären, beschwichtigt er jeden Verdacht, indem er selbst, in eigener Person, in keinem schmeichelhaften Licht erscheint. Er hat einen abgetragenen Smoking, teilt er uns mit; ein rotes, anmaßendes Gesicht, gekräuselte Haare und eine gekräuselte Nase. Er ist ebenso Gegenstand seiner eigenen Ironie und Beobachtung, wie sie es sind. Er liegt ebenso listig auf der Lauer, um seine eigenen Absurditäten zu entlarven, wie die ihren. Tatsächlich geht uns am Ende des Buchs auf, daß die Person, die am vollständigsten und subtilsten zur Schau gestellt wurde, die des Autors selbst ist. Jede der Personen, die angeblich Gegenstand der Untersuchung sind, hält uns in ihrem kleinen, blitzenden Verkleinerungsspiegel ein anderes Spiegelbild von Harold Nicolson entgegen. Und obwohl die auf diese Weise sichtbar gemachte Person weder edel noch eindrucksvoll ist, noch in sehr heroischer Haltung gezeigt wird, zeigt sie sich aus eben diesen Gründen als höchst reales menschliches Wesen. Wir leben vor allem, scheint er zu sagen, im Spiegel unserer Freunde.

Diese Wirkung erzielt zu haben, ist nicht nur ein Triumph der Kunstfertigkeit, sondern jener positiven Eigenschaften, die wir gern so behandeln, als seien sie negativ – Freiheit von aller Pose, von Sentimentalität, von Illusion. Und der Sieg ist entschieden genug, um uns fragen zu lassen, welches Territorium er für die Kunst der Biographie gewonnen hat. Mr Nicolson hat bewiesen, daß man viele der Hilfsmittel der erzählenden Literatur verwenden kann, wenn man sich mit dem wirklichen Leben befaßt. Er hat gezeigt, daß ein wenig unter die Fakten gemischte Fiktion dazu dienen kann, Persönlichkeit auf sehr wirkungsvolle Weise zu vermitteln. Dennoch drängen sich einige Einwände oder Einschränkungen auf. Zweifellos sind die Personen in *Some People* alle eher kleiner als lebensgroß. Die Ironie, mit der sie behandelt werden, ist zwar durchaus liebevoll, hemmt sie aber in ihrem Wachstum. Sie fürchtet vor allem, daß eines dieser kleinen Wesen erwachsen werden und sich als ernst oder vielleicht tragisch erweisen könnte. Und außerdem nehmen sie die Bühne nie für mehr als ein paar kurze Momente ein. Sie wollen nicht, daß man sie genauer in Augenschein nimmt. Sie haben uns nicht sehr viel zu zeigen. Mr Nicolson gibt uns, kurz gesagt, das Gefühl, daß er mit sehr gefährlichen Elementen spielt. Eine unvorsichtige Bewegung, und das Buch wird in die Luft fliegen. Er versucht, die Wahrheit des wirklichen Lebens und die Wahrheit der Fiktion zu mischen. Und das kann er nur, indem er nicht mehr als eine Prise von beidem verwendet. Denn obwohl beide Wahrheiten echt sind, stehen sie sich widerstreitend gegenüber; treffen sie aufeinander, vernichten sie sich gegenseitig. Wenn wir selbst da, wo die Phantasie nicht sehr gefordert ist, erleben, wie Menschen, von denen wir wissen, daß sie real sind, wie Lord Oxford oder Lady Colefax,[11] sich mit Miss Plimsoll und Marstock mischen, deren Realität wir bezweifeln, lassen die einen die anderen verdächtig erscheinen. Laß es Faktum sein, empfindet man, oder laß es Fiktion sein; die Phantasie weigert sich, zwei Herren gleichzeitig zu dienen.

Und hier nähern wir uns erneut der Schwierigkeit an, der sich der Biograph bei allem Einfallsreichtum stellen muß. Faktische und fiktive Wahrheit sind unvereinbar; und doch ist er nun mehr denn je gefordert, sie zusammenzufügen. Denn wie es scheint, ist das Leben, das für uns zunehmend real ist, das fiktive Leben; es wohnt eher in der Persönlichkeit denn in der Tat. Jeder von uns ist mehr Hamlet, Prinz von Dänemark, denn John Smith, seines Zeichens Getreidemakler. Daher ist die Phantasie des Biographen ständig angeregt, die Kunst des Romanciers, nämlich Arrangement, Andeutung, dramatischen Effekt zu verwenden, um das Privatleben vorzuführen. Doch wenn er die Verwendung des Fiktiven zu weit treibt, so daß er die Wahrheit mißachtet oder sie nur unangemessen einführen kann, verliert er beide Welten; er besitzt weder die Freiheit der Fiktion noch die Substanz der Fakten. Boswells erstaunliche Macht über uns beruht größtenteils auf seiner störrischen Wahrhaftigkeit, so daß wir stillschweigend glauben, was er uns erzählt. Wenn Johnson sagt, »Nein, Sir, pure Taktlosigkeit«, besitzt seine Stimme einen Widerhall, weil wir ein paar Seiten früher nüchtern und prosaisch gesagt bekamen, Johnson »ging jedoch nach Oxford und wurde am 31. Oktober 1728 als Student des Pembroke College immatrikuliert, zu der Zeit war er in seinem neunzehnten Lebensjahr«.[12] Wir befinden uns in der Welt von Ziegel- und Pflastersteinen; von Geburt, Heirat und Tod; von Gesetzesvorlagen; von Pitt und Burke und Sir Joshua Reynolds.[13] Ob es eine realere Welt ist als die Welt Böhmens[14] und Hamlets und Macbeths bezweifeln wir; aber die Vermischung der beiden ist abscheulich.

Das mag sein, wie es will, doch wir können uns mit einem sehr einfachen Experiment vergewissern, daß die Tage der viktorianischen Biographie vorbei sind. Betrachten wir unser eigenes Leben; unterziehen wir ein paar Jahre, die wir tatsächlich gelebt haben, einer Prüfung. Bedenken wir, wie Lord Morley[15] sie dargestellt hätte; wie Sir Sidney Lee sie dokumentiert hätte; wie seltsam alles, was in ihnen am realsten war, ihnen durch die Finger geschlüpft wäre. Auch können wir den Biographen nicht nennen, dessen Kunst subtil und kühn genug wäre, jene eigenartige Verschmelzung von Traum und Wirklichkeit zu präsentieren, jene ewige Ehe von Granit und Regenbogen.[16] Seine Methode muß erst noch entdeckt werden. Aber Mr Nicolson mit seiner Mischung aus Biographie und Autobiographie, aus Faktum und Fiktion, aus Lord Curzons Hose und Miss Plimsolls Nase, weist mit einem nonchalanten Wink der Hand in eine mögliche Richtung.

Deutsch von Brigitte Walitzek

Anmerkungen

Rezension des Buches *Some People* von Harold Nicolson (London: Constable, 1927), die am 30. Oktober 1927 im *New York Herald Tribune* erschien.

Nicolson (1886–1968) war Diplomat und Autor zahlreicher Bücher über politische und historische Themen. Er schrieb mehrere Biographien und hinterließ bedeutende Tagebücher. Er war mit Vita Sackville-West verheiratet und mit VW befreundet.

1 Sir Sidney Lee (1859–1926) wurde 1891 Nachfolger Sir Leslie Stephens als Herausgeber des *Dictionary of National Biography*. Das Zitat stammt aus Lees *Principles of Biography* (Cambridge University Press, 1911), Kapitel IV, S. 25 f.

2 Sidney Lee, *A Life of Shakespeare* (1899); *King Edward VII* (1925, 1927).

3 Izaak Walton (1593–1683) schrieb Dichterbiographien u.a. über John Donne, Sir Henry Wotton und George Herbert. – Lucy Hutchinson (geb. 1620) schrieb *The Memoirs of the Life of Colonel Hutchinson*, die 1806 veröffentlicht wurden.

4 James Boswell (1740–1795), *The Life of Samuel Johnson* (1791). Boswell berichtet von dem neunzehnjährigen Johnson unter dem 31. Oktober 1728: »Ich hatte keine Vorstellung, daß ich gegenüber meinem Lehrer im Irrtum oder unehrerbietig war.« Boswell: »Das, Sir, war große Charakterstärke.« Johnson: »Nein, Sir, pure Taktlosigkeit.« (James Boswell, *Das Leben Samuel Johnsons* und *Das Tagebuch einer Reise nach den Hebriden*. Leipzig: Insel, 1984. Übertragung aus dem Englischen von Jutta Schlösser, S. 21.)

5 Hallam Tennyson, *Life of Alfred Tennyson* (2 Bände, 1897). – John Morley, *Life of Gladstone* (3 Bände, 1903).

6 Lytton Strachey, *Eminent Victorians* (1918). – André Maurois, *Ariel* (1923).

7 Harold Nicolson, *Tennyson: Aspects* (1923); *Byron. The Last Journey* (1924).

8 George Nathanael Curzon, Marquess Curzon of Kedleston (1859–1925). Als Außenminister hatte er maßgeblichen Einfluß auf die Friedenskonferenz in Lausanne (1922–23), die u.a. zum sogenannten Orientfrieden zwischen England, Frankreich, Griechenland, Bulgarien, Rußland und der Türkei führte. Nicolson schrieb später das Buch *Curzon, the Last Phase* (1934).

9 Max Beerbohm (1872–1956), witziger Essayist, Parodist und Karikaturist.

10 Ein Gedicht aus Tennysons Gedichtzyklus *The Princess, A Medley* (1847). Die Episode wird im Kapitel ›Arketall‹ erzählt, S. 212f. Arketall ist der dem Trunk ergebene Diener Lord Curzons, der dessen sämtliche Hosen im eigenen Bett deponiert hatte. Zum Dank für den Fund der Hosen sang Lord Curzon das Gedicht, so wie er es in seiner Jugend Tennyson selbst hatte vortragen hören.

11 Lord Oxford ist Herbert H. Asquith (1852–1928), Premierminister der Liberalen 1908–16. Siehe das Kapitel ›Professor Malone‹, S. 172. – Die Gesellschaftsdame Lady Sibyl Colefax (gest. 1950) tritt im Kapitel ›Miriam Codd‹ auf, S. 220. – Die Frau von Herbert Asquith, Lady Oxford, und Lady Sibyl Colefax werden in VWs Vortrag ›Bin

ich ein Snob?‹ (1936) karikiert. Siehe: *Augenblicke des Daseins*, deutsch von Brigitte Walitzek, Frankfurt: S. Fischer, 2012, S. 96–119.

12 Nur ein paar Zeilen, nicht Seiten, früher. Siehe oben Anm. 4, S. 21.

13 William Pitt, First Earl of Chatham (1708–1778), Whig-Staatsmann und großer Redner. – Edmund Burke (1729–1797), Philosoph, Politiker, gehörte wie der Maler Sir Joshua Reynolds (1723–1792) zum engen Freundeskreis von Samuel Johnson, dem sogenannten ›Club‹.

14 In Shakespeares Romanze *A Winter's Tale* liegt Böhmen am Meer.

15 John Morley (1838–1923), Zeitschriftenherausgeber und Autor zahlreicher Biographien, u. a. von Rousseau, Burke, Voltaire, Cromwell, Gladstone.

16 Vermutlich bezieht sich VW hier auf den eigenen Roman *Orlando: A Biography* (1928), an dem sie gerade schrieb. Im Vorwort, in dem sie Harold Nicolson erwähnt, heißt es, die Natur habe uns selbst aus »Granit und Regenbogen« geschaffen.

Ein Gespräch über Memoiren

Judith: Ich frage mich – soll ich meinem Vogel einen echten Schnabel geben oder einen orangefarbenen? Was immer sie auch sagen, seit dem Krieg ist Stickgarn nicht mehr das, was es einmal war. Aber was suchst du hinter dem Vorhang? *Ann*: Sind keine Herren anwesend? *Judith*: Nein, es sei denn, du rechnest das Ölbild von Onkel John mit. *Ann*: Oh, dann können wir über die Griechen reden! In der ganzen griechischen Literatur gibt es keine einzige Biographie. Siehst du! Du kannst mir nicht widersprechen; und so fragen wir uns weiterhin, wie die Damen dieses Volkes den Vormittag verbrachten, wenn es regnete, und die Stunden zwischen Tee und Dinner, wenn es dunkel war. *Judith*: Die Vormittage in Athen sind nie regnerisch. Und sie trinken keinen Tee. Sie trinken etwas Rotes, Süßes aus Gläsern und essen dazu Brocken türkischen Honigs. *Ann*: Ah, das erklärt alles! Ein trockenes, warmes Klima, kein Dämmerlicht, Wein, und blauer Himmel. In England ist die Atmosphäre von Natur aus wässrig, und als gäbe es draußen nicht schon genug Wasser, schütten wir mindestens viermal am Tag Tee und Kaffee in uns hinein. Es ist die Atmosphäre, die die englische Literatur anders macht als alle anderen – Wolken, Sonnenuntergänge, Nebel, Dunstschwaden, Miasmen. Und ich glaube, das Element Wasser wird hauptsächlich von den Biographienschreibern geliefert. Sieh nur, wie dick und aufgequollen die Bücher sind! (Sie nimmt nacheinander fünf Bände in die Hand.) Wassersüchtig. Trotzdem gibt es Zeiten – ich vermute, es ist der Mangel an Wein in meinem Blut –, da ist mir allein der Gedanke an einen Klassiker zuwider. *Judith*: Ich stimme dir zu. Die Klassiker – ach je, was wollte ich sagen? – irgendetwas sehr Kluges, das weiß ich. Aber ich kann nicht im gleichen Atemzug einen Papagei sticken und über Milton reden. *Ann*: Wohingegen du einen Papagei sticken und über Lady Georgiana Peel[1] reden könntest? *Judith*: Ganz recht. Erzähl mir von Lady Georgiana Peel und den übrigen. Das sind die Bücher, die ich liebe. *Ann*: Ich liebe sie nicht nur, ich verehre sie als die Eltern und Erzeuger unserer Rasse. Und wenn ich Mr Lytton Strachey[2] kennen würde, würde ich ihm sagen, was ich von ihm halte, der sich der großen englischen Kunst der Biographie gegenüber so despektierlich benimmt. Meine liebe Judith, letzte Nacht hatte ich eine Vision von einer Witwe, die mit einer Kerze einen Korb voller Memoiren in Brand steckte – eine halbe Million Wörter – zwei Bände – behäbig – blau – mit einem Wappen – Stammbäumen – Familienporträts – allem, was dazugehört. »Zur Hölle mit der Kunst!« rief ich und wachte völlig aufgelöst auf. *Judith*: Wahrscheinlich hat sie dich gehört. Aber fangen wir mit Lady Georgiana Peel an. *Ann*: Lady Georgiana Peel wurde 1836 geboren und war die Tochter von Lord John Russell. Die Russells sollen ja von Thor abstammen, dem Gott des Donners; ein direkterer Vorfahre ist ein gewisser Henri de Rozel, der im elften Jahrhundert – *Judith*: Glauben wir ihnen einfach unbesehen. *Ann*: Wie du meinst. Aber vergiß es nicht. Die Russells sind vom Temperament her kühl, von Natur aus streitsüchtig. Hm! Lord und Lady John ruhten unter einer Eiche im Richmond Park, als Lord John bemerkte, wie angenehm es wäre, den Rest ihres Lebens in jenem weißen Haus hinter dem Lattenzaun zu verbringen. Kaum gesagt, wird der Besitzer krank und stirbt. Die Königin, mit jener untrüglichen Scharfsicht etc. läßt Lord John kommen etc. und bietet ihm das Häuschen auf Lebenszeit an, etc., etc., etc. Ich meine, sie lebten fortan glücklich und zufrieden bis an ihr Lebensende, obwohl mit der Zeit ein Fabrikschlot die Aussicht ein wenig verdarb. *Judith*: Und Lady Georgiana? *Ann*: Nun, es gibt nicht viel über Lady Georgiana. Sie sah, wie der Königin die Haare gebürstet wurden, und sie zog nach Woburn. Und was, meinst du, haben sie dort gemacht? Sie haben Hammelkoteletts aus dem Fenster geworfen »für jene, denen danach war, sie aufzuklauben«. Und jeder

Gast hatte neben seinem Teller ein Stück Papier liegen, »um etwas Eßbares für die Leute einzuwickeln, die draußen warteten«. *Judith*: Hammelkoteletts! Leute, die draußen warteten! *Ann*: Ah, jetzt fängt der Zauber an zu wirken. Ein verschneites Weihnachten – stell dir ein blondes kleines Mädchen am Fenster vor – zu Beginn der vierziger Jahre spielt sich diese Szene ab – der Boden gefroren – ein Hammelkotelett, das hinunterfliegt. Siehst du nicht, wie alle Arme sich recken und die armen Teufel in ihrem Kampf die Blumenbeete zertrampeln? Aber »ich glaube«, sagt sie, »der Brauch ist ausgestorben.« Und dann heiratete sie, und die Reitkünste ihres Mannes waren der Stolz der ganzen Gegend; und wenn er ein Rennen gewann, ließ er der Dorfkirche eine Spende zukommen. Viel mehr gibt es, glaube ich, nicht zu sagen. *Judith*: Bitte, erzähl weiter. Der Zauber wirkt; ich bin nicht eingeschlafen; ich bin im Salon in Woburn in den vierziger Jahren. *Ann*: Lady Georgiana, die, wie ich dir bereits sagte, vom Gott des Donners abstammt, ist keine, die sich mit dem Leben Freiheiten herausnimmt. Die Szene ist ein wenig leer. Da ist Charles Dickens, mit weiß bestickter rosa Hemdbrust; im Hintergrund das Russell-Mausoleum; Matrosen mit Eiszapfen am Schnurrbart; die Grosvenor-Jungen, die auf dem Belgrave Square Schnepfen schießen; Lord John, der die Queen zum Dinner geleitet – und so weiter. Befragen wir Mr Bridges.[3] Er könnte uns helfen, die Szene auszufüllen. »Unsere Mütter wurden, so gut es irgend ging, dem Vorbild der Großen Königin angeglichen ... Wenn sie nicht immer entweder schön oder klug waren, so errangen sie, auch ohne eines von beiden zu sein, überall Liebe und Respekt ... Doch was auch geschieht, Frauen werden immer Frauen und Männer Männer sein.« Soll ich weiter überspringen? *Judith*: Ich scheine den Eindruck zu gewinnen, daß die Tapeten dunkel und die Anrichten stattlich waren. *Ann*: Richtig, aber wir haben schon zu viele Möbel. Was wir wollen, ist das Leben. (Sie blättert die Seiten mehrerer Bände um, ohne etwas zu sagen.) *Judith*: Ach, Ann, es ist schrecklich langweilig in Woburn in den vierziger Jahren. Außerdem verwandelt sich mein Papagei zunehmend in ein heiliges Federvieh. Wenn das so weitergeht, werde ich ihn der Dorfkirche spenden. Kommt denn niemand zu Besuch? *Ann*: Warte einen Augenblick. Ich glaube, ich sehe Miss Dempster[4] anrücken. *Judith*: Schnell; zeig mir ihr Bild. Eine gottesfürchtige, vertrauenswürdige Dame – Hofdame Königin Victorias, würde ich vermuten. Ich kann mir vorstellen, wie sie »Die arme, arme Prinzessin« murmelt; oder, »Die liebste Lady Charlotte hat mit dem Tod ihres Lieblingslakaien einen traurigen Verlust erlitten«, während sie eine schmale Schildpattnadel vom königlichen Haupt löst und ehrerbietig auf ein goldenes Tablett legt. Übrigens, kannst du dir Königin Victorias Haare vorstellen? Ich nicht. *Ann*: Ladia Georgiana sagt, sie waren »lang und blond«. Wie auch immer, Miss Dempster hatte nichts mit ihren Haarnadeln zu tun – außer daß ich es für möglich halte, daß ihre Tagträume in diese Richtung gingen. Sie war ein mittelloses Ding mit langem Stammbaum; schottisch natürlich, bewegte sich in den besten Kreisen – »eine der Corbets aus Shropshire und (über die Leycesters) eine Cousine von Dean Stanley« –, auf diese Weise beschreibt sie die Leute; und ich für mein Teil finde es sehr anschaulich. Aber warte – hier ist eine vielversprechende Szene. Stell dir die Terrasse der Villa der Blythswoods in Cannes vor. Es gibt eine Mondfinsternis; Kaiser Dom Pedro von Portugal klebt am Teleskop; es ist kühl, und ein kupferfarbener Dunst überzieht den Himmel. Währenddessen spazieren Miss Dempster und der Prinz von Hohenzollern im Gespräch auf und ab. Und was meinst du, worüber sie reden? … »wir waren uns einig, daß uns nie zuvor der Gedanke gekommen war, daß der Schatten unserer Erde immer *irgendwohin* fallen muß … Als wir auf die dunklen und überschatteten Tage des menschlichen Lebens zu sprechen kamen, zitierte ich die Zeilen von Mrs Browning: ›Think, the passing of a trial, To the nature most undone, Like the shadow on the dial, *Proves* the presence of the *sun*.‹«[5] Du willst doch nichts über den Tod des Herzogs von Albany und sein Aussehen im Sarg oder über den deutschen Kaiser und seine Krebserkrankung hören? *Judith*: Um Himmels willen, nein! *Ann*: Nun, dann müssen wir Miss Dempster zuklappen. Aber ist es nicht komisch, wie Lady Georgiana und die übrigen uns das Gefühl geben, unartige, schmutzige, bösartige Kinder zu sein? Das Gefühl gefällt mir nicht so recht, und doch liegt etwas Erhabenes in ihrer unbeugsamen Autorität. Sie haben Fassaden aus Messing; kein Zweifel, kein Begehren wühlt sie nach außen hin auf; und so schreiten sie fort über eine Welt, die für uns abwechselnd eine Wüste oder eine blühende Wildnis ist, durchsetzt von brennenden Büschen und spottenden Papageien, als wäre es Piccadilly oder die Cromwell Road um drei Uhr nachmittags. Ich entdecke Leidenschaften und Frömmigkeiten und Überzeugungen, alle stumm und tief versunken, die ihnen als eine Art spirituelles Benzin dienen. Was, meine liebe Judith, haben wir stattdessen? *Judith*: Wenn du so wie ich die letzten fünfzig Jahre über im Salon in Woburn gesessen hättest, würdest du dich auch ein wenig steif fühlen. Haben die sich nie amüsiert? War der Tod ihre einzige Abwechslung und Rang das einzige, was sie an Romantik hatten? *Ann*: Es gab Pferde. Ich sehe dich voller Sehnsucht auf Dorothea Conyers und John Porter[6] blicken. Jetzt kannst du aufstehen und in die Ställe gehen. Jetzt, versichere ich dir, kommt ein wenig Bewegung in die Dinge. In diesen beiden Büchern bekommen wir, was, wie ich zugebe, in den anderen ein wenig verborgen war – eine leidenschaftliche Liebe zum Leben. Ich gestehe, daß John Porters Lebenssicht mir besser gefällt als die von Dorothea Conyers, obwohl, aus dem Mund einer Schriftstellerin, ein gewisser Charme in ihrer Überlegung liegt: »Bedauerlicherweise wird es mir nie gelingen, populäre Kurzgeschichten zu verfassen: Irgend etwas mache ich einfach verkehrt«; man hätte gute Lust, ihr zu sagen, sie solle ihre Steigbügel kürzen und den Fesselgelenken Feuer geben und sehen, ob *das* nicht die Lösung wäre. Aber dieser ältere Herr mit den rosigen Wangen, dieser Inbegriff aller braven Kutscher und vertrauenswürdigen Dienstboten, dieser hagere alte Trainer mit seinen pfiffigen kleinen Äuglein und der Krawattennadel in Hufeisenform und dem Aussehen von Integrität und ehrlich geleisteten Diensten, von erwiesener und erwiderter Ergebenheit – er ist meinem Gefühl nach der Beste von allen. Ich mag seine Überzeugung, daß die ganze Welt nur für Pferderennen existiert, oder, wie er es so vorsichtig ausdrückt, für »die Verbesserung des Vollbluts«. Ich mag die Wärme, mit der er seine Pferde lobt, weil sie sich auf der Bahn wacker gehalten haben und im Gestüt prachtvolle Nachkommen zeugen. »Ich hielt große Stücke auf ihn«, sagt er über Isonomy, »und seine Leistungen als Zuchthengst verstärkten meine Anerkennung und Bewunderung.« »Daß das Pferd, das ich fast anbetete, an Flatulenz litt«, sagt er an anderer Stelle, hätte ihn fast umgebracht; und als sich Ormonde, denn um den handelte es sich, als unheilbar erwies und nach Australien geschickt wurde, zupfte John Porter ihm ein paar Haare aus Schwanz und Mähne, um sie, zweifellos in irgendeiner Innentasche, »als Erinnerung an eine große und edle Kreatur« zu verwahren. Welchen Charakter er in ihnen entdeckt, und wie menschlich er ihn respektiert! Man muß Madam Eglantyne ihren Willen lassen, wenn sie es sich in den Kopf gesetzt hat, ihre Kinder unter einem Baum im Park zur Welt zu bringen. Sir Joseph Hawley – kein Rennpferd, sondern der Besitzer von Rennpferden – was für ein Charakter – was für ein prachtvoller Bursche er war! – »ein wirklich großer Mann ... ein edler Freund für mich und meine Familie ... streng, aufrecht und furchtlos«; so schreibt John Porter über ihn, und als der Baronet seine Zigarre zum letzten Mal auf dem Kaminsims verglimmen ließ, steckte John Porter die Asche ein und hat sie nun »sorgfältig verwahrt« zur Erinnerung an seinen Herrn. Und ich liebe es zu lesen, wie Ormonde um halb sieben an einem Sonntagabend geboren wurde, als die Stallburschen zur Kirche gingen, mit einer drei Zoll langen Mähne, und wie Fred Archer im kritischen Moment immer eine kleine Bewegung im Sattel machte und »Ormonde seinen Ausgriff verlängerte und voranpreschte, um im Trab zu gewinnen«; und daß er nicht nur ein Gigant unter Giganten war, sondern, wie alle hochherzigen Helden, das Gemüt eines Lamms besaß, und Kekse und Nelken aus der Hand einer Königin fraß. Für wie großartig wir das alles hielten, wäre es auf Griechisch geschrieben! Überhaupt, wie griechisch das alles *ist*! *Judith*: Bist du sicher, daß es nichts über die Dorfkirche gibt? *Ann*: Nun ja. Als Zeichen seiner Dankbarkeit ermöglichte John Porter »einige Verschönerungen der Dorfkirche«; aber schließlich (da keine Herren anwesend sind) taten die Griechen das auch, und wir denken deswegen nicht schlechter von ihnen. *Judith*: Vielleicht. Jedenfalls ist John Porter der Beste von allen. Er genoß das Leben; das ist es, was die Viktorianer – aber mach weiter – erzähl mir, wie Orme vergiftet wurde.[7]

Deutsch von Brigitte Walitzek

Anmerkungen

Eine ›Sammelrezension‹ folgender Bücher: *Recollections of Lady Georgiana Peel.* Compiled by her daughter Ethel Peel (London: John Lane, 1920); J. A. Bridges, *Victorian Recollections* (London: G. Bell & Sons, 1919); C. L. Hawkins Dempster, *The Manners of My Time* (London: Grant Richards, 1920); Dorothy Conyers, *Sporting Reminiscences* (London: Methuen, 1920); *John Porter of Kingsclere: An Autobiography*. Written in collaboration with Edward Moorhouse, author of ›The History and Romance of Derby‹ (London: Grant Richards, 1919).

Der Text erschien am 6. März 1920 im *New Statesman*.

1 Lady Georgiana Adelaide Peel, Tochter von Lord John Russell, 1st Earl Russell (1792–1878), Politiker, heiratete Archibald Peel, Politiker und Förderer des Reitsports. Sie war eine Tante des Philosophen und Mathematikers Bertrand Russell.
2 Lytton Strachey (1880–1932), dessen *Eminent Victorians* 1918 erschienen waren und dessen *Queen Victoria* 1921 erschien.
3 John A. Bridges, *Victorian Recollections* (1919).
4 C. L. Hawkins Dempster (1835–1913), Autorin von *The Maritime Alps and their Seaboard* (1885) und zahlreicher populärer Romane. Ihre

Photographie in *The Manners of My Time* hat eine gewisse Ähnlichkeit mit Queen Victoria.

5 Elizabeth Barrett Browning (1806–1861), Zitat aus ihrem langen Gedicht über den Tod, ›The Fourfold Aspect‹. Das Zitat heißt korrekt: »Think: the shadow of the dial / For the nature most undone, / Marks the passing of the trial, / Proves the presence of the sun.« (»Denk: der Schatten auf der Uhr / für das Totsein der Natur, / zeigt das Vergehn der Prüfungen an, / beweist der Sonne Gegenwart.«)

6 Siehe oben die Titel der Bücher.

7 Orme konnte 1892 wegen einer vermuteten Quecksilbervergiftung bei einem Rennen nicht mitlaufen, erholte sich aber wieder.

Sir Walter Raleigh

Für die meisten von uns, sagt Miss Hadow in ihrer Einleitung zu einem Auswahlband der Prosa Sir Walter Raleighs, »steht das elisabethanische Zeitalter für eines von zwei Dingen: Es ist entweder das Zeitalter juwelengeschmückter Pracht, von Pomp und Überfluß und Farbe, von majestätischem Zeremoniell und höfischem Prunk, von Vers- und Bühnendichtung; oder es ist das Zeitalter der Erkundungen und Entdeckungen.« Doch obwohl wir allen Grund haben, Miss Hadow für ihren Anteil an der Ermöglichung dieses erstaunlichen kleinen Büchleins dankbar zu sein, können wir ihr in dieser anfänglichen Unterscheidung nicht beipflichten. Wenn Shakespeare, da die Literatur das einzige ist, das in Gänze erhalten blieb, als Repräsentant des elisabethanischen Zeitalters gelten kann, sind dann Erkundung und Entdeckung nicht Teil von Shakespeare? Wenn manche ihn lesen, ohne auf etwas anderes zu achten als auf seine Verse, so glauben die meisten von uns doch, daß die Welt Shakespeares die Welt von Hakluyt[1] und Raleigh ist; auf dieser Landkarte sind Guayana und der Rio de la Plata weder sehr weit vom Wald von Arden[2] und von Helsingör entfernt, noch leicht davon zu unterscheiden. Der Navigator und der Forscher unternahmen ihre Reisen mit dem Schiff statt mit dem Geist, aber über Hakluyts Seiten leuchtet genau derselbe Glanz der Phantasie. Jene gewaltigen Flüsse und fruchtbaren Täler, jene Wälder voller wohlduftender Bäume und jene Gold- und Rubinminen bilden den Hintergrund der Stücke, so wie in unserer Vorstellung das Blau der fernen Ebenen Amerikas hinter dem goldenen Kreuz von St. Paul's Cathedral und den aufragenden Kaminen des elisabethanischen Londons zu liegen scheint.

Niemand war ein echterer Repräsentant dieser elisabethanischen Welt als Sir Walter Raleigh. Von den Intrigen und dem Glanz des

Hofs segelte er in ein unbekanntes, von Wilden bewohntes Land; von Gesprächen mit Marlowe und Spenser[3] begab er sich in Seeschlachten mit dem Spanier. Allein nur die Liste seiner Betätigungen zu überfliegen, vermittelt uns ein Gefühl für den Raum und die Gelegenheiten des elisabethanischen Zeitalters; Höfling und Admiral, Soldat und Forscher, Parlamentsmitglied und Poet, Musiker und Historiker – all das war er und bewahrte sich dennoch eine solche Neugier, daß er in seiner Kajüte chemische Experimente anstellen mußte, wenn er auf See ein wenig Muße hatte, oder sich vom Kommandanten des Tower einen alten Hühnerstall erbettelte, in dem er seine Suche nach dem »Großen Elixier« weiterbetreiben konnte. Kein Wunder, daß die Gerüchteküche nach all diesen Jahren immer noch Geschichten über seinen Mantel erzählt, seine Pfeife mit dem silbernen Pfeifenkopf, seine Kartoffeln, sein Mahagoni, seine Orangenbäume; denn obwohl die Gerüchteküche vielleicht lügt, liegt immer auch gutes Urteilsvermögen in ihrer Falschheit.

Wenn wir lesen, was von seinen Schriften übrig ist – und in diesem kleinen Büchlein wird der unverzichtbare Teil davon bewahrt –, finden wir, was die Gerüchteküche uns nicht geben kann: das Bild eines extrem lebendigen und individuellen Geistes, kaum beherrscht vom »weiten und alles verschlingenden Raum« der Jahrhunderte. Vielleicht ist es am besten, damit zu beginnen, den letzten Kampf der *Revenge*[4] zu lesen, die Briefe über Cadiz und Guayana und den an seine Frau, geschrieben in Erwartung des Todes, bevor wir die Auszüge aus der *Historie of the World* lesen, und mit dem Vorwort zu jenem Werk zu enden, so wie man eine Kirche mit dem Klang der Orgel in den Ohren verläßt. Seine Abenteuer zu See und zu Land, seine Suche nach Eldorado und der großen Goldmine seiner Träume, seine Verurteilung zum Tod und seine lange Kerkerhaft – kurze Blicke auf jenen »Tag eines stürmischen Lebens« sind in diesen Seiten zu finden. Sie vermitteln uns eine Vorstellung von seinen Stürmen und seinem Sonnenschein. Verständlicherweise unterscheidet sich ihr Stil sehr von dem des

Vorworts. Sie sind voller Hast und Tumult oder Ungestüm und Geltungsbedürfnis. Er ist immer darauf bedacht, seinen eigenen Wagemut zu rechtfertigen und die Überlegenheit der Engländer über andere Völker zu behaupten. Selbst »unser gewöhnlicher englischer Soldat, in Eile ausgehoben, während er dem Karren folgte oder auf der Schwelle seiner Werkstatt saß«,[5] übertrifft die besten römischen Soldaten an Tapferkeit. Über die Landung in Fayal im Jahr 1597 schreibt er, »Denn ich hielt es der Ehre unseres Prinzen, unserer Nation zugehörig, daß ein paar Inselbewohner keinen Vorteil für groß genug halten sollten gegen eine Flotte, die von Königin Elizabeth ausgeschickt wurde«; obwohl er eingestehen mußte, daß er »in dieser Angelegenheit der Reputation mehr Beachtung schenkte denn der Sicherheit«.[6]

Aber wenn wir unsere Liebe zu diesen alten Seefahrern rechtfertigen müßten, würden wir die Betonung nicht auf die angeberische und großspurige Ader in ihnen legen; vielmehr würden wir auf die poetische Ader deuten – die meditative Stimmung, begünstigt durch lange Tage auf See, durch Schlaf und Träume unter fremden Sternen und einsames Bemühen im Angesicht des Todes. Wir würden uns an die Worte von Sir Humfrey Gilbert erinnern, als der Sturm über sein Schiff hereinbrach: »er saß mit einem Buch in der Hand achtern ... und rief (so oft wir in Hörweite kamen) ›Wir sind dem Himmel auf See ebenso nah wie zu Land‹«.[7] Und so gelangt Sir Walter Raleigh, dessen Charakter zu seinen Lebzeiten viel Kritik ausgesetzt war, der vom Glück abwechselnd begünstigt und erniedrigt wurde, der mit der Leidenschaft eines großen Liebenden gelebt hatte, schließlich zu Gedanken über die Nichtigkeit aller menschlichen Dinge und zu einer hochherzigen Erwägung des Schicksals der Menschheit. Seine Gedanken scheinen beseelt von einer Kenntnis des Lebens sowohl in seinen besten als auch in seinen schlimmsten Augenblicken; in der Einsamkeit des Towers geistert der Klang des Meeres durch seine Erinnerungen. Vom Meer nimmt er seine häufigsten und großartigsten Bilder. Es ist für ihn ganz natürlich, von der »Navigation dieses Lebens«[8]

zu sprechen, vom »Hafen des Todes, auf den alle Winde uns zutreiben«. Unsere falschen Freunde, sagt er, »lassen uns im ersten Sturm des Unglücks im Stich und steuern vor See und Wind davon«. Und so stellen wir im Alter fest, daß unsere Freude und unser Weh »außer Sicht gesegelt sind«. Oft muß er vom Deck seines Schiffs emporgeblickt und gedacht haben: »Der Himmel ist hoch, fern und unerforschlich«, und seine Erfahrung als Herrscher über unzivilisierte Rassen muß ihn zu der Erwägung gebracht haben, was der Ruhm, »der grenzenlose Ehrgeiz sterblicher Männer«,[9] zwangsläufig hinter sich lassen muß:

»Sie selbst hätten sich in diesem Augenblick eher gewünscht, sich ohne Lärm aus der Welt gestohlen zu haben, denn in Erinnerung behalten zu werden, weil sie den Bericht über ihre Taten in der Welt erkauft haben durch Vergewaltigung, Unterdrückung und Grausamkeit, die unschuldige und arbeitsame Seele als Beute den Müßigen und Tatenlosen überlassen haben und die Städte der Welt ihrer alten Bewohner beraubt und wiederum mit so vielen und so unterschiedlichen Arten des Leids gefüllt haben.«[10]

Doch obwohl die Geräusche des Lebens und der Meereswellen ständig in seinen Ohren sind, so daß er in jedem Moment bereit ist, seine Feder beiseite zu werfen und das Kommando über eine Expedition zu übernehmen, scheint er in seinen tiefgründigsten Stimmungen die Schau und Pracht der Welt zurückzuweisen, die Nichtigkeit von Goldminen und allen Expeditionen außer denen in die Seele zu sehen.

»Und ansonsten, da sich alle Fabeln für gewöhnlich auf irgendwelche wahren Geschichten über andere getane Dinge gründen; so könnten diese Geschichten über die Greife diese Moral zugewiesen bekommen. Wenn jene Männer, die für Gold oder andere Reichtümer der Welt gegen so viele Fährnisse kämpfen, im vollen Besitz ihrer Sinne wären ... würden sie sich mit einem stillen und bescheidenen Anwesen zufrieden geben.«[11]

Der Gedanke an das Vergehen der Zeit und die Ungewißheit des menschlichen Geschicks war sehr beliebt bei den Elisabethanern, deren Leben mehr der Gnade des Schicksals ausgeliefert war als unseres es ist. In Raleighs Prosa wird dieses Thema ständig behandelt, aber ohne die charakteristischen elisabethanischen Selbstgefälligkeiten, was sie dem Geschmack unserer eigenen Zeit näherbringt; eine göttliche Unbewußtheit scheint sie zu durchdringen. Nehmen wir diese Passage über das Schwinden der Jugend:

»Wer immer er sein mag, dem das Glück ein Diener und die Zeit ein Freund war: soll er den Bericht seiner Erinnerung nehmen (denn wir haben keinen anderen Bewahrer unserer vergangenen Freuden) und aufrichtig untersuchen, was sie bewahrt hat, sei es an Schönheit und Jugend oder an verlorenen Entzückungen; was sie bewahrt hat, auf daß es daure, von seinen liebsten Zuneigungen, oder was immer sonst der verliebte Frühling seinen Gedanken an Zufriedenheit gab, damals unschätzbar; und er wird finden, daß alle Kunst, die seine älteren Jahre besitzen, keinen anderen Dunst aus diesem Verfall ziehen kann als schwere, geheime und traurige Seufzer. ... Nur jene wenigen schwarzen Schwäne muß ich ausnehmen; die, nachdem sie die Anmut hatten, weltliche Eitelkeiten zu nicht mehr als ihrem eigenen Preis zu schätzen; indem sie die behagliche Erinnerung an ein wohlgeführtes Leben bewahren, den Tod ohne Furcht betrachten, und das Grab ohne Angst; und beide umarmen, als notwendige Führer zu nicht endender Glorie.«[12]

Das ist kein plötzliches Bemühen um Redegewandtheit; es wird eingeleitet und fortgesetzt durch Worte von fast gleicher Schönheit. In ihrer Melodie und Kraft, ihrer natürlichen Symmetrie der Form, ist es eine perfekte Rede, geeignet für Buchstaben aus Gold und die Echos von Kathedralen, oder für die Zartheit edler menschlicher Gespräche. Sie erreicht uns fast mit dem Klang von Raleighs Stimme. Es gibt eine Erhabenheit, mit der ein solches Wesen seine Hoffnungen im Leben aufgibt und die Sorgen »dieser lächerlichen Welt« verabschiedet, die der Gegenpart seines großen Lebenseifers ist. Wir hören sie in dem tief besorgten Seufzer, mit dem er von seiner Frau Abschied nimmt. »Und wenn Ihr all Eure Gedanken erschöpft und ermüdet habt mit allen Arten weltlicher Überlegungen, werdet Ihr am Ende nur beim Kummer niedersitzen.«[13] Am deutlichsten aber ist sie in seinen Gedanken über den Tod. Der Gedanke an den Tod klingt durch die ganze elisabethanische Literatur hindurch zutiefst kummervoll in unseren Ohren, für die, vielleicht, die Existenz durch viel Nachdenken weit weniger greifbar gemacht wurde und der Tod eher zu einem Schatten denn einer Substanz. Aber für die Elisabethaner bestand ein großer Teil der richtigen Lebensführung darin, dem Gedanken an den Tod, der für sie keine Idee war, sondern eine Person, mit Stärke zu begegnen. Und für Raleigh insbesondere war der Tod ein sehr entschiedener Feind – der Tod, »der uns verfolgt und uns von Kindheit an jagt«.[14] Ein wahrer Mann, sagt er, verabscheut den Tod. Doch selbst als er es sagt, werden vor seinen Augen die »mißgestalten und häßlichen Formen«[15] lebendig, mit denen der Tod die Phantasie foltert. Und zum Schluß, als er die Idee des Todes angenommen und darüber triumphiert hat, klingen von seinen Lippen jene großartigen Worte der Versöhnung und der Anerkennung, die in den Ohren jener, die sie einmal gehört haben, für immer widerhallen: »O beredter, gerechter und mächtiger Tod! wem niemand raten konnte, den hast du überzeugt: was niemand gewagt hat, hast du getan.«[16]

Deutsch von Brigitte Walitzek

Anmerkungen

Besprechung von *Sir Walter Raleigh. Selections from his Historie of the World, his Letters etc.*, edited with an introduction and notes by G. E. Hadow (Oxford University Press, 1917), am 15. März 1917 im *TLS*.

Sir Walter Raleigh (ca. 1552–1618) ist eine der schillerndsten Persönlichkeiten des elisabethanischen Zeitalters: Entdecker, Kolonisator, Goldsucher in Guiana (Venezuela), Dichter, Verfasser einer *History of the World*, 13 Jahre mit seiner Familie wegen Hochverrats im Tower, schließlich exekutiert.

Siehe auch VWs Essay ›Die elisabethanische Rumpelkammer‹, in: *Der gewöhnliche Leser 1*, S. 52–62.

1 Richard Hakluyt (1552–1616) war der große Sammler und (dokumentarische) Erzähler der englischen Entdeckungsreisen: *Principall Navigations, Voiages, and Discoveries of the English Nation* (1589, erweiterte Ausgabe 1598–1600). Auch die Reisen Raleighs, mit dem er befreundet war, finden sich dort beschrieben.

2 In Shakespeares *As You Like It*.

3 Christopher Marlowe (1564–1593), der Dramatiker, in dessen Stükken die Entdeckungen eine große Rolle spielen. – Edmund Spenser (ca. 1552–1599), Dichter, Verfasser des großen allegorischen Epos *The Faerie Queene* (1589, 1596), lebte als Deputierter der englischen Krone lange in Irland, dessen keltische Bewohner er zu unterwerfen half, darin unterstützt von Raleigh. Siehe VWs Essay ›Die *Faery Queen*‹, in: *Der Augenblick*, Frankfurt: S. Fischer, 1996, S. 28–34.

4 In der Raleigh-Auswahl ›The Last Fight of the Revenge‹, S. 144–166, ein Auszug aus *A Report of the Truth of the Fight about the Iles of Acores, this last Sommer. Betwixt the Revenge, one of her Majesties Shippes, And an Armada of the King of Spaine* (London, 1591).

5 Auswahl, S. 91: ›A Comparison Between Roman and English Soldiers‹.

6 Auswahl, S. 111–12: ›Concerning Naval Transport‹.

7 Die Darstellung des Untergangs Sir Humphrey Gilberts (1539–1583) – Raleighs Halbbruders – ist dem Buch des Literaturhistorikers Walter Raleigh (sic) *The English Voyages of the Sixteenth Century* (1906) entnommen, S. 59.

8 Dieses und die folgenden Zitate stammen aus dem ›Preface‹ zur *Historie of the World*.

9 Auswahl, S. 116: ›Of the Fall of Empires‹.

10 Ebd., S. 115.

11 Ebd., S. 80: ›Of Griffins‹.

12 Ebd., S. 55 f.: aus dem ›Preface‹.

13 Ebd., S. 183: aus ›Letters‹: »Die Kopie eines Briefes von Sir Walter Raleigh an seine Frau, in der Nacht bevor er hingerichtet zu werden erwartete in Winchester. 1603.«

14 Ebd., S. 54: ›The Historie of the World‹.

15 Ebd.

16 Ebd., S. 117: ›Of the Fall of Empires‹.

Sterne

Es ist üblich, zwischen dem Menschen und seinen Werken zu unterscheiden und hinzuzufügen, daß die Welt zwar ein Recht darauf hat, jede Zeile seiner Schriften zu lesen, aber keine Fragen über den Autor stellen darf. Die Unterscheidung ist aufgekommen, könnte man meinen, weil die Kunst der Biographie sehr tief gesunken ist, und Leute von gutem Geschmack schließen daraus, daß ein ›Leben‹ nur eine infame Neugier befriedigen oder ein ehrwürdiges Denkmal aus Sägemehl errichten wird. Es ist daher eine kluge Vorsichtsmaßnahme, das Studium eines Schriftstellers auf das Studium seiner Werke zu beschränken; aber wie andere Vorsichtsmaßnahmen auch bringt sie manchen Verlust mit sich. Wir opfern ein ästhetisches Vergnügen, möglicherweise von allererstem Rang – eine Lebensbeschreibung von Johnson[1] zum Beispiel –, und wir errichten Grenzen, wo keine sein sollten. Ein Schriftsteller ist von der Wiege an Schriftsteller; in seinem Umgang mit der Welt, in seinen Zuneigungen, in seiner Haltung zu den tausend kleinen Dingen, die zwischen Morgen und Abend geschehen, zeigt er dieselbe Weltsicht, die er später mit einem Stift in der Hand ausarbeitet. Sie ist bruchstückhafter und unzusammenhängender, aber auch intensiver. Zu dem, was man das ästhetische Interesse an seinem Charakter nennen kann, kommen die verschiedenen Interessen an den Umständen – wo und wie er geboren, erzogen und ausgebildet wurde –, die alle Menschen teilen, aber hier von größerer Bedeutung sind, da sie auf ein kreativeres Talent einwirken. Die Schwäche moderner Biographen scheint nicht in ihrem Versagen zu liegen, zu erkennen, daß beide Elemente im Leben eines Schriftstellers vorhanden sind, sondern in ihrer Entschlossenheit, sie zu trennen. Es fällt ihnen leichter, Unterschiede herauszustellen als das Gesamtbild zu sehen. Es gibt eine verbreitete Formel, gemäß der sie nach ihrer Beurteilung seines Werks feststellen, daß »ein paar Angaben zu seinem Leben« nicht unangebracht sein mögen oder vom entgegengesetzten Standpunkt her verkünden, daß es ihnen »um den Menschen und nicht um seine Werke« gehe. So wird eine Trennung vorgenommen, die wir bei der Person selbst nicht vorfinden, und hauptsächlich daraus erwächst die verbreitete Beschwerde gegen eine Biographie, sie sei nicht »lebensecht«. Wir haben Lebensbeschreibungen, die nichts weiter sind als Feierlichkeit und Arbeit; und solche, die nichts weiter sind als Klatsch und Skandal. Ein gewisses Stigma haftet der Biographie an, die sich hauptsächlich mit der persönlichen Geschichte eines Mannes befaßt, und der Verfasser, der ihn am klarsten in diesem Licht sieht, ist gehalten, ihn unter dem Deckmantel des Romans zu porträtieren. Die Faszination des Romaneschreibens liegt in seiner Freiheit; die langweiligen Teile können übersprungen werden, und das Aufregende kann verstärkt werden; aber vor allem kann der Held kunstvoll plaziert werden, das heißt, eingebettet in passende Umgebung und gestaltet, um den jeweils gewünschten Eindruck zu erwecken. Die traditionelle Form ist im Fall von Romanen weitaus weniger klar umrissen als im Fall von Biographien, denn (so mag man vermuten) die Empfindlichkeiten konventioneller Menschen haben dabei nicht so viel zu bestimmen. Eines der Ziele der Biographie ist, Männer so darzustellen, wie sie sein sollten, denn sie sind Ehemänner und Brüder; doch niemand nimmt eine Romanfigur ganz ernst. Da liegt auch der Hauptnachteil des Romaneschreibens, denn mit der ästhetischen Wirkung der Wahrheit kann nur die Einbildungskraft eines Genies mithalten. In einem zweitklassigen Roman gibt es ein Dutzend Episoden, die auf ein Dutzend verschiedene Arten hätten verlaufen können, und das kleinste Anzeichen von Unschlüssigkeit verschattet die Wirkung; die reine Aufzählung von Fakten jedoch hat eine unbestreitbare Kraft, wenn wir Anlaß haben, sie für wahr zu halten. Das Wissen, daß sie wahr sind, veranlaßt uns möglicherweise, sie mit anderen Ideen zu verbinden; aber wenn wir wissen, daß sie sich nie ereignet haben, und bezweifeln, daß sie sich auf diese Weise hätten ereignen können, deuten sie auf nichts Bestimmtes, weil sie selbst unbestimmt sind. Nochmals, ein wirkliches Leben ist wunderbar reich; es durchwandert derart seltsame Orte und zieht eine solche Kette von Abenteuern mit sich, daß kein Romancier sie zu übertreffen vermag, wenn er lediglich auf seine eigenen Erfindungen angewiesen ist.

Gewiß könnte kein Romancier sich großartigeres Material wünschen, als es das Leben von Sterne ihm bietet. Seine Geschichte war »wie eine Romanze« und sein Genie von seltenster Art. In der Einleitung von Professor Cross findet sich eine Spur der üblichen Entschuldigung, des Inhalts, daß er kein Urteil über seine Werke fällen, sondern lediglich die Fakten seines Lebens referieren werde. Seiner Meinung nach wären diese Fakten reichlich öde, falls sich nicht »herausstellte«, wie er bemerkt, daß die Werke zum Teil autobiographischen Hintergrund haben, so daß die Betrachtung seines Lebens durchaus nicht ohne Belang sei. Doch Professor Cross hat sicherlich den Wert seines Materials oder den Gebrauch, den er davon gemacht hat, unterschätzt, denn das Buch liest sich von Anfang bis Ende ausgezeichnet und überzeugt uns davon, daß wir Sterne danach besser kennen als zuvor.

Es gibt bestimmte Szenen, auf die man, schriebe man einen Roman, gerne näher eingehen würde. Die Geschichte seiner Kindheit ist eine davon; er wurde im Tross des Regiments, in dem sein Vater diente, durch England und Irland gezerrt. Seine Mutter war eine vulgäre Frau, die Tochter eines Marketenders, und sein Vater war ein »kleiner gerissener Mann«, der sich die Verwundung, die ihn tötete, bei einem Streit um eine Gans holte.[2] Die Familie zog, ständig in Geldnot, von einem Garnisonsstädtchen ins andere. Manchmal wurde sie von einem reichen Vetter aufgenommen, denn die Sternes waren von vornehmer Abkunft;[3] manchmal wurde sie beim Überqueren des Kanals »durch ein Leck, das plötzlich an Bord entstand, beinahe schiffbrüchig«. Kleinere Brüder und Schwestern wurden auf dieser Wanderschaft geboren und starben, »da von feiner, zarter Natur, nicht für langes Leben geschaffen«. Sterne wurde nach dem Tod seines Vaters von seinem Vetter Richard Sterne aus Elvington in Obhut genommen und nach Cambridge geschickt. Er saß mit John Hall-Stevenson[4] im Hof des Jesus-College unter einem großen Walnußbaum, las mit ihm Rabelais, Rochester und Aphra Behn,[5] Homer, Vergil und Theokrit, schlimme Bücher und gute Bücher, so daß sie den Baum den Baum der Erkenntnis nannten. Sterne verspottete überdies »Rhetorik, Logik und Metaphysik, ... belustigt, daß der Verstand sich solchermaßen beschäftigen sollte«.

Doch besonders in Sutton,[6] acht Meilen von York entfernt, würden wir gerne verweilen und ein Porträt des Pfarrers zeichnen. »So verludert war seine Kleidung und so sonderbar sein Gang, daß die kleinen Jungen sich um ihn scharten und neben ihm herliefen.« Immer wieder blieb er auf seinem Weg zur Kirche stehen, wenn sein Vorstehhund eine Schar Rebhühner aufstöberte, und ließ seine Schäfchen ohne Predigt, solange er schoß. Einmal, als seine Frau eine Weile lang geistig verwirrt war und sich für die Königin von Böhmen hielt, fuhr Sterne sie durch die Stoppelfelder mit Schweinsblasen, die er an den Rädern ihrer Chaise befestigt hatte, um Geräusche zu machen, »und dann sagte ich ihr, daß man derart in Böhmen herumkutschiert«. Er bestellte sein eigenes Land, spielte Geige, nahm Mal- und Zeichenunterricht und fuhr zu den Pferderennen nach York. Darüber hinaus ergriff er in den kirchlichen Disputen heftig Partei und porträtierte Dr. Slop[7] nach dem Leben. Wenn er der Angelegenheiten seines Sprengels müde war, konnte er zu dem großen Steinhaus mit dem Wallgraben voll stehenden Wassers fahren, in dem John Hall-Stevenson lebte, zurückgezogen von der Welt, um sich seinen Schrullen zu widmen. Wenn der Wetterhahn, den er von seinem Bett aus sehen konnte, zum Beispiel nach Nordosten zeigte, blieb Mr Hall-Stevenson den ganzen Tag über im Bett. Wenn er dazu bewegt werden konnte, das Bett zu verlassen, verbrachte er seine Zeit damit, unanständige Verse zu schreiben und mit seinem Freund in den alten und obszönen Büchern der Bibliothek zu schmökern. Dann traf sich im Oktober die Bruderschaft der Teuflischen im Rittersaal, eine Imitation der Mönche von Medmenham Abbey;[8] aber es war eine bäurische Nachahmung, denn sie waren eine Runde »lärmender Gutsbesitzer und Gentlemen aus Yorkshire«, die tagsüber jagten, bis tief in die Nacht zechten und über ihrem Burgunder unflätige Geschichten erzählten. Ihre Sinnesart und ihre Verschrobenheit (denn sie waren die komischen Käuze der Gegend) erfreuten Sterne immens, gerade so wie er die ungeheure Freizügigkeit der alten Autoren liebte. Wenn er wieder in seinem Pfarrhaus war, hatte er Bücher rund um sich herum, die den Platz der Gespräche einnahmen. York war voller Bücher, denn der Buchmarkt der Grafschaft fand dort statt. Sternes Liebe zu Büchern erinnert uns manchmal an Charles Lamb.[9] Er liebte die riesigen vergessenen Folianten, wo lebenslange Gelehrsamkeit und Einbildungskraft in die Anmerkungen geflossen sind; er liebte Burton und Bouchet und Bruscambille;[10] Montaigne, Rabelais und Cervantes liebte er natürlich; aber man glaubt gern, daß ihn am meisten seine Forschungsausflüge in die Medizin, Geburtshilfe und Militärtechnik delektierten. Einhalt wurde ihm nur von der Schwierigkeit geboten, zu verstehen, in welcher Weise eine Kanonenkugel fliegt, denn sein Verstand verweigerte sich den »Gesetzen der Parabel«.

Erst im Alter von fünfundvierzig Jahren kam ihm der Gedanke, daß diese lebhaften Erfahrungen unter den Pfarrern, den Bauern und den Witzbolden von Crazy Castle ihm eine Weltsicht gegeben hatten, die sich möglicherweise in Form bringen ließ. Die ersten Bücher von *Tristram Shandy* wurden in Fieberhitze geschrieben, »absonderliche Dämonen grinsten und schlugen die Krallen in seinen Kopf«, auf seinen Gängen kamen ihm Ideen in den Sinn, so daß er im Laufschritt nach Hause eilte, um sie festzuhalten. In dieser Weise beeindrucken uns die ersten Bände noch immer; eine wunderbare Schöpfung, lange im Gehirn eingesperrt und fein geformt, scheint herauszuspringen, den Autor selbst zu überraschen und zu berauschen. Er hatte einen Schlüssel zur Welt gefunden. Er vermeinte, im Tempo von zwei Bänden pro Jahr für immer fortfahren zu können, denn es war ein Wunder geschehen, das all seine Erfahrungen in Worte verwandelte; über sie zu schreiben hieß, Meister über all das zu sein, was in ihm war, und all das, was noch kommen sollte. Eine flüchtige Kenntnis seines Lebens genügt, um viele der Romanfiguren mit realen Personen übereinzubringen und die Launigkeiten von Onkel Toby und Mr Shandy auf die Verschrobenheiten von Crazy Castle und auf die Studien des Autors selbst zurückzuverfolgen. Aber das sind nichts als Spuren an der Oberfläche, und die Quelle, denen sie entsprangen, liegt in großer Tiefe. Natürlich war Sterne absichtlich schrullig und wunderlich, aber der Geist, der ihn zu seinen Grillen inspiriert und sie miteinander verbindet, ist der Geist des Humoristen; die Welt ist ein absurder Ort, und um das zu beweisen, erfindet er Absurditäten und zeigt, daß sie ebenso vernünftig sind wie die Ansichten, von denen die Welt regiert wird. Die Nase des Fremden, so wird man sich erinnern, »diente ihnen [den päpstlichen und protestantischen Doktores] just als Fregatte, die sie in den Golf der scholastischen Theologie schleppte, – und dann segelten sie alle frisch vor dem Wind«.[11] In welche Richtung sich die Geschichte auch schlängelt, sie wird begleitet von Hohn über »große Perücken, gravitätische Mienen und andere Trugmittel«,[12] und so haben die unzähligen Sprünge und Hüpfer der Phantasie trotz ihrer Mannigfaltigkeit eine gewisse Ähnlichkeit.

Shandy Hall, das Heim von Grillen und Marotten, bringt es dennoch fertig, die gesamte Welt da draußen als schwerfällig und langweilig und brutal und von unzähligen Kobolden geplagt hinzustellen. Aber wahrscheinlich wird diese Wirkung ebenso sehr von indirekten Mitteln wie von direkter Satire und Parodie erzielt. Die Form des Buches, die dem Autor zu gestatten scheint, den erstbesten Gedanken, der ihm in den Kopf kommt, zu Papier zu bringen, deutet auf Freiheit; und dann sind die Gedanken selbst so zwanglos, so klein, privat und weit hergeholt, daß der Leser verblüfft und erfreut auf die Idee kommt, wie leicht es sein muß, zu schreiben. Sogar seine Anstößigkeit beeindruckt uns als eine sonderbare Art von Ehrlichkeit. Im Vergleich dazu wirken andere Romane unerträglich aufgeblasen und seicht und lebensfern. Andererseits, welche Art von Leben kann Sterne uns zeigen? Es läßt sich leicht erkennen, daß es nichts mit dem gemein hat, was man in der Kurzform der Rede das »wirkliche Leben« nennt. Sterne überspringt geraume Lebensabschnitte, um sich auf die kleine Marotte oder Absonderlichkeit zu konzentrieren, die ihn am meisten entzückt hat. Seine Menschen stehen immer unter hohem Druck, ihr Gehirn ist dabei in einem Zustand abnormer Aktivität. Ihre Wünsche und ihre Neigungen kommen nicht an gegen ihren Intellekt. Onkel Toby, so wird man sich erinnern, nimmt sofort, nachdem er seinen Heiratsantrag gemacht hat, eine Bibel zur Hand und gerät derart in den Bann der Belagerung von Jericho, daß er den Antrag »von alleine weiter auf sie wirken« läßt.[13] Als die Nachricht vom Tod seines Sohnes Mr Shandy erreicht, füllt sich sein Kopf sofort mit den hehren Aussprüchen der Philosophen, und über ihrem Rezitieren gerät sein privater Kummer völlig in Vergessenheit. Trotzdem, auch wenn solche Umkehrungen normaler Erfahrungen uns erschrecken, kommen sie uns nicht unnatürlich vor – sie verwandeln sich nicht in kalte Geistreicheleien –, denn Sterne, der erste der »Motivkrämer«, hat die Launen des Menschen außerordentlich feinnervig beobachtet. Seine Sphäre ist in den erhabensten Regionen, wo der Gedanke und nicht die Tat der Kritik unterliegt; wo der Gedanke überdies fast völlig von normalen Assoziationen und stützenden Tatsachen abgetrennt ist. Onkel Toby mit seinen simplen Fragen und Eingeständnissen – »Du bringst mich vollends um den Verstand«[14] – spielt eine äußerst wichtige Rolle, weil er seinen Bruder von dessen Höhenflügen auf die Erde zurückholt und mit normalem menschlichen Denken jenen Gegensatz dazu herstellt, in dem das Wesen des Humors liegt.

Dennoch gibt es Augenblicke, besonders in den späteren Bänden von *Tristram Shandy*, in denen das Steckenpferd zu Tode geritten wird und Mr Shandys unwandelbare Exzentrizität unsere Geduld auf die Probe stellt. Die Wahrheit ist, daß wir in so dünner

Luft nicht lange glücklich leben können, und daß wir beginnen, uns der Grenzen bewußt zu werden; außerdem hat die erstaunliche Munterkeit etwas ein wenig Frostiges an sich. Dieselben Eigenschaften, die anfangs so erfrischend waren – die Bosheit, der Witz, die Unbekümmertheit –, sind weniger angenehm, wenn sie weniger spontan wirken, wie das Grinsen auf einem müden Gesicht; oder wenn man womöglich von ihnen genug hat. Ein Autor, der sich seinen Charakteren gegenüber verantwortlich fühlt, versucht, von Zeit zu Zeit ein bedeutsames Stöhnen auszustoßen; er bemüht sich nach Kräften, darauf zu bestehen, daß er lediglich ein Schausteller ist, daß seine Urteile fehlbar sind, und daß ein großes Geheimnis uns alle umgibt. Aber Sternes Sinn für Humor gestattet keinem Geheimnis, sich auf seinen Seiten niederzulassen; er ist nie erhaben wie Meredith, doch andererseits ist er nie lächerlich wie Thackeray.[15] Wenn er ein wenig Entspannung von seiner phantastischen Brillanz wünschte, suchte er sie in der Schilderung von erlesenen Augenblicken und Gefühlsaufwallungen. Dem berühmten Bericht von Onkel Toby und der Fliege – »Geh, sagt' er, schiebt das Fenster hoch und öffnet unterm Reden die Hand, damit sie entfleuchen kann; – geh, armes Ding, mach dich von hinnen, weshalb sollte ich dir ein Leids tun? – Die Welt hat sicherlich doch Raum genug für dich und mich« – folgt eine Beschreibung der Wirkung solcher Worte auf Sterne selbst, »die sogleich mein ganzes Gemüt in eine einzige, süße Gefühlsschwingung versetzte«.[16] Es ist dieser sonderbare Widerspruch, wie es scheint, zwischen dem akuten Empfinden von Schmerz und Freude und der Beobachtung und Bewunderung seiner eigenen Fähigkeit dazu, der seine berühmte »Empfindsamkeit« so sehr in Verruf gebracht und seine Bewunderer so sehr in Verwirrung gestürzt hat. Die erstaunliche Wahrheit dieser Beobachtungen ist der beste Beweis dafür, daß er sie selbst anstellte; aber wenn deutlich wird, daß er jetzt Zeit hat, an sich selbst zu denken, irrt auch unsere Aufmerksamkeit ab, und wir stellen unerhebliche Fragen – ob zum Beispiel Sterne ein guter Mensch war. Manchmal – die Episode mit dem

Esel in *Tristram Shandy* ist ein gutes Beispiel – funktioniert seine Methode hervorragend, denn er rührt an das Gefühl und zeigt uns dann, welchen Weg es durch seine Gedanken nimmt und welche Assoziationen sich daran heften; verschiedene Ideen treffen zusammen und streben auseinander, ganz natürlich, wie es scheint; und die ganze Szene leuchtet für den Augenblick von Luft und Farbe. In *The Sentimental Journey* jedoch scheint Sterne ängstlich bemüht, seine natürliche Neugier zu unterdrücken und eine doppelte Absicht in seinem Empfinden zu haben – dem Leser ein Gefühl zu vermitteln, aber mit dem Ziel, Bewunderung für seine eigenen schlichten Tugenden zu ernten. Da, wo sein ungetrübtes Empfinden ins Peinliche umschlägt, beginnen wir uns zu fragen, ob wir den Autor mögen, und ihn einen Heuchler zu nennen. »Der *pauvre honteux* [dem Sterne ein Almosen gegeben hatte] konnte nichts sagen – er zog ein kleines Sacktuch hervor und wischte sich im Wegwenden übers Gesicht, und mir schien, er danke mir mehr als sie alle.«[17] Die letzten Worte mit ihrer gekünstelten Schlichtheit sind wie salbungsvoll zum Himmel erhobene Augen.

Es findet sich in der Geschichte seines Lebens reichliches Beweismaterial dafür, wie sonderbar und kompliziert der Geisteszustand war, der solche Kunstwerke hervorbrachte. Sterne war ein Mann vieler Leidenschaften, getrieben »ganz wie die Fliege sticht«; aber die ernsthafteste, so hieß es, wurde von Mrs Draper[18] inspiriert, der Eliza der Briefe. Allerdings wurden Empfindungen, die 1740 für seine Frau Dienst getan hatten, mit einer Namensänderung abgeschrieben, um im Jahre 1767 noch einmal für Eliza herzuhalten; und wenn ihm wiederum beim Schreiben an Eliza eine glückliche Wendung gelungen war, so kam danach auch seine Tochter Lydia in deren Genuß. Sollen wir daraus folgern, daß Sterne nichts an Ehefrau oder Geliebter oder Tochter lag, oder sollen wir glauben, daß er vor allem anderen und mit all den Schwächen seines Geschlechts ein großer Künstler war? Wenn er zu den größten gehört hätte, dann wären zweifellos diese kleinlichen Einsparungen nicht notwendig gewesen; doch bei seinem erlesenen und klarsichtigen, aber nicht sehr üppig sprudelnden Genie war, es erforderlich, hauszuhalten und sich so gut er konnte zu behelfen. Demzufolge haben wir, wie Professor Cross darlegt, das seltsame Schauspiel eines Mannes, der seine Gefühle zweimal benutzt, für verschiedene Zwecke. Das *Journal to Eliza*, in dem die geheimsten Leidenschaften seines Herzens bloßgelegt werden, ist nur das Notizbuch für Passagen in *The Sentimental Journey*, die alle Welt lesen kann. Sterne selbst wußte zweifellos kaum, an welchem Punkt sein eigener Schmerz sich in die Freude eines Künstlers auflöste. Wir, jener Zeit so fern, könnten endlos spekulieren.

In der Tat, wie wir es auch drehen und wenden, es gibt kein Leben, das schwerer zu beurteilen ist; seine Exzentrizitäten sind oft echt, und seine Impulse sind oft vorbedacht. Ebenso ist der abschließende Eindruck zwiespältig, denn wir müssen ein Leben von außerordentlicher Unstetigkeit und Absonderlichkeit mit der unendlichen Sorgfalt und Selbstbewußtheit eines Künstlers vereinen. Dieser dünne, erregbare Mann, der von Schwindsucht verzehrt wurde, der von sich selbst sagte, daß er meistens ganz spontan handelte und ein Bündel von kaum durch den Verstand gezügelten Empfindungen war, er führte nicht nur Protokoll über all das, was er empfand, sondern konnte dicht an seinem Tisch sitzen, ordnen und umordnen, hinzufügen und ändern, bis jede Szene klar war, jeder Ton empfunden war, und jedes Wort passend und an seinem Platz war. »Wie erzeugen gerade die leichten Striche des Meißels«, rief er in *Tristram Shandy* aus, »des Pinsels, des Stifts, des Geigenbogens, *et cetera*, – die wahre Schwellung, die das wahre Vergnügen spendet! – O meine Landsleute! – seid heikel; – hütet eure Zunge; – und vergeßt nie, O! niemals, von welch kleinen Partikeln eure Eloquenz und euer Ruhm abhängen.«[19] Sein Ruhm hängt zum Teil von diesem unnachahmlichen Stil ab, ruht aber höchst sicher auf der außergewöhnlichen Lust, mit der er lebte, und auf der Freude, mit der sein Geist unaufhörlich an der Welt arbeitete.

Deutsch von Heidi Zerning

Rezension von Wilbur L. Cross, *The Life and Times of Laurence Sterne (1713–68)*, London 1909, die am 12. August 1909 im *TLS* erschien.

1 VW meint James Boswells berühmte Biographie *The Life of Samuel Johnson* (1791).

2 Nach den Erinnerungen, die Sterne für seine Tochter Lydia schrieb. Roger Sterne (ca. 1692–1731), der Vater des Autors, war Fähnrich in der englischen Armee und heiratete Agnes Herbert, eine Kapitänswitwe. Die Wunde bekam er bei einem Duell in Gibraltar und starb daran ein paar Monate später.

3 Der Großvater war Erzbischof von York.

4 John Hall-Stevenson (1718–1785), Landedelmann und Verfasser schlüpfriger Verse, Sternes enger Freund, nach dem er den Charakter Eugenius in *Tristram Shandy* (seit 1759) und *A Sentimental Journey in France and Italy* (1768) schuf. Hall-Stevenson kam ans Jesus College, Cambridge, im Juni 1735, als Sterne dort sein zweites Studienjahr beendete.

5 John Wilmot, Earl of Rochester (1647–1680), witziger Autor schlüpfriger Verse. – Aphra Behn (1640–1689), die erste ›freie‹ Schriftstellerin, schrieb über ein Dutzend Theaterstücke und einige Romane, von denen *Oroonoko, or the History of the Royal Slave* (1688) der berühmteste ist.

6 Sterne wurde 1738 Pfarrer (Vicar) in Sutton-on-the-Forest, in Yorkshire. 1741 wurde er Domherr (Präbendar) an der Kathedrale von York und ein berühmter Prediger. 1741 heiratete er Elizabeth Lumley; seine Frau war immer wieder ›gemütskrank‹.

7 Das Vorbild für die Figur des Dr. Slop war Dr. John Burton, Verfasser eines *Essay toward a Complete New System of Midwifery* (1751). Sein Spitzname war ›Hippocrates Obstetricius‹.

8 Medmenham Abbey, ehemalige Zisterzienser-Abtei an der Themse, in der sich im 18. Jahrhundert eine Gesellschaft traf, die sich ›Hellfire Club‹ oder ›Die Franziskaner‹ nannte. Das Club-Motto war von Rabelais' Abtei Thélème übernommen: »Fay ce que voudras«.

9 Charles Lamb (1775–1834), Freund der Romantiker, Kritiker, origineller Essayist (*Essays of Eliza*, 1823 und 1833).

10 Robert Burton (1577–1640), Autor der berühmten *Anatomy of Melancholy* (1621). – Guillaume Bouchet schrieb mehrere Bände *Sérées,*

Or Evening Conferences (1584 ff.) – Bruscambille, Komödiant, schrieb *Fantasies* oder *Pensées Facétieuses* (1612).

11 *Leben und Ansichten von Tristram Shandy, Gentleman*, neu übersetzt von Michael Walter, Zürich: Haffmans, 1984–91. Zitiert nach der Ausgabe Frankfurt: Fischer Taschenbuch Verlag, 2010, S. 284.

12 Ebd., S. 218.

13 Ebd., S. 677.

14 Ebd., S. 206. Grund für die Verwirrung sind hier Walter Shandys metaphysische Auseinandersetzungen mit den Assoziationsketten unserer Ideen.

15 George Meredith (1828–1909), siehe VWs Essay ›Die Romane George Merediths‹, in: *Der gewöhnliche Leser 2*, S. 268–280. – William Makepiece Thackeray (1811–1863), dem Autor z. B. von *Vanity Fair* (1847–48), hat VW merkwürdigerweise nie einen eigenen Essay gewidmet, obwohl es sogar familiäre Verbindungen gab, denn Thackerays Tochter war die erste Frau von Leslie Stephen.

16 *Tristram Shandy*, S. 125 f.

17 *A Sentimental Journey through France and Italy* (1768); *Eine empfindsame Reise durch Frankreich und Italien*, deutsch von Michael Walter (Berlin: Galiani, 2012), S. 90

18 Mrs Elizabeth Draper (1744–1778), die Frau eines Beamten der East India Company, in die Sterne sich 1766 verliebte, und der er *The Journal to Eliza* und *Letters of Yorick to Eliza* schrieb. Siehe den folgenden Essay.

19 *Tristram Shandy*, S. 112.

Eliza und Sterne

Von den vielen Schwierigkeiten, die den Biographen quälen, muß gewiß die moralische die größte sein. Nach welchem Maßstab, heißt das, soll er die Moral der Toten beurteilen? Nach dem ihrer Zeit oder dem seiner eigenen? Oder soll er, bevor er etwas zu Papier bringt, zu einem absoluten Maßstab von Recht und Unrecht gelangen, nach dem er Sokrates und Shelley und Byron und Königin Victoria und Mr Lloyd George[1] beurteilen kann? Dieses Problem, auch wenn es an der Wurzel der biographischen Literatur liegt und sich bis in jede Faser davon auswirkt, ist größtenteils gelöst oder zu den Akten gelegt durch die Gewißheit, daß die Wahrheit um das Jahr 1850 herum den glücklichen Bewohnern der Britischen Inseln offenbart wurde, die in Zukunft lediglich die Umstände von Datum, Land und Geschlecht in Betracht ziehen müssen, um in allen Fällen von moralischer Exzentrizität, die ihnen zur Beurteilung unterbreitet werden, zu einem befriedigenden Schluß zu gelangen. Wenn wir zum Beispiel das Leben von Elizabeth Draper[2] beschreiben, müssen wir großes Gewicht auf die Frage nach der Moral oder Unmoral ihrer Beziehung zu Sterne legen. Wir müssen das Beweismaterial durchforsten und sie entoder belasten, je nachdem, ob die Waage sich für oder gegen sie neigt. Wir müssen ihrem Verhalten in dieser Hinsicht wesentlich mehr Bedeutung beimessen als in jeder anderen. Mr Wright und Mr Sclater absolvieren den Parcours mit starrer Konsequenz. Ihre »moralische Schuldhaftigkeit« wird an jedem Punkt erörtert, und wir sind aufgefordert, einer Gerichtsverhandlung beizuwohnen, die im Laufe ihres Fortgangs sowohl für uns als auch für jeden anderen immer weniger mit der Wirklichkeit zu tun hat. Aber das zu sagen bedeutet nicht, daß wir der Leichtfertigkeit das Wort reden. Wir sagen nur, was jeder Leser von Biographien weiß, was aber nur wenige Autoren eingestehen mögen –, daß die Zeiten sich geändert haben; daß im Jahre 1850 Eliza nicht bei Hofe eingeladen worden wäre, aber daß im Jahre 1922 wir alle entzückt wären, beim Dinner neben ihr zu sitzen.

Doch die Moral, auch wenn sie die entscheidende Schwierigkeit sein mag, ist keineswegs die einzige, mit der der Biograph es aufnehmen muß. Da sind die Termiten von Anjengo – »eine besonders gefräßige Spezies«, die, nicht zufrieden mit dem Verschlingen des »größten Teils der alten Archive« einer Stadt, die zugleich Elizas Geburtsort und der Sitz der Pfefferindustrie ist, noch wesentlich kostbareres Material zernagt haben – das Leben von Eliza selbst. Wieder und wieder müssen ihre gewissenhaften Biographen zugeben, daß die Fakten verlorengegangen sind. »Die Geschichte … bewahrt oft ein höchst quälendes Schweigen über Einzelheiten von großem Interesse.« Die Hauptdarstellerin verläßt die Bühne, oft an einem Wendepunkt ihres Schicksals, und während ihrer Abwesenheit wird unsere Aufmerksamkeit auf die antiseptische Wirkung von Holzasche bei der Behandlung der Blattern gelenkt; auf die verschiedenen Eigenarten der Hooka, der Calloon und der Kerim-Kanne; auf die immer noch gebräuchliche Methode, Rotwild mit Geparden zu jagen; und auf die Tatsache, daß einer von Elizas Onkeln von einem Sack Kümmel getötet wurde, der ihm auf den Kopf fiel, als er im Jahre 1778 die St. Mary-at-Hill hinaufging. Diese wohlfeilen Abschweifungen, die vielleicht die Sache der Biographie nicht voranbringen, sind entschuldbar, wenn der Gegenstand, wie Eliza Draper es war, eine unbekannte, seit fast anderthalb Jahrhunderten tote Frau ist, deren fünfunddreißig Jahre vollkommen in Vergessenheit geraten wären, wenn sie nicht in einem davon drei Monate lang von Laurence Sterne geliebt worden wäre.

Sie wurde geliebt, denn trotz der Verwüstungen der Zeit und der Termiten bleiben uns wenig Zweifel, daß die Liebe auf seiner Seite war, nicht auf ihrer. Wenn sie irgend jemandes Eliza war (was keineswegs sicher ist), so war sie Thomas Limbrey Sclaters[3] Eliza.

Ihm schrieb sie liebevoll ihr Leben lang; ihm schickte sie einen von Sternes Liebesbriefen; und an ihn dachte sie, als das Schiff sie zurück nach Indien und für immer fort von Sterne trug. Sie hätte mehr Sinn für das Schickliche haben sollen. Sie hätte sich klarmachen müssen, in welch mißliche Lage sie die Nachwelt brachte. Aber Eliza war eher eine impulsive als eine reflektierende Frau. Sie »beging die Ehe«, wie ihre Schwester es nannte, mit Daniel Draper aus Bombay im Alter von vierzehn und ruinierte damit ihre Chancen fürs Leben. Er war vierunddreißig, hatte mehrere uneheliche Kinder, litt an Schreibkrampf und besaß all jene Tugenden, die Beamten höchste Beförderung sichern und ihre Frauen in die Arme von Kommodore Clarke[4] treiben.

»… Von Natur kalt, Phlegmatisch und nicht durch Erziehung geschmückt mit irgend einer jener artigen Fertigkeiten, die helfen, die Leeren der Zeit angenehm, wenn auch nicht nützlich zu füllen, dazu noch durch lange Gewohnheit über alle Maßen Methodisch geformt und nicht leicht durch irgend ein Motiv ohne Verbindung mit seinem Pflichtgefühl zu Aktiven Maßnahmen zu bewegen.«[5]

Solch ein Mann (Eliza schrieb über ihren Ehemann mit Worten, die, da ihre Gefühle stark waren und ihre Grammatik schwach, wir uns zu paraphrasieren erlaubt haben) ist gänzlich ungeeignet, der Ehegatte einer Dame zu sein, die Anrecht auf »die Titulierung Schönste Indiens« hatte; die Gesellschaft sehr liebte, aber Einsamkeit noch mehr; die Montaigne und den *Spectator*[6] las; die an vierter, wenn nicht dritter Stelle auf der Einladungsliste des Gouverneurs stand; die Briefe schrieb, welche manche für wert erachteten, veröffentlicht zu werden; die schließlich von einem Freund zu hören bekam, die Natur habe sie bestimmt zur Ehefrau »eines sehr gefühlvollen Poeten und Philosophen, nicht zu der eines Herrn von Unabhängigkeit und üblichen Talenten, und der Grund, dem er dies mit Freuden zuschrieb, das waren die natürlichen und vermeintlichen Eigenschaften meines Herzens, zusammen mit einem ausdrucksvollen Antlitz und einer Anlage, fähig, den zartsinnigen Leidenschaften gerecht zu werden«.[7]

Dieser »anerkannte Kenner der Physiognomik« war, dürfen wir vermuten, kein geringerer als der große Mr Sterne. Eliza begegnete ihm im Hause von Mrs James[8] in der Gerrard Street im Jahre 1767. Drapers zunehmender Krampf hatte die etwas widersinnige Wirkung, die beiden zusammenzubringen. Nachdem er die englischen Heilbäder ohne Erfolg probiert hatte, kehrte Draper nach Bombay zurück, und Eliza blieb in London, um die Gespräche mit Sterne fortzusetzen. Dank des *Journal to Eliza* können wir recht genau beurteilen, worüber sie redeten. Eliza war die charmanteste aller Frauen, Sterne der leidenschaftlichste aller Männer. Das Leben war grausam, Mrs Sterne unerträglich, frühe Heiraten beklagenswert, Bombay fern und Ehemänner anstrengend. Das einzige Glück lag darin, Gedanken und Tränen zu mischen, Höhenflüge zu teilen, Porträts zu tauschen und um ein Wunder zu beten wie den gleichzeitigen Tod von Elizabeth Sterne und Daniel Draper, der sie in Zukunft für immer vereinen könnte. Aber obwohl das zweifellos war, was sie sagten, kann man längst nicht so gewiß sein, was sie meinten. Sterne war vierundfünfzig und Eliza zweiundzwanzig. Sterne stand auf der Höhe seines Ruhms und Eliza auf der Höhe nicht ihrer Schönheit, die gering war, sondern ihres Charmes, der groß war. Aber Sterne war damit beschäftigt, *The Sentimental Journey*[9] zu schreiben, und Eliza muß manchmal gespürt haben, auch wenn es höchst wunderbar und schmeichelhaft war, einen gefeierten Autor zu haben, der an ihrem Bett saß, wenn sie krank war, und ihre Briefe den Damen und Herren höchsten Standes vorlas und ihr Bild herumzeigte und zehn hübsche Messinghaken für ihre Kajüte kaufte und ihre Besorgungen in London erledigte, daß er trotzdem vierundfünfzig war, abscheulichen Husten hatte und manchmal, fiel ihr auf, in sehr sonderbarer Weise aus dem Fenster blickte. Zweifellos dachte er an sein Werk. Er versicherte ihr, daß sie für ihn von allergrößter Hilfe war. Und er erzählte ihr, daß er ihren Namen und ihr Bild in seinem Buch untergebracht habe, »wo«, sagte er, »sie überdauern werden, wenn du und ich zur Ruhe gebettet liegen«; und danach schrieb er eine Elegie auf sie und steigerte sich zweifellos in eine dieser Gefühlswallungen hinein, für deren Erregung jede Frau ihre Augäpfel hergeben würde, aber da Eliza krank im Bett lag, fand sie das alles ein wenig ermüdend und konnte nicht umhin zu denken, daß Thomas Limbrey Sclater, der nicht die geringste Aussicht hatte, unsterblich zu werden, wesentlich mehr nach ihrem Geschmack war als Laurence Sterne. Wenn wir also Eliza tadeln müssen, dann nicht dafür, daß sie Sterne liebte, sondern dafür, daß sie ihn nicht liebte. Sie ließ zu, daß er ihr die Briefe eines Liebhabers schrieb und ihr die Rechte eines Ehemannes antrug. Aber als sie dann Indien erreichte, hatte sie ihn fast vergessen, und sein Tod rief ihr nur noch »den sanften, großzügigen, guten Yorick« in Erinnerung, dessen Bildnis zwar nicht über ihrem Herzen, aber über ihrem Schreibtisch hing.

In Indien angelangt, mit noch elf Lebensjahren vor sich, fuhr die skandalöse Person fort, sie zu verleben, als seien ihr jene »Kommentatoren und Exegeten«, die sich laut Sterne noch jahrhundertelang über ihre Namen beugen würden, piepegal. Sie gab sich trivialen Beschäftigungen und namenlosen Offizieren hin; saß bis drei Uhr morgens auf einer »kühlen Terace«; jagte Antilopen mit Leoparden; fuhr mit einer Eskorte bewaffneter Sepoys durch die Straßen von Tellicherry; spielte mit ihren Kindern und schüttete Mr Sclater und Mrs James in langen, langen Briefen ihr Herz aus; kurzum, sie gab sich jenem unbedeutenden Lauf des Lebens hin, der für andere, die der gleichen Beschäftigung nachgehen, von so unerklärlichem Interesse ist. Es ist alles sehr schwer zu durchschauen und beruht fast völlig auf Vermutungen. Sie war im Jahre 1769 in Tellicherry sehr glücklich und im Jahre 1770 sehr unglücklich. Sie war immerzu glücklich und anschließend unglücklich, gab sich selbst die Schuld und hoffte, daß ihre Tochter eine bessere Frau sein würde als deren Mutter. Doch Eliza dachte nicht ganz schlecht von sich selbst. Ihr Aussehen war an allem schuld, und die »glückliche Beweglichkeit« ihrer Gemütsart. Eitel, charmant, begabt, einfühlsam, wurden ihre Beziehungen zu ihrem Ehemann fortwährend immer trostloser. Schließlich, als völlig gewiß war, daß Draper ihre Zofe Leeds liebte und weder am Dienstag noch am Mittwoch jenes Wort »eingeständig der Reue« sprach, welches »mir das gefahrvolle Abenteuer erspart hätte«,[10] sprang Eliza entweder aus ihrem Fenster in ein Boot oder wurde sonstwie auf das Flaggschiff von Sir John Clarke gebracht und von dort zu dem Haus ihres Onkels in Masulipatam. Diesmal, zu diesem Schluß gelangen ihre Biographen ohne Zweifel, aber mit Bedauern, »war Eliza ›verloren‹«. Doch Eliza selbst war überhaupt nicht dieser Meinung. Sie erschien unerschüttert in der Queen Anne Street, am Cavendish Square, »was zeigt, daß sie über beträchtliche gesellschaftliche Beziehungen verfügte«; verliebte sich jedoch dort in den Abbé Raynal.[11] War sie unverbesserlich, oder neigte er, vielleicht wie andere seiner Landsleute, zu Übertreibungen? Die Ausdrucksweise, mit der er Anjengo[12] huldigte, legt letzteres nahe. Aber der Tod mit seiner unendlichen Verschwiegenheit erspart uns weitere Nachforschung. Eliza starb mit fünfunddreißig, und ein unbekannter Freund setzte ihr in der Kathedrale von Bristol ein Denkmal mit den Gestalten des Genius und der Mildtätigkeit zu seiten und einem Vogel, der seine Jungen füttert. Also mochte doch jemand Eliza, und es ist so sicher, wie nur je etwas sein kann, daß eine Frau mit solch einem Grabmal sich zur Zeit ihres Todes in den höchsten Gesellschaftskreisen von Bristol bewegte.

Deutsch von Heidi Zerning

Anmerkungen

Rezension des Buches von Arnold Wright und William Lutley Sclater, *Sterne's Eliza. Some Account of her Life in India: with her Letters written between 1757 and 1774*, London: Heinemann, 1922. Die Rezension erschien im *TLS* am 14. Dezember 1922.

1 David Lloyd George (1863–1945) war Premierminister von 1916 bis 1922.

2 Elizabeth (›Eliza‹) Draper, geb. Sclater (1744–1778), heiratete im Juli 1758 Daniel Draper, der damals für die East India Company in Bombay arbeitete. Sterne kannte sie nur wenige Monate, bevor sie zu ihrem Mann nach Indien zurückfuhr, schrieb ihr aber *The Journal to Eliza*, das er nicht veröffentlichte und das erst 1851 entdeckt wurde und 1904 als Buch erschien.

3 Thomas Limbrey Sclater (1742–1809), Elizas Vetter.

4 Commodore Sir John Clarke, zu dem Eliza sich flüchtete, als sie sich im Januar 1773 von ihrem Mann trennte.

5 Aus einem Brief an den Vetter vom 4. März 1772.

6 Einflußreiche Wochenschrift, herausgegeben von Richard Steele und Joseph Addison, 1711–12. Siehe VWs Essay ›Addison‹, in: *Der gewöhnliche Leser 1*, S. 119–131.

7 Brief an den Vetter vom 10. April 1769.

8 Mrs, später Lady James, Frau von Commodore Sir William James, der Eliza in Briefen ihr Herz ausschüttete.

9 *A Sentimental Journey to France and Italy* (1768).

10 Brief an ihren Ehemann am 14. Januar 1773, am Tag, bevor sie aus seinem Haus flüchtete.

11 Guillaume Thomas François, Abbé Raynal (1713–1796). Historiker, der den Philosophen um die Encyclopédie nahestand. Nach der Publikation seiner *Histoire philosophique et politique des établissements et du commerce des Européens dans les deux Indes* (1770) verlor er sein Priesteramt und ging vorübergehend nach England ins Exil.

12 Die Biographie von Wright/Sclater zitiert aus Raynals *Histoire*: »Territorium von Anjengo, du bist nichts, aber du hast Eliza geboren …«

Horace Walpole

Einhundertzehn Briefe Horace Walpoles werden hier zum ersten Mal von Dr. Toynbee vorgelegt.[1] Zusammen mit dreiundzwanzig anderen, die nun in voller Länge abgedruckt werden, neuem Material aus bislang unveröffentlichen Quellen und Dr. Toynbees Anmerkungen ergeben sie zwei selten wundervolle Bände. Wären es zehn statt nur zwei, würden wir Dr. Toynbee immer noch zu neuen Nachforschungen drängen; wir würden immer noch die Entdeckung einer großen Kiste begrüßen, die, bis zum Bersten mit Walpoles Briefen vollgestopft, irgendwo in einem alten Landhaus lagert. Obwohl die neuen Briefe nichts von überragender Brillanz enthalten, nichts, was eine neue Furche in das vertraute Gesicht zeichnen würde, verschaffen sie uns aufs Neue und für viel zu kurze Zeit das besondere und unverwechselbare Vergnügen von Walpoles Gesellschaft. Er muß nicht brillant sein; er muß nicht indiskret sein; er soll sich an den Tisch begeben, die Feder in die gichtigen Finger nehmen und schreiben – irgendwas, egal was, solange er nur weiterschreibt. Diese letzten Briefe, aus vielen verschiedenen Quellen zusammengefegt, mit Pausen dazwischen, ohne jede Kontinuität, sind dennoch weder trivial noch zusammenhanglos. Wir finden sofort unseren Rhythmus. Wir unternehmen unseren bezaubernden Spaziergang durch den größeren Teil des achtzehnten Jahrhunderts. Im Vorbeigehen begegnen wir vielen alten Freunden. Es ist so unterhaltsam wie immer. Die ersten feierlichen Glockenschläge des neunzehnten Jahrhunderts, die bedeuten, daß Horace Walpole in den Ruhestand treten muß, sind für uns so ärgerlich wie die Uhr, die schlägt und ein quengelndes Kind ins Bett schickt.

Vielleicht ist es vermessen, den Charme des gereiften Walpole in »Mein erster Brief an meine Mutter« zu entdecken, mit dem das Buch anfängt: »Liebe Mama, ich hofe, es get euch gutt und mir get es sehr gutt und ich hofe Papa get es gutt … und ich bin sehr froh weil Tom sagt, all meinen Tiren get es gutt.«[2] Und doch ist es ein gewinnender Brief, so wie der dunkeläugige kleine Junge auf der Miniatur ein bezaubernder kleiner Junge ist; und es kann keinen Zweifel daran geben, daß Walpole weit früher als die meisten Kinder wußte, was er wollte, und die Schwierigkeiten des Buchstabierens meisterte. Nie gab es eine Übergangsphase unbeholfener Unreife, in der er mehr sagte, als er meinte oder weniger, als er meinte, oder was er nicht meinte. Im Alter von dreiundzwanzig Jahren taucht er als fertiger Mann von Welt in Rom auf, so sehr sein eigener Herr und Meister, daß er die großen Damen, die sich die Sehenswürdigkeiten ansehen, bereits necken, auf Geheiß Fächer und Schnupftabakdosen herbeischaffen, Nettigkeiten mit gelehrten Männern austauschen, den Kopf bewundernswert frei von Überschwenglichkeiten halten und einen Brief wie folgt beenden kann:

> Gute Nacht, mein Kind, ich bin in heftigster Eile. Oh, Porto Bello, die entzückende Neuigkeit! Corradini wird mit Sicherheit Papst werden, und zwar bald. Mit der nächsten Post werde ich dir wahrscheinlich mitteilen können, daß er es mit Sicherheit nicht wird.[3]

Der Verfasser dieses Satzes ist bereits vollständig für seine Rolle gerüstet. Er hat der störrischen englischen Sprache das Rückgrat gebrochen; für alle Zeiten wird sie seine Besorgungen erledigen, seine leichten Lasten tragen, seinen Anweisungen Folge leisten; er hat einen unermüdlichen Sklaven zu seiner Verfügung. Mehr noch, er hat bereits seine Position bezogen, sieht das Spektakel von seinem eigenen Blickwinkel aus, und nahezu achtzig Jahre lang wird er dort stehen, geistreich, boshaft, beobachtend, distanziert, das lebhafteste Klatschmaul, der aufmerksamste aller Freunde. Ihm, dem Sohn eines Premierministers, ausgestattet mit einer ansehnlichen Sinekure, war eine irgendwie geartete Position zugesichert worden, wäre auch er sowohl ein Tölpel als auch ein Einfaltspinsel gewesen. Aber Horace Walpole war kein Einfaltspinsel, und er war weit mehr als der Sohn eines Premierministers. Er wehrte sich mit einer Entschlossenheit gegen sein ererbtes Schicksal, die uns Respekt abverlangt, obwohl er seitdem dafür mit Geringschätzung bedacht wurde, so wie man ihn zu seiner Zeit zweifellos dafür verlachte. Er trank nicht; er würfelte nicht; er wollte kein Landadliger sein; er wollte kein Politiker sein. Kurz gesagt wollte er nichts sein, außer was zu sein ihm gefiel.

Im großen und ganzen gefiel es ihm am besten, ein Gentleman zu sein, denn es gibt keinen Grund, weswegen ein Gentleman nicht die geistreichsten Briefe der Welt schreiben sollte, vorausgesetzt, er tut es auf nonchalante Art und zählt die Berühmtesten und Hochgestelltesten seiner Zeit zu seinen Briefpartnern. Das wichtigste Charakteristikum dieser Klasse hatte er sich schon in sehr jungen Jahren angeeignet, vielleicht um den Preis einiger Mühen – möglicherweise sogar einiger Entsagung. »Gute Nacht, mein Kind, ich bin in heftigster Eile.« Ganz gleich, welche Mühe sein Brief ihn gekostet haben mochte, es war wichtig, ihn als absolute Nebensächlichkeit auszugeben, als etwas, was schnell dahingekritzelt wurde, während er darauf wartete, daß der Regen nachließ – als etwas, das, wie die Wortwahl zeigt, spontan und sorglos dahingesprochen wurde, aber ganz natürlich im Ton höchster Lebensart. Er achtete sorgfältig darauf, die Prahlerei, er sei in heftigster Eile, jedesmal zu wiederholen, wenn er etwas schrieb. Emotionale Rhapsodien oder gelehrsame Tiefgründigkeiten, diese Dinge überließ er den professionellen Schreiberlingen, die von dem leben mußten, was ihr Verstand ihnen einbrachte. Zudem ist es für den Amateur zulässig, seine Zeit mit Problemen zu verbringen, die Walpole faszinierten, obwohl kein vernünftiger Mann einen Gedanken daran verschwenden würde. Da niemand, er selbst am allerwenigsten, ihn ernst nahm, konnte er mehrere Seiten der Diskussion jener schwierigen und kniffligen Frage widmen – dem Alter, in dem Lady Desmond starb. War sie wirklich 163, und konnte es möglich sein, daß sie mit Richard III. getanzt hatte? Aus irgendeinem Grund reizten diese Fragen seine Phantasie. Sein Eifer, den genauen Zustand der Leiche von Königin Catherine Parr zu erfahren, als sie ausgegraben und untersucht wurde, könnte übertrieben wirken – abgesehen davon, daß die Dame tatsächlich von höchstem Rang war. Denn es läßt sich unmöglich leugnen, daß er ein Snob war, und zwar von der entschlossenen Sorte, deren Mütter Shorters waren, während ihre Väter, wenn auch nicht von edler Geburt, durch ihre Fähigkeit, vertrauten Umgang mit den Größen ihrer Zeit zu pflegen, hoch aufstiegen. Doch sobald dieser Pfeil steckt, kann kein anderer dieses Ziel noch einmal treffen. Es ist nicht leicht, ihn einen Dilettanten oder ein Klatschmaul zu nennen, einen Dichterling oder einen Dandy, wenn der Beschuldigte diese Vorwürfe, bevor sie über unsere Lippen sind, selbst eingestanden und sich jede Mühe gemacht hat, folgendes Urteil zu sprechen:

> Gütiger Gott! Sir, wer bin ich denn, daß ich an Kritik oder Korrektur Anstoß nehmen oder mich darüber erhaben fühlen sollte? Ich wüßte nicht, wer das könnte – gewiß kein Autor. Ich bin ein Privatmann ohne Bedeutung, und im besten Fall ein Autor von sehr bescheidenen Fähigkeiten.[4]

Selbst in Fragen des Geschmacks, denen er den größten Teil seines Lebens und einen großen Teil seines Vermögens gewidmet hatte, war er offen für Korrekturen von Menschen, die im Besitz größerer Gelehrsamkeit waren, als er für sich in Anspruch nehmen konnte. Er war nichts weiter als ein Privatmann.

Der Leser wird bemerken, daß die Gewohnheit der Untertreibung nicht nur das Charakteristikum guter Herkunft, sondern auch ein Werkzeug von großem Wert in der Hand eines Schriftstellers ist. Ein Autor, der nicht mehr weiß als andere Menschen, der keine Würde aufrechterhalten, keine Überzeugungen durchsetzen, keine Philosophie darlegen muß, kann sagen, was er will, und denken, was ihm beliebt. Niemand muß auf ihn hören. Doch wenn er durch einen Glückstreffer zudem die geistreichste Feder und das aufmerksamste Auge besitzt, wenn er jeden kennt, der es wert ist, gekannt zu werden, und alles sieht, was es wert ist, gesehen zu werden, kennen wir natürlich bald schon jedes Wort auswendig, das er schreibt. Da Schriftsteller jedoch ernst sein sollten, werden wir ihm aus Rache nur sehr wenig Achtung für seine Darbietung zollen. Es ist Mode zu sagen, daß Walpole so amüsant war, weil er so frivol war, und so geistreich, weil er so herzlos war. Jedenfalls war er gewiß sehr verstimmt, als die alte Madame du Deffand sich in ihn verliebte und fand, in ihrem Alter könne sie es sich erlauben, offen darüber zu reden. »Dès le moment que je cessai d'être jeune, j'ai eu une peur horrible de devenir un vieillard ridicule«, schrieb er ihr; und sie antwortete, »Vos craintes sur le ridicule sont des terreurs paniques, mais on ne guérit point de la peur; je n'ai point vu une semblable faiblesse.«[5] Er hatte furchtbare Angst vor der Lächerlichkeit, und doch zeigte die alte Dame, deren Leidenschaft er zurückgewiesen hatte, beträchtliche Scharfsicht, als sie von »l'extrême vérité de votre caractère« sprach. Lang geübte Untertreibung, teils aus Gründen des Geschmacks und der Schicklichkeit und teils aus Angst vor der Lächerlichkeit, hatten Walpoles Gefühle so diszipliniert, daß sie es kaum wagten, sich an der Oberfläche zu zeigen; doch die, die es gibt, klingen, wie es gelegentlich bei Gefühlen der Fall ist, die eher unterdrückt denn ausgelebt werden, verblüffend wahr. »... er liebte mich, und ich dachte nicht, daß er es tat«, schrieb er über seinen Streit mit Gray, als Gray tot war.[6] Doch was sein Herz angeht, laßt es in Frieden ruhen; es hat etwas Unanständiges, darin herumzuspionieren, und er würde es sicherlich vorziehen, daß wir ihm überhaupt keines zuschreiben, statt ihm ein Quentchen zuviel zuzubilligen. Sein Geist ist es, der uns interessiert.

Doch werden wir uns hier nicht wieder einer gewissen Leichtgläubigkeit schuldig machen, wenn wir ihn ausschließlich so nehmen, wie er seiner eigenen Einschätzung nach war? Die Vorspiegelung von Gleichgültigkeit, die Pose des Amateurs waren zur damaligen Zeit unter Männern von guter Herkunft, deren Hirne dem Tintenfaß nicht gänzlich fernbleiben mochten, gängige Schrullen. Doch vielleicht gab es Momente, in denen Walpole wünschte, der Name seines Vaters hätte genau wie der seiner Mutter Shorter gelautet, und das Schicksal habe von ihm verlangt, Feder und Papier im Ernst zu gebrauchen und sie nicht nur, zu einem ansehnlichen Gehalt, zur Verwendung der jungen Männer im Schatzamt zur Verfügung zu stellen. Jedenfalls gilt sein wärmstes Lob im vorliegenden Band nicht Lady Di's mit »Rußwasser« getuschten Illustrationen für *The Mysterious Mother*, auch nicht Mrs Damers Skulptur, die einen »zottigen Hund in Wachs«[7] zeigt, sondern den Stücken Shakespeares. »Moi, je me ferais brûler pour la primauté de Shakespeare.« Er bewunderte die Franzosen und verdankte ihnen viel, aber wenn es um Tragödien geht, was sind dann Voltaire und Racine und Corneille verglichen mit Shakespeare? Wie konnte Voltaire es wagen, Shakespeare zu kritisieren? »Derb ignorant und geschmacklos«[8] war er, nicht zu sehen, daß der Ausdruck »a bare bodkin«[9] in gewisser Hinsicht ebenso erhaben ist, wie die Schlichtheit von Lady Percys Rede es in anderer ist? »Ich hätte lieber die beiden Reden von Lady Percy im zweiten Teil von Henry IV. als den ganzen Voltaire geschrieben … Aber meine Begeisterung für Shakespeare geht mit mir durch.«[10] Das ist in der Tat ein ungewohnter Anblick. Aber vielleicht verdankte der junge Mr Jephson, der Dramatiker, dieses ganze Gerede über Shakespeare und die englische Sprache, von »weit mehr Energie und dazu klangvoller als die französische« und diese interessanten Spekulationen über »eine neue Diktion«, »einen sehr neuen und eigenartigen Stil«, der eine verblüffende Wirkung haben könnte, »indem man sich auf eine Region konzentriert, von deren Sprache wir wenig oder gar keine Vorstellung haben« – vielleicht rief Mr Jephson all das auf sich herab, weil der alte Dandy und Aristokrat den jungen Mr Jephson, der sich ernsthaft an die Aufgabe des Schreibens setzen konnte und, da sein Name Jephson lautete, nicht verpflichtet war, eine Tragödie »in heftigster Eile« herunterzukritzeln, in jenem Augenblick beneidete.[11]

Eine seltsame Art von Phantasie geisterte durch das scheinbar prosaische Gebäude von Walpoles Geist. Was denn anderes als eine irregeleitete und über Töpfen und Pfannen herumstromernde statt fest an Ort und Stelle verankerte Phantasie war seine Liebe für Schnickschnack und Antiquitäten, Strawberry Hill und verwesende Mitglieder der königlichen Familie? Und zumindest einmal machte Walpole Madame du Deffand ein kleines Geständnis. Von all seinen Werken war ihm *The Castle of Otranto* das liebste, denn dort, sagte er, »j'ai laissé courir mon imagination; les visions et les passions m'échauffaient«.[12] Vision und Passion sind keine Gaben, die wir Horace Walpole auf Anhieb zuschreiben würden; doch während wir uns in der enormen Unterschiedlichkeit und Vergnüglichkeit seiner Briefe verlieren, müssen wir einräumen, daß er irgendwie von seinem eigenen Blickwinkel aus wahrhaftig sah, unabhängig urteilte. Irgendwie war er nicht nur der geistreichste, sondern auch der aufmerksamste und alles andere als ein unliebenswürdiger Mann. Und unter den Verfassern englischer Prosa trägt er für immer und mit der ihm eigenen Anmut eine Krone, die er sich selbst verdient hat.

Deutsch von Brigitte Walitzek

Anmerkungen

Besprechung von *The Supplement to the Letters of Horace Walpole, Fourth Earl of Oxford*. Chronologically arranged and edited with notes and indices by Paget Toynbee, 2 Bände (Oxford University Press, 1918), die am 31. Juli 1919 im *TLS* erschien.

Horace Walpole (1717–1797) war einer der berühmtesten Briefschreiber seiner Zeit und ›Erfinder‹ des Schauerromans *The Castle of Otranto* (1764). Er baute sich als Landsitz das neogotische Schloß Strawberry Hill.

1 Bis zu Toynbees *Supplement* gab es *The Letters of Horace Walpole, Earl of Oxford*, herausgegeben von Peter Cunningham, 2 Bände, 1857.

2 Geschrieben im Alter von acht Jahren an Lady Walpole, geb. Catherine Shorter (gest. 1737), Enkelin von Sir John Shorter, Lord Mayor von London 1688. Sie heiratete Robert Walpole im Jahr 1700.

3 Brief vom 16. April 1740 an Sir Henry Mann (1701–1786), britischer Gesandter in Florenz.

4 Nicht ermittelt.

5 Marie de Vichy-Chamrond, Marquise du Deffand (1697–1780), die Walpole 1765 kennenlernte. Das erste Zitat stammt aus Walpoles Brief vom 10. Oktober 1766; das zweite aus der Antwort der Marquise vom 16. Oktober.

6 Walpole war mit dem künftigen Dichter Thomas Gray (1716–1771) in Eton gewesen und veröffentlichte 1757 seine Gedichte, darunter die berühmte ›Elegy Written in a Country Church-Yard‹. Walpoles Brief vom 2. März 1773 ist an Reverend William Mason gerichtet.

7 Lady Di Beauclerk (1734–1808), bekannt als Illustratorin der *Fables* von John Dryden. Sie machte sieben »unvergleichliche Zeichnungen« zu Walpoles Inzest-Tragödie *The Mysterious Mother* (1768), die Walpole in schwarz-goldenen Rahmen in einem eigens für sie geschaffenen Kabinett in Strawberry Hill aufhängen ließ. – Anne Seymour Damer (1748–1828). Ob es sich bei der Skulptur um Walpoles Hund handelt, ist unbekannt.

8 Brief an den Dramatiker und Lyriker Robert Jephson (1736–1803), Februar 1775.

9 Aus Hamlets ›To be or not to be‹-Monolog, in dem er darüber sinniert, es könnte so leicht sein, sich zu töten »with a bare bodkin«, in Schlegels Übersetzung »mit einer Nadel bloß«.

10 Aus dem Brief an Jephson.

11 Walpole schrieb einen Epilog zu Jephsons Tragödie *Braganza*, die im Februar 1775 am Drury Lane Theatre mit großem Erfolg aufgeführt wurde. Jephson dramatisierte auch Walpoles *Castle of Otranto* unter dem Titel *The Count of Narbonne*, aufgeführt 1781 in Covent Garden.

12 Brief vom 13. März 1767.

Ein Freund Johnsons

Ein großes Buch kann, wie eine große Persönlichkeit, katastrophale Auswirkungen auf andere Menschen haben. Es beraubt sie ihres Charakters und ersetzt ihn durch seinen eigenen. Beispielsweise wird sich niemand, der gelesen hat, was Carlyle über Lamb[1] zu sagen hatte, je vollständig des Eindrucks entledigen können, den das in seinem Geist hinterließ, ungeachtet der Tatsache, daß wir den Verfasser weit mehr verurteilen als sein Opfer. Irgendein Bodensatz bleibt in uns zurück. Es ist seltsam, daran zu denken, wie viele Männer und Frauen nur deshalb in unseren Köpfen lebendig sind, weil sich Boswell[2] eine Notiz über ihre Gespräche machte. Zwei oder drei derartige Zeilen besitzen Wirkkraft; ein Körper erwächst aus dem Samenkorn. Der gewöhnliche englische Leser kennt Baretti[3] nur durch Johnson. »Sein Bericht über Italien«, sagte Johnson, »ist ein sehr unterhaltsames Buch; und, Sir, ich kenne keinen Mann, der im Gespräch den Kopf höher trägt als Baretti. Sein Geist verfügt über starke Kräfte. Er besitzt in der Tat nicht viele Haken, doch mit den Haken, die er hat, schlägt er sich sehr überzeugend.« Das mag, wie Mr Collison-Morley sagt, »eine sehr gute Zusammenfassung« sein, und doch ist sein Charakter kaum auf diese Weise zusammenzufassen; seine Vitalität ist dafür zu groß. Zudem hat Mr Collison-Morley den Vorteil, die italienische Seite der Geschichte zu kennen.

Die Barettis kamen aus dem Piemont, und Giuseppe prahlte romantisch mit seiner vornehmen Herkunft. Er konnte nicht zu Hause leben, wo man ihn zum Anwalt ausbilden wollte, sondern brannte durch, um die Welt zu sehen. Er lebte in Mailand, Venedig und Turin von seiner Feder und produzierte auf Bestellung Festgedichte. Seine Qualitäten gehörten jedoch nicht zu denen, die Erfolg bringen. Er war umgänglich, aber so zudringlich, daß eine gewisse Mrs Paradise[4] ihn mit kochendem Wasser aus ihrem Teekessel zurechtweisen mußte. Eine große animalische Energie und ein kraftvoller Verstand machten sein Verhalten unverschämt und anmaßend, bevor der Ruhm ihm das Recht dazu gab. So machte er es sich als junger Schriftsteller zum Anliegen, Goldoni, die Arkadier und italienische Blankverse zu verunglimpfen, die gerade in Mode waren; später, als die Archäologie der neueste Schrei war, erklärte er, Altertumsforscher sollten ins Irrenhaus gesperrt werden, da er nur die pedantische Seite der Beschäftigung sah und es ihm mangels Phantasie nicht möglich war, ihre Zukunft vorherzusagen. Um mit dem Schreiben Erfolg zu haben, war zu jener Zeit das Äußerste an Takt erforderlich. Damals wie heute versorgte Frankreich Italien mit einem großen Teil seines Lesestoffs, denn jede Provinz hatte ihren eigenen Dialekt; Autoren wurden miserabel bezahlt, und ihre Manuskripte mußten von zwei Zensoren gebilligt werden. Italien bot keinen Platz für einen Mann, dessen Intellekt ihn trieb, reine Eleganz und Gelehrsamkeit zu verabscheuen, und dessen Temperament ihn drängte, kein Blatt vor den Mund zu nehmen.

Er beschloß, sein Glück in England zu versuchen. London versetzte ihn in Erstaunen: Lincoln's Inn, schrieb er nach Hause, war dreimal so groß wie der Markusplatz; »eine breite Straße, behangen mit gemalten Schildern und erfüllt vom Lärm von Rinder- und Schafherden, Kutschen und Fußgängern, verlief mitten durch die Stadt; die Räder bespritzen einen mit Schmutz so schwarz wie Tinte; Frauen von ›vollkommener Schönheit‹ mischen sich unter greuliche Krüppel«; Fielding[5] erzählte ihm, jedes Jahr stürben tausend oder sogar zweitausend an Entbehrung und Hunger, »aber London ist so groß, daß es kaum auffällt«; ein Getöse aus Peitschen und Flüchen währt den ganzen Tag, und des Nachts rufen Wachmänner heiser die Stunden aus, »üble Gesellen« läuten Glocken, während sie die Briefe einsammeln; Straßenfeger, Milchfrauen, Austernverkäufer schreien ununterbrochen. Dennoch verdrängte London allmählich alle anderen

Orte in seiner Zuneigung. Zunächst einmal stellte er fest, daß die italienische Sprache in Mode war, denn eine Italienreise war ein absolutes Muß; und die italienische Oper war so beliebt, daß das Publikum den Text beim Schein privater Kerzen mitverfolgte. So konnte er seinen Lebensunterhalt durch Unterricht bestreiten – eine seiner Schülerinnen war die berühmte Mrs Lennox,[6] die ihn Johnson vorstellte. Die Vorzüge der Gesellschaft, über die Johnson herrschte, entsprachen genau Barettis Geschmack. Er liebte es, die Beine von sich zu strecken, endlos zu reden, Umgang mit Männern aus allen Berufen zu pflegen, nachts mit einem Gefährten durch die Straßen zu streifen, und die Buchhändler mit ihrer gewaltigen und wahllosen Gier nach Stoff kamen seinen Fähigkeiten bewundernswert entgegen. Sein Geist besaß, wie wir wissen, kräftige Haken, und nachdem er sich vorgenommen hatte, Englisch zu lernen, machte er außergewöhnliche Fortschritte in »jener seltsamen und höchst ungeregelten Sprache«. Er konnte sogar den Straßenslang sprechen und bald in kerniger englischer Prosa ein Streitgespräch führen. Es ist typisch für ihn, daß er sich jede lebende Sprache mit Begeisterung aneignen konnte, die toten Sprachen aber langweilten ihn. Er produzierte Wörterbücher und Übersetzungen und Reiseberichte, während der Setzerjunge an der Tür wartete, bis sich an der Stelle seines Fingers, wo die Feder auflag, eine Beule bildete. Sein Kampf, von seinem Verstand zu leben, ist für uns voller malerischer Abenteuer. Eine Abhandlung über die italienischen Dichter brachte ihm die Bekanntschaft eines wohlhabenden englischen Gentleman ein, der sich zwanzig Jahre lang mit einer Übersetzung Ariosts beschäftigt hatte. Als Gegenleistung für Barettis Rat und Konversation bot er ihm in seinem Park ein Haus mit Garten an, eine goldene Uhr im Wert von vierzig Guineen und eine Ehefrau. Aber die Freundschaft endete in Bitterkeit; es hieß, die Uhr sei nur geliehen gewesen. Ob es daran lag, daß Baretti einen Tropfen heißen südländischen Blutes in den Adern hatte, oder ob die Gesellschaft von Gelehrten in Wahrheit eine rauhe und hastige Welt war, jedenfalls finden wir selbst in einer schmalen Biographie wie der vorliegenden Material für Vergleiche zwischen jenem Zeitalter und diesem. Zum Beispiel kann man sich nicht vorstellen, daß Schriftsteller sich damals in ihr Arbeitszimmer zurückzogen oder nach der Uhr arbeiteten. Sie scheinen durch Gespräche gelernt zu haben; ihre Freundschaften waren daher wichtig und freimütig. Gespräche waren eine Art Auseinandersetzung, und die Eifersüchte und Widersprüche, die mit zur Schau gehörten, verliehen ihnen zumindest eine erwartungsvolle Aufregung. Goldsmith[7] fand Baretti »unverschämt und anmaßend«, Baretti hielt Goldsmith für einen »ungehobelten Klotz und einen absurden Gefährten«. Als Mrs Lennox sich beklagte, Baretti zolle ihrem Kind mehr Aufmerksamkeit als ihr selbst, gab er zurück: »Sie sind ein Kind der Statur nach und ein Kind dem Verstand nach«, denn er war generell provokant, wenn sich die Gelegenheit ergab. Tatsächlich hat eine Gesellschaft kluger Menschen, deren Geistreicheleien, Eifersüchteleien und Emotionen zirkulieren, große Ähnlichkeit mit einer Gesellschaft von Kindern. Zurückhaltung und Förmlichkeit scheinen die mittleren Jahre zu kennzeichnen.

Das Leben Barettis erinnert uns auch auf einzigartige Weise an die Rohheit, die außerhalb der Kaffeehäuser und Clubs lauerte. An einem Nachmittag im Oktober 1769 ging er zu Fuß von Soho zum Kaffeehaus Orange in der Haymarket. Auf dem Rückweg sprang eine Frau auf, die auf einer Türschwelle saß, und versetzte ihm einen Schlag. In der Dunkelheit schlug er zurück, woraufhin sich drei Rowdys auf ihn stürzten, und er wurde, »Mörder« rufend, die Oxenden Street entlang gejagt, verfolgt von einer Menschenmenge, die ihn als Franzosen beschimpfte. Ein Mann versuchte wiederholt, ihn am Zopf zu packen, und um sich zu retten, zückte Baretti ein Obstmesser mit silberner Klinge und stach zweimal auf ihn ein. Als einzige Möglichkeit der Rettung, denn er war korpulent, kurzsichtig, und die Straße war voller Pfützen, stürzte er in einen Laden und stellte sich der Polizei. Goldsmith, so vermerken wir, begleitete ihn ins Gefängnis und bot ihm »jeden Shilling« in seiner Börse an. Der Mann starb an der Verletzung; Baretti wurde freigesprochen und das Obstmesser beim Dessert herumgezeigt. Dieselbe Grobheit kennzeichnet die berühmte Freundschaft mit den Thrales, die Mr Collison-Morley sehr lebhaft schildert. Er lebte bei der Familie, nicht als regulärer Lehrer mit einem Gehalt, sondern als angeheuerter Freund, der als Gegenleistung für Kost und Logis reden mußte und auf ein gelegentliches Geschenk hoffen durfte. Die gutmütige Mrs Thrale[8] ertrug das fast drei Jahre, dann, als sie seine Aufgeblasenheit und Arroganz unerträglich fand, behandelte sie ihn »mit einer gewissen Kälte«; woraufhin er seine Teetasse »kaum halb ausgetrunken« abstellte, »Hut und Stock, die in der Zimmerecke lagen« holte und ohne Abschied zu nehmen nach London marschierte. Johnson setzte sich für ihn ein. »Verzeihen Sie ihm, liebste Dame, sein arges Mißverhalten; ich fürchte, er hat es teils von mir gelernt.«[9] Zweifellos entsprach es der Wahrheit, daß er auf eine gewisse Ähnlichkeit mit dem Doktor setzte und die gleiche Rücksichtnahme erwartete, aber er lernte vieles von ihm, das gänzlich bewundernswert war. Als er 1763 nach Italien zurückging, stellte er fest, daß die alten Mißstände, gegen die er als junger Mann angestürmt war, immer noch allgegenwärtig waren. Er beschloß, eine Zeitschrift nach dem Vorbild des *Rambler*[10] herauszubringen, in der er ungehindert auf die Arkadier einprügeln konnte. Als Aristarco verbreitete er seine Ansichten über den Zustand der italienischen Literatur, über Blankverse, Goldoni und die Altertumsforscher, behielt gleichzeitig einige von Johnsons Eigentümlichkeiten bei – daß die Schotten minderwertig seien und Milton manchmal langweilig. Dennoch hatte seine Satire Wirkung, und seine kontroversen Ansichten riefen einen derartigen Aufschrei hervor, daß die *Frusta letteraria* eingestellt wurde. Aber »nie zuvor war eine solche Kritik in Italien erschienen«, und sie ist heute bei seinen Landsleuten ein Klassiker. Doch er »konnte sein eigenes Land nicht genießen«. England belohnte ihn mit einer Stelle als Schriftführer der Royal Academy und fügte in seinen späteren Jahren eine Pension hinzu. Denn so fleißig er auch war, und manchmal Empfänger riesiger Gewinne, seine Einkünfte blieben nie bei ihm hängen. Eine seltsame Unbeholfenheit zusammen mit einer leidenschaftlichen Natur schienen ein Kind aus ihm zu machen. Was zum Beispiel konnte kindischer sein als der Streit mit Johnson darüber, ob Omai, ein Otaheitaner,[11] ihn beim Schach geschlagen hatte oder nicht? »Meinen Sie etwa, ich könnte beim Schach von einem Wilden besiegt werden?« »Ich weiß, daß es so war«, sagt Johnson. Die beiden Männer, die einander respektierten, trennten sich und sahen einander nie wieder. Engländer lesen heutzutage nur selten seine Bücher, abgesehen von dem italienischen Wörterbuch, aber es lohnt sich, seine Biographie zu lesen, weil sein Leben eine so seltsame Mischung aus Kraft und Schwäche zeigt; er ist in vieler Hinsicht ein so getreuer Typ des Mannes, der im achtzehnten Jahrhundert von seiner Feder lebte; und Mr Collison-Morley ergänzt die alte Geschichte, wie Boswell und Mrs Thrale sie erzählten, mit neuem Material aus italienischen Quellen. Sein Leben war erfüllt und voller Tatendrang; was sein Werk angeht, so wünschte er, jede Seite läge auf dem Grund des Meeres.

Deutsch von Brigitte Walitzek

Anmerkungen

Besprechung von Lacy Collison-Morley, *Giuseppe Baretti and His Friends. With an account of his Literary Friendships and Feuds in Italy and England in the Days of Dr. Johnson* (London: John Murray, 1909) am 29. Juli 1909 im *TLS*.

Samuel Johnson (1709–1784), Dichter, Dramatiker, Zeitschriftenherausgeber (*The Rambler*), Essayist. Sein *Dictionary of the English Language* (1755) begründete die englische Lexikographie.

1 Thomas Carlyle (1795–1881), *Reminiscences*, herausgegeben von J. A. Froude, 2 Bände, London 1881. – Charles Lamb (1775–1834), bedeutender, exzentrischer Essayist.

2 James Boswell (1740–1795), der Autor des *Life of Samuel Johnson* (1791), in dem Gespräche mit Berühmtheiten der Zeit festgehalten sind.

3 Giuseppe Marc'Antonio Baretti (1719–1789) schrieb *A Dictionary of English and Italian Languages* (1760), dem Johnson ein Widmungsschreiben voranstellte. Baretti kam 1751 nach London und gründete eine Schule für italienische Sprache. Er kehrte noch einmal nach Italien zurück, wo er eine (bald verbotene) Zeitschrift herausgab, und ging dann wieder nach England. 1766 veröffentlichte er *An Account of the Manners and Customs of Italy*.

4 Mrs Paradise war die Frau von Johnsons Freund John Paradise, einem Sprachforscher.

5 Der Romancier Henry Fielding (1707–1754); *Tom Jones*, 1749.

6 Charlotte Lennox (1720–1804), die Autorin von *The Female Quixote* (1752).

7 Der Essayist und Dramatiker Oliver Goldsmith (ca. 1730–1774) gehörte zum Freundeskreis von Samuel Johnson. Sein Roman *The Vicar of Wakefield* (1764) war ein europäischer Erfolg. Siehe VWs Essay ›Oliver Goldsmith‹, in: *Das Totenbett des Kapitäns*, S. 7–20.

8 Zu Mrs Hester Lynch Thrale, einer Freundin Johnsons, siehe VWs Essay ›Mrs Thrale‹, in: *Der Augenblick*, S. 53–58.

9 Brief Johnsons an Mrs Thrale vom 15. Juli 1775, zitiert in Collison-Morleys Biographie, S. 294.

10 *The Rambler*, zweimal wöchentlich erscheinende Zeitschrift, die Johnson von 1750 bis 1752 herausgab.

11 Alter Name für Tahiti.

Fanny Burneys Halbschwester

Da kürzlich ein Exemplar von *Evelina* für die enorme Summe von viertausend Pfund verkauft wurde; da die Clarendon Press *Evelina* kürzlich das überwältigende Kompliment einer Neuauflage zollte; da Maria Allen die Halbschwester der Verfasserin von *Evelina* war; da die Geschichte Evelinas der Geschichte Maria Allens viel zu verdanken hat, mag es nicht vermessen sein, in Augenschein zu nehmen, was von der Geschichte jenes irregeleiteten und unglückseligen Mädchens noch zusammenzutragen ist.

Wie allgemein bekannt, war Dr. Burney zweimal verheiratet. Als zweite Frau nahm er sich eine gewisse Mrs Allen aus Lynn, die Witwe eines angesehenen Bürgers, der ihr ein Vermögen hinterließ, das sie prompt verlor, und drei Kinder, von denen eines, Maria, fast genauso alt war wie Fanny Burney, als Dr. Burneys zweite Heirat sie zu Halbschwestern machte. Und Halbschwestern mit nichts als einer formalen Bindung zwischen ihnen wären sie vielleicht geblieben, hätten die Unterschiede zwischen den beiden Familien nicht eine weitaus engere Beziehung herbeigeführt. Die Burneys waren begabte Kinder begabter Eltern. Sie hatten alle Anregungen genossen, die sich ergeben, wenn man ständig in Zimmer huscht, in denen Erwachsene über Bücher und Musik reden, das Klavier immer offen ist und irgend jemand – möglicherweise David Garrick, möglicherweise Mrs Thrale[1] – jederzeit zum Essen hereinschneien kann. Maria dagegen war in der Provinz aufgewachsen. Die wichtigen Persönlichkeiten von Lynn waren ihr wohlbekannt, aber die wichtigen Persönlichkeiten von Lynn waren nur Miss Dolly Young – die so häßlich war – oder Mr Richard Warren, der so gut aussah. Die Gespräche, die sie hörte, waren die Gespräche von Landjunkern und Kaufleuten. Das Aufregendste, was passierte, war ein Tanzvergnügen im Gemeindesaal oder ein Skandal im Städtchen.

Daher war sie ländlich und schlicht, während die Burneys weltstädtisch und kultiviert waren. Aber sie war kühn und wagemutig, während die Burneys schüchtern und zurückhaltend waren. Sie lechzte nach Leben und Abenteuer, während die Burneys ständig in quälender Schüchternheit davonliefen, um ihre unzähligen Beobachtungen Stapeln von Papier anzuvertrauen. Unverzärtelt, aber großzügig und unaffektiert, brachte sie jenen Hauch frischer Luft in die Poland Street, jenen Kontakt mit dem gewöhnlichen Leben und jene Leichtigkeit gewöhnlichen Dingen gegenüber, an der es den altklugen Burney-Kindern mangelte und die sie bei anderen überaus erfrischend fanden. Manchmal besuchte Maria die Burneys in London; manchmal fuhren sie zu Besuch zu ihr nach Lynn. Bald schon empfand sie für alle, insbesondere aber für Fanny, eine herzliche, eine echte, eine überraschte Bewunderung. Sie waren so gelehrsam und so naiv; sie wußten so viele Dinge, und doch wußten sie nicht halb so viel über das Leben wie sie selbst. Es war nur natürlich, daß sie ihnen all ihre kleinen Verfehlungen und Abenteuer anvertraute, vielleicht, weil sie Rat suchte, vielleicht, weil sie sie beeindrucken wollte. Fanny gehörte zu jenen schüchternen Menschen – »Ich bin nicht annähernd so zimperlich, wie du es bist«,[2] bemerkte Maria –, die ihren wagemutigeren Freunden ihre Geheimnisse entlockten und sich an Berichten über Taten erfreuten, die sie selbst niemals begehen könnten. Und so vertraute Fanny im Jahr 1770 ihrem Tagebuch gewisse vertrauliche Mitteilungen Marias an, die von einer Art waren, daß sie es, als sie das Heft später noch einmal las, für das Beste hielt, zwölf Seiten herauszureißen und zu verbrennen. Zum Glück blieb ein Packen Briefe erhalten, die in den achtziger Jahren eher kleinkrämerisch von einem Herausgeber herausgerückt wurden, der fand, sie enthielten zu viele Gedankenstriche, um die Ehre des Gedrucktwerdens zu verdienen, es uns aber ermöglichen, ziemlich genau zu erraten, welche Art von Geheimnis Maria preisgab und Fanny aufzeichnete und, erwachsen geworden, schließlich zerriß.

Zum Beispiel gab es irgendwann im Jahr 1770 in Lynn eine Veranstaltung, zu der Maria nicht gehen wollte. Bet Dickens jedoch nahm ihr die Skrupel, und sie ging. Allerdings war sie fest entschlossen, nicht zu tanzen. Doch sie tanzte. Martin war da. Sie zerbrach ihren Ohrring. Sie tanzte ein *minuet à quatre*. Sie stieg in die Kutsche, um nach Hause zu fahren. Sie fuhr nach Hause. »War ich allein? – rate – nun ja, alles ist Eitelkeit und innere Verwirrung.«[3] Man braucht nicht viel Findigkeit, um dieses bedeutungsvolle Kopfnicken und das Augenzwinkern und die versteckten Anspielungen zu interpretieren. Maria tanzte mit Martin. Sie fuhr mit Martin nach Hause. Sie saß allein mit Martin zusammen, und dabei hatte ihre Mutter ihr strikt verboten, Martin zu treffen. Das ist klar. Nicht so klar nach all diesen Jahren ist jedoch, aus welchem Grund Mrs Allen diese Verbindung mißbilligte. Allem äußeren Anschein nach war Martin Rishton eine sehr gute Partie für Maria Allen. Er stammte aus gutem Haus, er war in Oxford gewesen, er war der Erbe seines Onkels, Sir Richard Bettenson, und Sir Richard Bettenson hatte fünftausend im Jahr und keine Kinder. Trotzdem mißbilligte Marias Mutter die Verbindung aufs Heftigste. Sie sagte ziemlich vage, Martin sei »in Oxford ausschweifend gewesen und sie habe gehört, er habe etwas getan, was eines Gentleman unwürdig« sei.[4] Aber ihre vorgeblichen Einwände basierten vielleicht auf anderen, die weniger leicht zu benennen waren. Da war zum Beispiel der Charakter ihrer Tochter. Maria war »ein leichtsinniges Mädchen mit einer sehr großen Liebe zu Spaß und Vergnügen«.[5] Ihr Temperament war lebhaft und herzlich. Sie war extrem freimütig. »Wenn möglich«, sagte Fanny, »ist sie zu offen. Sie nimmt zu wenig Rücksicht auf die Welt; und erlaubt sich zuviel Freiheit der Spöttelei und zuviel stolze Verachtung jenen gegenüber, deren Laster und Torheiten sie beleidigen.«[6] Wenn Mrs Allen von Maria zu Martin blickte, sah sie etwas, daran kann es keinen Zweifel geben, was sie beunruhigte. Aber was? Vielleicht war es nichts weiter, als daß Martin Wert auf äußere Erscheinung legte und Maria darin eher nachlässig war; daß Martin von Natur aus konventionell und Maria das genaue Gegenteil war; daß Martin Kleidung und Wohlverhalten liebte und Maria eines dieser sorglosen Mädchen war, die das erste sagen, was ihnen in den Sinn kommt und, wenn sie selbst sich amüsieren, nie darüber nachdenken, was die Leute darüber sagen könnten, daß sie Löcher in den Strümpfen haben. Aus welchem Grund auch immer, Mrs Allen untersagte die Verbindung; und entweder um ihr entgegenzukommen oder aber aus erzieherischen Gründen schickte Sir Richard Bettenson seinen Neffen zu Beginn des Jahres 1771 für zwei Jahre auf eine Auslandsreise. Maria blieb in Lynn.

Allerdings waren noch keine fünf Monate vergangen, als Martin unerwartet in eine Dinnergesellschaft von Verwandten in der Welbeck Street platzte. Er sah sehr gut aus, aber als er gefragt wurde, wieso er so überstürzt zurückgekommen sei, »lächelte er, gab aber keine Antwort auf die Frage«.[7] Obwohl Maria immer noch in Lynn war, bekam sie sofort Wind von seiner Ankunft. Bald sah sie ihn auf einer Tanzveranstaltung, aber sie tanzte nicht mit ihm, und das Verbot wurde offensichtlich verschärft, denn ihre Briefe werden klagend und aufgeregt und deuten Geheimnisse an, die sie nicht enthüllen kann, nicht einmal ihren lieben Kröten, den Burneys. Nun war sie an der Reihe, ins Ausland geschickt zu werden, teils, damit sie Martin nicht über den Weg laufen konnte, teils um ihre Bildung zu vervollständigen. Sie wurde nach Genf verfrachtet. Aber bald schon erhielten die Burneys einen Brief von ihr, der es in sich hatte. Zunächst einmal gab es ein paar kleine Aufträge, die sie bitte für sie besorgen müßten. Würden sie ihr ein Pianoforte schicken, ein paar Noten, die Predigten von Fordyce,[8] einen Teekannenwärmer, Tintenfässer aus Ebenholz mit versilberten Deckeln und eine sehr hübsche nackte Wachspuppe mit blauen Augen, die für eine halbe Krone in der Fleetstreet zu haben war – was, falls gut verpackt, alles gefahrlos im Kasten des Pianofortes mitreisen könnte. Sie hatte im Augenblick kein Geld, um die Sachen zu bezahlen, denn man hatte sie überzeugt, und sie war sich in der Tat sicher, daß es wahrhaft ökonomisch war, sein ganzes Geld für Kleider auszugeben, wenn man durch Paris kam. Aber sie könnte jederzeit ihre Diamanten verkaufen oder würde ihnen »einen Wechsel auf irgendjemanden in London«[9] ausstellen. Nachdem diese Lappalien abgehandelt waren, wandte sie sich etwas weit Wichtigerem zu. Was sie zu sagen hatte, war in der Tat so wichtig, daß es auf der Stelle verbrannt werden mußte. Überhaupt waren es nur ihre große Verzweiflung und die Tatsache, daß sie allein in einem fremden Land war, die sie dazu veranlaßten, es ihnen überhaupt zu erzählen. Doch die Wahrheit war – insofern das heute zwischen den Bruchstücken und Gedankenstrichen eruiert werden kann –, die Wahrheit war, daß sie mit Martin bedeutend weiter gegangen war, als irgend jemand wußte. Sie hatte ihm tatsächlich ihre Liebe gestanden. Und er hatte etwas vorgeschlagen, was sie sehr zornig gemacht hatte. Sie hatte sich geweigert, es zu tun. Sie hatte ihm einen sehr aufgebrachten Brief geschrieben. Sie hatte ihn tatsächlich dreimal schreiben müssen, bevor sie ihn richtig hinbekam. Als er ihn las, war er wütend. »Hat mein Charakter«, schrieb er, »Dir je Anlaß gegeben zu denken, ich würde Dich bloßstellen, weil du mich liebst? Es ist zutiefst unnatürlich – ich fordere die ganze Welt heraus, ein Beispiel dafür zu nennen, daß ich mich dem Charakter eines Gentleman unwürdig verhalten habe.«[10] Genau das waren seine Worte. Und, schrieb Maria, »Ich halte diese für die Empfindungen eines Mannes von Ehre, und als solcher wird er sich, wie ich hoffe, erweisen«, schloß sie; denn obwohl sie sehr wohl wußte, daß Hetty Burney und Mr Crisp[11] ihn nicht mochten, war er – hier gestand sie es ein – der Mann, »von dem mein ganzes Glück in diesem Leben abhängt und in dem ich keine Fehler zu sehen *wünsche*.« Die Burneys versteckten die Briefe, sagten kein Wort zu ihren Eltern und warteten gespannt. Sie mußten nicht lange warten. Ehe der Frühling vorbei war, war Maria wieder in der Poland Street, und unter so romantischen, so aufregenden und vor allem so geheimen Umständen, daß »ich es nicht wage«, rief Fanny aus, »Einzelheiten zu Papier zu bringen«. Nur soviel (und man hätte gedacht, es sei genug) konnte gesagt werden: »Miss Allen – zum letzten Mal werde ich sie so nennen, – kam letzten Montag nach Hause … sie – hat letzten Samstag geheiratet!« Es stimmte. Martin Rishton war heimlich zu ihr ins Ausland gefahren. Sie waren am 16. Mai 1772 in Ypern getraut worden. Am 18. erreichte Maria England und vertraute Fanny und Susan Burney das große Geheimnis an, erzählte es aber niemand anderem. Sie hatten Angst, es ihrer Mutter zu sagen. Sie hatten Angst, es Dr. Burney zu sagen. In ihrem Dilemma wandten sie sich an den merkwürdigen Mann, der immer ihr Vertrauter war – Samuel Crisp aus Chesington.

Viele Jahre zuvor hatte sich dieser Samuel Crisp von der Welt zurückgezogen. Er war ein vielseitig begabter Mann gewesen, ein eleganter Mann, und ein Mann von großem gesellschaftlichem Charme. Aber seine feinen Freunde hatten sein Vermögen verschwendet und seine klugen Freunde sein Theaterstück verrissen. Angewidert von der Verlogenheit des eleganten Lebens und von der Unbeständigkeit des Ruhms hatte er sich in ein verfallenes Herrenhaus in der Nähe von London zurückgezogen, das jedoch so weit von der Landstraße entfernt und in der Einöde eines Gemeindelands vor Reisenden so versteckt war, daß niemand es finden konnte, außer mit Hilfe genauer Anweisungen. Aber Mr Crisp achtete sehr darauf, keine Anweisungen zu geben. Die Burneys waren praktisch die einzigen Freunde, die den Weg über die Felder zu seiner Tür kannten. Aber die Burneys konnten nie oft genug kommen. Er war auf die Burneys angewiesen, was Leben und Gesellschaft und Neuigkeiten aus der großen Welt anging, die er verachtete und doch nicht vergessen konnte. Die Burney-Kinder nahmen für ihn die Stelle eigener Kinder ein. Sie überhäufte er mit aller Gerissenheit und Weisheit und Desillusionierung, die er zu einem so hohen Preis für sich selbst erworben hatte und jetzt so nutzlos fand in dem alten Haus inmitten wilden Gemeindelands, nur mit der alten Mrs Hamilton und der jungen Kitty Cook als Gesellschaft.

Und so machten sich Maria Rishton und Susan Burney, in

deren Brust das gewaltige Geheimnis brannte, am 7. Juni auf den Weg nach Chesington und zu Daddy Crisp. Zuerst war Maria zu nervös, um ihm die unverblümte Wahrheit zu sagen. Sie versuchte, ihn mit Andeutungen und Gestammel und Gestotter ins Licht zu setzen. Doch sie erreichte damit nur, daß sie ihn gegen Martin aufbrachte, und er äußerte seinen Zorn so vehement, »fast nannte er ihn einen Mahoon«,[12] daß Maria sich aufregte und beleidigt in ihr Schlafzimmer rannte. Hier beschloß sie, den Stier bei den Hörnern zu packen. Sie rief Kitty Cook herbei und schickte sie mit einer naseweisen Mitteilung zu Mr Crisp: »Mrs Rishton entbot ihre Grüße und hoffte, ihn im Sommer in Stanhoe zu sehen.« Beim Erhalt dieser Nachricht eilte Mr Crisp in aller Hast ins Schlafzimmer der Mädchen. Und dann spielte sich eine außergewöhnliche Szene ab. Maria kniete auf dem Boden und verbarg ihr Gesicht im Bettzeug. Mr Crisp befahl ihr, die Wahrheit zu sagen – war sie tatsächlich Mrs Rishton? Maria konnte kein Wort hervorbringen. Kitty Cook »packte ihre linke Hand und wies ihm den Ring«.[13] Dann brachte Susan zwei Briefe von Martin zum Vorschein, die die Tatsache über jeden Zweifel bewiesen. Sie waren rechtmäßig verheiratet. Sie waren Mann und Frau. Falls das so war, blieb nur eines zu tun, verkündete Mr Crisp – Mrs Burney mußte informiert und die Heirat unverzüglich bekanntgegeben werden. Er verhielt sich mit aller Vernunft und Entschiedenheit eines Mannes von Welt. Er schrieb an Marias Mutter – er erklärte die ganze Situation. Bei Erhalt des Briefes war Mrs Burney über die Maßen erzürnt. Sie empfing das Paar – es blieb ihr nichts anderes übrig –, aber sie konnte Martin nie leiden und verzieh ihrer Tochter nie völlig. Die Tat war jedoch getan, und jetzt blieb dem jungen Paar nur noch, sich niederzulassen und die Freuden zu genießen, die sie so unverfroren an sich gerissen hatten.

Für jene, die Maria liebten – und Fanny Burney liebte sie sehr –, hing nun alles vom Charakter Martin Rishtons ab. War er, wie Mr Crisp fast gesagt hatte, ein Mahoon? Oder war er, wie seine Schwester offen kundtat, ein Pascha? Würde er sie glücklich machen oder nicht? Die wachsamen und liebevollen Augen Fannys richteten sich nun beobachtend auf Martin, um es herauszufinden. Doch war es sehr schwierig, irgend etwas mit Gewißheit herauszufinden. Er war ein seltsames Gemisch. Er war stolz; er war »über die Maßen angenehm«. Aber irgendwie war er, mit seinem Gerede über Vulgarität und Vornehmheit, ziemlich anstrengend – er wollte, daß seine Frau ihm Ehre machte. Zum Beispiel fuhren die Rishtons weiter zur Brunnenkur nach Bath, und dort gab es die üblichen Vergnügungen. Fischer[14] gab ein Konzert, und die älteste Miss Linley[15] sang, vielleicht zum letzten Mal. Ganz Bath würde da sein. Aber die arme Maria saß allein in ihrem Logis und schrieb an Fanny, und der Grund, den sie nannte, war ein seltsamer. Martin, »der in Bezug auf Kleidung eher strikter ist als ich, will mein Erscheinen nicht in Betracht ziehen«, es sei denn, sie kaufte sich ein »Kostüm aus Mignionetleinen, gerüscht für Halbtrauer«, um hinzugehen. Sie weigerte sich; das Kleid war zu teuer; »und da er nicht willens war, mich anders erscheinen zu lassen, verzichtete ich auf den lieben Fischer – siehst du, wie grausam es ist, einen Sposo zu haben, der in diesen Dingen ziemlich pingelig ist.«[16] So saß sie also allein; und sie haßte Bath; und sie fand Dienstboten so lästig – den Butler hatte sie bereits entlassen müssen. Gleichzeitig war sie Hals über Kopf verliebt in ihren Rishy, und man möchte annehmen, daß die Verstimmung wegen des Kleides wettgemacht wurde durch Romeo, den bemerkenswert schönen braunen Spitz, den Martin für eine für die damalige Zeit hohe Summe kaufte und ihr schenkte. Martin selbst liebte Hunde leidenschaftlich.

Zweifellos um seiner Liebe für die Jagd und Marias Abneigung gegen Städte Genüge zu tun, zogen sie später in diesem Frühling weiter nach Teignmouth, oder »Tingmouth«, wie Maria dazu sagt, in Devon. Der Umzug entsprach voll und ganz ihrem Geschmack. Ihre Briefe strudelten und sprudelten, enthielten weniger Punkte und mehr Gedankenstriche denn je bei dem Versuch, Fanny in London die Wonnen von Tingmouth zu schildern. Ihr Cottage war »eins der hübschesten strohgedeckten Cottages, das du je gesehen hast«. Es gehörte einem Kapitän zur See. Es war voller chinesischer Glasblumen, die er von seinen Reisen mitgebracht hatte. Es war behängt mit Drucken aus dem Prayer Book und der Bibel. Außerdem gab es zwei Bilder, das eine angeblich von Raffael, das andere von Correggio. Die Miss Minifies[17] hätten es vielleicht als Zufluchtsort für eine Heldin beschrieben. Es ging auf einen Dorfanger hinaus. Die Fischersleute waren einfach und glücklich. Ihre Cottages waren sauber und ihre Kinder gesund. Das Meer wimmelte vor Weißfisch, Lachs und jungen Makrelen. Martin hatte zwei wunderschöne Spaniels gekauft. Es war ein großer Zeitvertreib, sie dazu zu bringen, ins Wasser zu gehen. »Tatsächlich beabsichtigen wir, einen sehr großen Neufundländer zu kaufen, bevor wir von hier weggehen.« Und sie beabsichtigten, auf Expeditionen zu gehen und ihr Essen mitzunehmen. Und Fanny müßte kommen. Nichts könnte sie zufriedenstellen, außer wenn Fanny käme und bliebe. Es war ungeheuerlich von ihr zu sagen, sie müsse zu Hause bleiben und die Manuskripte ihres Vaters abschreiben. Sie müßte unverzüglich kommen; und wenn sie käme, bräuchte sie keinen Penny auszugeben, denn Maria trüge nichts als ein gewöhnliches Leinenkleid und hätte sich, seit sie hierher kamen, die Haare kein einziges Mal machen lassen. Kurz gesagt, Fanny mußte kommen.

Derart angefleht, traf Fanny irgendwann im Juli 1773 ein und wohnte fast zwei Monate lang in der Rumpelkammer – in den anderen Zimmern wimmelte es derart vor Hunden und Geflügel, daß sie sie in der Rumpelkammer unterbringen mußten – und beobachtete die Launen der Gesellschaft von Tingmouth und die Stimmungen der Liebenden. Es konnte keinen Zweifel daran geben, daß sie immer noch sehr verliebt waren; Tatsache war aber auch, daß Tingmouth sehr gesellig war. Sehr viele Familien machten es zu ihrer Sommerfrische; da waren die Phippses und die Hurrels und die Westerns und die Colbournes; da war Mr Crispen – vielleicht der distinguierteste Mann in Tingmouth –, Mr Green, der bei Mr Crispen wohnte, und Miss Bowdler. In einem so kleinen Ort kannte natürlich jeder jeden. Die Phippses, die Hurrels, die Rishtons, die Colbournes, Mr Crispen, Mr Green und Miss Bowdler mußten sich unaufhörlich über den Weg laufen. Sie mußten sich zusammentun, um die Ringkämpfe zu besuchen, und mit ihren Whiskeys[18] zu den Rennen fahren und zusehen, wie die Dorfbewohner hinter einem Schwein herrannten, dem der Schwanz abgeschnitten worden war. Viel Kommen und Gehen war unvermeidlich; aber das war, wie Fanny bald beobachtete, nicht gänzlich nach Martins Geschmack. »Bald werden sie das hier zu einem so überlaufenen Tummelplatz gemacht haben wie Bristol Hotwells oder sonst einen Ort«,[19] grollte er. Er hatte nicht das Geringste gegen die Phippses oder die Westerns einzuwenden; er hatte größten Respekt für die Hurrels, was seltsam war in Anbetracht der Tatsache, wie überaus dick und gierig Mr Hurrel war; natürlich mußte man Mr Crispen respektieren, der in Bath lebte und fließend Italienisch sprach; aber Tatsache war, wie Martin Fanny anvertraute, daß er Miss Bowdler »fast verabscheute«. Miss Bowdler kam aus einer angesehenen Familie. Ihr Bruder[20] war dazu ausersehen, Shakespeare herauszugeben. Ihre Familie war seit langem mit den Allens befreundet. Man konnte ihr das Haus nicht verbieten; tatsächlich ging sie ständig darin ein und aus; und doch, sagte Martin, »war allein ihr Anblick ihm unerträglich«. »Eine Frau«, sagte Martin, »die die Sitten und Gebräuche des Landes verabscheut, in dem sie lebt, muß sich zwangsläufig unschicklich verhalten.«[21] Und das tat sie. Denn obwohl sie erst sechsundzwanzig war, war sie allein nach Tingmouth gekommen; und sie machte kein Geheimnis aus der Tatsache, tatsächlich gestand sie ganz offen ein, »im hellen Angesicht des Tages«, daß sie Mr Crispen in seinem Logis besuchte, und zwar nicht nur kurz, sondern zum Abendessen blieb. Niemand hatte »den entferntesten Schatten eines Zweifels, daß Miss Bowdler gleichermaßen unschuldig war wie jene, die mehr weltliche Vorsicht besitzen«, doch gleichzeitig konnte niemand bezweifeln, daß Miss Bowdler die Gesellschaft von Herren unterhaltsamer fand als die von Damen –

oder konnte abstreiten, daß Mr Crispen zwar alt war, Mr Green, der bei ihm wohnte, aber nicht. Dann kam sie natürlich anschließend zu den Rishtons und bestärkte Maria in ihrer unerfreulichsten Eigenart – ihrer Flatterhaftigkeit, ihrer Liebe zum Schäkern, ihrer Nachlässigkeit im Hinblick auf Kleidung und Verhalten. Es war zutiefst bedauernswert.

Fanny Burney mochte Martin sehr und hörte sich seine Klagen mitfühlend an; aber trotz all ihres Charmes und ihrer Vornehmheit, sogar wegen beidem, war sie unglücklicherweise dazu bestimmt, alles zu verschlimmern. Zu ihren Talenten gehörte die Kunst, für ältere Herren außerordentlich attraktiv zu sein. Bald bedachte Mr Crispen sie mit empörenden Aufmerksamkeiten. »Die kleine Burney«,[22] sagte er, sei unwiderstehlich; der Name Burney würde sich – zusammen mit vielen anderen, warf Miss Bowdler ein – in sein Herz eingeritzt finden. Mr Crispen mußte einen Kuß erflehen. Es wurde natürlich im Scherz gesagt, aber Miss Bowdler nahm es natürlich ernst. Hatte sie Mr Crispen nicht während einer gefährlichen Krankheit gepflegt? Hatte sie nicht ihren jungfräulichen Ruf geopfert, indem sie ihn in seinem Cottage besuchte? Und Martin, der vielleicht bereits über Mr Crispens gesellschaftlichen Vorrang verärgert war, fand es extrem ärgerlich, den Herrn ständig im Haus zu haben, ständig dabei, seinem Gast empörende Komplimente zu machen. Er verabscheute alles, was »zum Flirt führte«; und bald war Mr Crispen, wie Fanny beobachtete, ihm fast so verhaßt wie Miss Bowdler. Er stürzte sich in das Studium der italienischen Grammatik; er las Maria und Fanny aus der *Faery Queen*[23] vor, »unter Auslassung all dessen, was sich, zur großen Schande des Dichters, an Unziemlichem für die Ohren einer Frau eingeschlichen hat«.[24] Aber angesichts von Miss Bowdler, Mr Crispen, den Tingmouthianern und den Einflüssen unerwünschter Bekanntschaften auf seine Frau kann es keinen Zweifel daran geben, daß Martin sich in Tingmouth sehr unwohl fühlte, und als es an der Zeit war, am 17. September, sich zu verabschieden, schien er »ungeheuer guter Laune« zu sein. Vielleicht waren alle froh, daß der Sommer zu Ende war. Sie waren froh, Lebewohl zu sagen und froh, es höflich sagen zu können. Mr Crispen begab sich nach Bath; und Miss Bowdler – es liegt keine Übereiltheit in der Annahme – begab sich ebenfalls dorthin.

Die Rishtons machten sich daran, in ihrem Whiskey mit all ihren Hunden die Westerns zu besuchen, eine der wenigen Familien, mit denen Martin gern Umgang pflegte. Aber die Reise stand unter keinem guten Stern. Zunächst nahmen sie die falsche Abzweigung, dann überfuhren sie Tingmouth, den Neufundländer, der unter dem Chassis des Whiskey daherlief. Dann wollte Maria in Oxford die Colleges sehen, da sie aber sicher war, daß Martins Stolz darunter leiden würde, sich in einem Whiskey und mit einer Frau sehen zu lassen, wo er in den alten Tagen »als fröhlicher Junggeselle mit einem Phaeton und vier Braunen geglänzt hatte«,[25] lehnte sie sein Angebot ab, sie hinzufahren, und ließ sich stattdessen, sehr schlecht, die Haare machen. Sie reisten weiter und überfuhren zwei weitere Hunde. Am schlimmsten war, daß sie, als sie bei den Westerns ankamen, das Haus verschlossen fanden und die Westerns nach Buckinghamshire abgereist waren. Alles in allem war es eine unglückselige Expedition. Und es ist unmöglich, wie man aus Marias atemlosem Redefluß Fanny gegenüber herausliest, der Überzeugung zu widerstehen, daß die Reise mit ihren Unfällen und Irrtümern, ihrer Hundeschar und Martins Stolz und Marias Ängsten und ihrer Zuflucht zum Friseur und dem Mißerfolg des Friseurs, und Martins Erinnerungen an unbeschwerte Junggesellentage und Phaetons und kastanienbraune Pferde und seinem Respekt für die Westerns und seiner Liebe zu Dienstboten typisch war für die obskuren Jahre des Ehelebens, die nun in Stanhoe, in Norfolk, aufeinander folgen sollten.

In Stanhoe lebten sie das Leben von Landadligen. Sie setzten das alte Haus instand, obwohl sie es nur gepachtet hatten. Sie pflanzten und beschnitten und legten neue Wege im Garten an. Sie kauften eine Kuh und richteten eine Molkerei für Maria ein. Hund kam zu Hund – seltene Hunde, wundervolle Hunde, Spaniels, Spürhunde, portugiesische Vorstehhunde von den Ufern des Douro. Um das Haus so zu führen, wie Häuser geführt werden sollten, waren neun Bedienstete in Martins Augen keineswegs zu viel. Und so merkte Maria, daß ihre ganze Zeit, obwohl sie keine Kinder hatte, vom Haushalt und der Führung des Hauses in Anspruch genommen wurde. Aber wieviel besser, schrieb sie, derart beschäftigt zu sein, statt »das Faulenzerleben« zu führen, das sie in Tingmouth geführt hatte! Gewiß, fuhr Maria fort und schüttete Fanny Burney ohne Rücksicht auf die Grammatik ihr Herz aus, »gibt es Vergnügungen für jeden Stand und jede Beschäftigung«, und man kann sich nicht langweilen, wenn man sich »wie ich hoffe gebührlich verhalten tut«;[26] so daß sie Fanny wirklich und wahrhaftig Lord Stanhopes *fête-champêtre* nicht neidete, da sie ihre Hühner und ihre Molkerei hatte, und Tingmouth, der die Staupe gehabt hatte, an der Leine ausgeführt werden mußte. Wieso also Miss Bowdler und Mr Crispen und der Kurzweil und Ausgelassenheit der alten Zeit in Tingmouth nachtrauern? Dennoch kamen die alten Zeiten ihr immer wieder in den Sinn. In Tingmouth, überlegte sie, hatten sie nur einen Hausdiener und ein Mädchen gehabt. Hier hatten sie neun Dienstboten, und je mehr es sind, desto »klüngeliger und unverfrorener« werden sie. Und dann kamen Verwandte aus Lynn und spionierten in ihrer Küche herum und machten sie, wie Martin sagen würde, »verschämter« denn je. Und wenn sie sich dann eine halbe Stunde an ihren Stickrahmen setzte, kam Martin, »der, glaube ich, der Aktivste Mensch Der Welt ist«, hereingeplatzt und sagte: »Komm, Maria, du mußt mich begleiten und sehen, wie bezaubernd Damon jagt« – oder er sagte: »Ich kenne zwei Meilen entfernt ein Fasanennest, du mußt mitkommen und es dir ansehen.«[27]

»Und dann stapfen wir vor Hitze umkommend über Kornfelder – und wenn wir das Nest erreichen, hat irgendein Unglückseliger Junge die Eier Gestohlen … dann verbringe ich Ganze Vormittage damit, ihm zuzusehen, wie er Krähen Schießt – Bäume ausgräbt – und Nachts denn wir gehen jetzt nie vor Neun Uhr ins Haus

– wenn der Tee vorbei ist und ich meine Abrechnung gemacht oder irgendwelche Geschäftlichen Dinge erledigt habe – Ist es Zeit fürs Bett.«[28]

Es war Zeit fürs Bett; und der Tag war irgendwie enttäuschend gewesen.

Wie konnte sie die Dinge richten? Wie konnte sie Geld sparen, damit Martin den Phaeton kaufen konnte, an dem sein Herz hing, seit sie verheiratet waren? Sie könnte an Kleidern sparen, denn ihr war es egal, was sie trug; aber leider war Martin immer noch sehr eigen; er mochte es nicht, wenn sie in Leinen gekleidet war. Also mußte sie im Haus besser wirtschaften, und sie war nicht dazu erzogen, mit Dienstboten umzugehen. Und so fing sie an, bei jenen glücklichen Tagen zu verweilen, bevor sie nach Tingmouth gezogen war, bevor sie geheiratet, bevor sie neun Dienstboten und einen Phaeton und Gott weiß wie viele Hunde hatte. Sie fing an, über jene noch fernere Zeit zu brüten, als sie die Burneys kennenlernte und sie alle »lesend vor meinem kleinen [Feuer] gesessen und Leckereien aus dem Schrank neben dem Kamin gegessen hatten«.[29] Ihre Gedanken kehrten zurück zu all den Freunden, die sie verloren hatte, zu jener »gelibten Gesellschaft, an die ich mit der größten Freude zurückdenke«; und insbesondere konnte sie nie die väterliche Güte Dr. Burneys vergessen. Oh, seufzte sie, während sie allein in Norfolk inmitten der Fasane und der Felder saß, wie sehr wünschte sie, »keiner aus meiner Familie hätte je sein schützendes Dach verlassen, ohne unter die Obhut eines würdigen Ehemannes gestellt zu sein«.[30] Denn ihre eigene Ehe – aber genug; sie waren sehr verliebt gewesen; sie waren sehr glücklich gewesen; sie müßte gehen und sich die Haare richten; sie müßte versuchen, ihrem Rishy zu gefallen. Und so verblaßt die obskure Geschichte der Rishtons, bis auf das, was durch die muntere Feder von Marias Halbschwester auf den Seiten von *Evelina* bewahrt ist. Und doch – der Gedanke kommt einem –, wenn Fanny mehr von Maria gesehen hätte, und mehr von Mr Crispen, und noch mehr von Miss Bowdler und dem Tingmouther Kreis, hätten ihre späteren Bücher, wären sie weniger geziert gewesen, vielleicht so amüsant sein können wie ihr erstes.

Deutsch von Brigitte Walitzek

Anmerkungen

Der Essay erschien am 28. August 1930 im *TLS* sowie in zwei Folgen und mit Änderungen am 14. und 21. September 1930 im *New York Herald Tribune*. Die Übersetzung folgt dem von LW für *Granite and Rainbow* gewählten Abdruck.

Siehe auch VWs Essay ›Dr. Burneys Abendgesellschaft‹ (in: *Der gewöhnliche Leser 2*, S. 128–148), der am 21. und 28. Juli 1929 im *New York Herald Tribune* erschienen war. VW bezog sich in diesem Essay auf *The Early Diary of Frances Burney 1768–1778 with a Selection from her Correspondence*, herausgegeben von Anne Raine Ellis, 2 Bände, 1889; *The Diary and Letters of Madame d'Arblay, 1778–1840* (1854) sowie auf *Memoirs of Doctor Burney* (1832).

Fanny (Frances, Mme. d'Arblay) Burney (1752–1840) verkehrte in den Intellektuellen-Kreisen um Samuel Johnson und schrieb Romane, deren erster, *Evelina, or a Young Lady's Entrance into the World* (1778), sie sofort berühmt machte.

1 David Garrick (1717–1779), der berühmteste Schauspieler seiner Zeit. – Mrs Hester Lynch Thrale (1741–1821), eine Freundin Samuel Johnsons. Siehe VWs Essay ›Mrs Thrale‹ (1941), in: *Der Augenblick*, S. 53–58.
2 *The Early Diary*, Band I, S. 100.
3 Undatierter Brief von Maria an Fanny, etwa 1770 oder 1771, ebd., S. 102.
4 Ebd., S. 109.
5 Ebd., S. 121 (Juli 1771).
6 Ebd., S. 128 (August 1771).
7 Ebd., S. 125 (laut Maria).
8 James Fordyce (1720–1796), *Sermons to Young Women* (1765 und oft nachgedruckt).
9 *The Early Diary*, Band I, S. 136 (21. November 1771).
10 Ebd., S. 158 (von Maria zitiert).

11 Samuel Crisp (1707–1783), Theaterautor.

12 *The Early Diary*, Band I, S. 174 (Maria an Fanny, Juni 1772). ›Mahoon‹, verächtlich für einen Türken, d. h. einen Mohammedaner.

13 Ebd., Susan Burney in einem gemeinsamen Brief an Fanny.

14 Johann Christian Fischer (1733–1800), Oboist und Komponist.

15 Elizabeth Ann Linley (1754–1792), eine der berühmtesten Sängerinnen ihrer Zeit.

16 *The Early Diary*, Band I, S. 193 (Maria an Fanny, 22. Februar 1773). – »Sposo«, ital. »Bräutigam«.

17 Die Misses Minifie waren populäre Romanautorinnen.

18 »Whiskey«: Einspänniger offener Wagen mit sehr hohem Gestell und nur zwei Rädern. (Anm. d. Übersetzerin)

19 *The Early Diary*, Band I, S. 222 (Juli 1773).

20 Thomas Bowdler (1754–1825), dessen Shakespeare-Ausgabe dadurch berühmt wurde, daß er alle anstößigen Stellen entfernte. Nach seinem Namen wurden die Wörter ›bowdlerize‹ und ›bowdlerism‹ für bereinigte Textausgaben gebildet.

21 *The Early Diary*, Band I, S. 221.

22 Ebd., S. 230 ff. (›Tingmouth Journal‹).

23 Edmund Spenser (ca. 1552–1599), *The Faerie Queen* (1590–96).

24 *The Early Diary*, Band I, S. 243.

25 Ebd., S. 265 (Maria an Fanny, 2. Oktober 1773).

26 Ebd., S. 266.

27 Ebd.

28 Ebd.

29 Ebd., S. 268.

30 Ebd. (1786).

Geld und Liebe

So steil der Aufstieg auch sein mag, die Belohnung wird uns zuteil, sobald wir auf dem Gipfel des Berges stehen; so dick die Biographie zweifellos ist, das Bild fügt sich zusammen, sobald wir das verbindende Wort gefunden haben. Der gewissenhafte Memoirenleser sucht es auf jeder Seite – ruht und rastet nicht, bis er es gefunden hat. Lautet es Liebe oder Ehrgeiz, Handel, Religion oder Vergnügen? Möglicherweise ist es keines davon, sondern etwas, was tief unter der Oberfläche versunken liegt, verstreut in Fragmenten, verborgen hinter Nichtigkeiten. Wie immer es lauten mag, wo immer es sein mag, einmal gefunden, bleibt keine Biographie ohne ihre Form, keine Person ohne ihre Kraft. Während wir durch den ersten Band von Mr Coleridges Biographie von Thomas Coutts strauchelten und stolperten, bekamen wir zu guter Letzt zwei Worte zu fassen, die zusammen einen ziemlich behäbigen Gegenstand in Form klopften, erst, wie man es ihrer gegensätzlichen Natur nach erwarten konnte, von der einen Seite, dann von der anderen, bis der arme Thomas Coutts durch einen Schlag hier, einen Schlag da fast totgehauen war. Doch die Reibung hielt ihn am Leben; er lebte, in abgezehrtem Zustand, bis zum Alter von sechsundachtzig Jahren. Und von den beiden Worten lautet das eine Geld und das andere Liebe.

Zu Anfang setzte die Liebe ihren Willen durch. Er heiratete die Bedienstete seines Bruders, Susannah Starkie, eine Frau, die älter als er war. Wenn er ein armer Mann gewesen wäre, hätte die Ehe als durchaus vernünftig gegolten, und man kann gewiß sein, daß der Frau ein lobendes Wort seitens der Biographen zuteil geworden wäre. Doch da er schon immer ein reicher Mann war und schließlich der reichste Mann von ganz England wurde, sah sich Thomas Coutts in der Pflicht zu beweisen, daß die Starkies, wenn auch inzwischen bedeutungslos geworden, von der uralten Familie der Starkies aus Leigh und Pennington abstammten, und es ist unvermeidlich, daß wir wissen möchten, ob Mrs Coutts »unter der Bürde einer Ehre, für die sie nicht geboren war«, das Herz brach und sie den Verstand verlor. Es gibt keinen Zweifel daran, daß sie den Verstand verlor. Ihr Herz, müssen wir annehmen, da kein Geräusch seines Brechens zu uns drang, wurde zu Tode erstickt. Sie wird kaum erwähnt. Vielleicht war ihre Aussprache vulgär. Vielleicht war das Äußerste, wozu sie imstande war, hoch aufgerichtet am Kopf der Treppe in der Stratton Street zu stehen und den Herzögen königlichen Geblüts die Hand zu reichen, ohne ihre Herkunft zu verraten. Sie brachte es zuwege, nie Anstoß zu erregen und nie Aufmerksamkeit auf sich zu ziehen; und was konnte man von einem Hausmädchen mehr erwarten? Von einem einzigen düsteren Schimmer abgesehen, als sie in eigener Person einen ganzen Satz von sich gibt, ist alles dunkel und dämmrig und geziemend. Sie hatte ihre Kinder, das stimmt; von denen drei Töchter am Leben blieben. Aber die Kinder waren Erbinnen und mußten auf vornehme Schulen geschickt werden, wo Mr Coutts, ehrgeiziger für sie als für sich selbst, seinen Wunsch andeutete, sie möchten Freundschaft mit den Töchtern von Lord George Sutton schließen, »da ich es gern sähe, wenn sie mit ehrlichen Leuten bekannt wären«.[1] Sie hatten eine französische Komtess von altem Adel als Gouvernante. Von Geburt an wurden sie in Geld gewickelt und gewindelt.

In seinem Kontor an der Strand machte Thomas Coutts sein Vermögen jahrein, jahraus mit Methoden, die manchen Lesern durchaus verständlich sein mögen und anderen ein Geheimnis bleiben müssen. Er war ein beinharter Geschäftsmann; er war unermüdlich; er »wußte entgegenkommend zu sein, und wie und wann man seine Unabhängigkeit behaupten muß«; er war geschickt im Lancieren von Staatsanleihen; und er lebte im Rahmen seiner Mittel. Wir mögen Mr Coleridges Zusammenfassung seiner beruflichen Laufbahn akzeptieren und sein Wort dafür nehmen, daß das Anhäufen von Geld mehr oder weniger ereignislos verlief. Für den Außenstehenden liegt eine gewisse Grimmigkeit in diesem Spektakel. Wer ist Herr und wer Sklave? Die beiden scheinen in einen bitteren Konflikt irgendeiner Art verstrickt zu sein – hin und wieder entfleucht ihm ein derartiges Stöhnen, und das hagere, drahtige Gesicht mit den fest zusammengepreßten Lippen und den sorgenvollen Augen zeigt einen derartigen Ausdruck nervöser Besorgnis. Einmal, auf einer Fahrt mit seinem alten Freund Colonel Crawfurd, saß er Stunde um Stunde schweigend da, und als der Colonel nach Hause kam, schrieb er einen aufgebrachten Brief und forderte eine Erklärung für »diese stumme Verachtung«, die bei einem anderen nach Degen oder Pistole verlangt hätte. »Es ist zu, zu töricht«, rief der arme Coutts aus; es lag lediglich daran, daß »mein Elan dahin ist und mein Geist erschöpft und abgespannt«, und »ich bin nun eher ein Gegenstand des Mitleids denn der Empörung«.[2]

Welche heimliche Sorge auch immer den reichsten Mann Englands dazu veranlaßte, Stunde um Stunde schweigend dahinzufahren, es gab auch mit seinem Stand verbundene Annehmlichkeiten und Privilegien, die die Düsternis des Kontors erhellten und die Geschäftsbücher mit einem Leuchten überzogen. Der Leser wird sich einer eigenartigen Note in dem Tonfall bewußt, mit dem seine Briefpartner ihn ansprechen. Eine vertrauliche, gequälte Anspannung liegt in all ihren Stimmen. Die, die ihm schrieben, gehörten zu den angesehensten Menschen des Landes; und doch schrieben sie im allgemeinen mit eigener Hand und fügten oft die Aufforderung hinzu: »Verbrennen Sie diesen Brief, sobald Sie ihn gelesen haben« … »Erwähnen Sie nichts davon meinem Lord gegenüber«, heißt es in diesem Dokument weiter, »noch gegenüber irgendeiner anderen Kreatur auf dieser Erde.«[3] Denn auch wenn sie noch so sehr königlichen Geblüts waren, schön, hoch talentiert, alle saßen sie finanziell in der Klemme; alle kamen sie zu Thomas Coutts; alle näherten sie sich ihm als Bittsteller und Sünder, die seine Hilfe erflehten und ihm ihre Narreteien eingestanden, als sei er ein Zwischending zwischen einem Arzt und einem Priester. Von Lady Chatham hörte er die Geschichte ihrer Verzweiflung, als sich die Auszahlung von Chathams Pension verzögerte; er stellte Charles James Fox 10 000 Pfund zu Verfügung und verdiente sich dadurch seine wortreiche Dankbarkeit; Herzöge von königlichem Geblüt breiteten ihre traurigen Verhältnisse vor ihm aus; Georgiana, Herzogin von Devonshire, beichtete ihre Wettverluste, nannte ihn ihren lieben Freund und starb in seiner Schuld. Lady Hester Stanhope donnerte und grollte durchaus melodisch vom Gipfel des Libanongebirges.[4] Es versteht sich also von selbst, daß Thomas Coutts nur zu sagen brauchte, was er wollte, und manche überaus mächtige Person machte sich daran, es ihm zu beschaffen. Er wollte, daß seine Töchter in den französischen Adel eingeführt wurden; er wollte, daß George IV. sich seiner Bank bediente; er wollte die Erlaubnis des Königs, mit seiner Kutsche durch den St. James's Park zu fahren. Aber er wollte auch einige Dinge, die nicht einmal die Herzogin von Devonshire ihm beschaffen konnte. Er wollte Gesundheit; er wollte einen Schwiegersohn.

Es herrschte, schreibt Mr Coleridge, »ein einzigartiger Mangel an Freiern für seine Töchter und seine Dukaten«. Lag es daran, daß Mrs Coutts in ihren Tagen als Hausmädchen Seifenlauge über Lord Dundonald gekippt hatte? Oder lag es daran, daß sich das Vorhandensein von Wahnsinn in der Familie Coutts unverkennbar in den häufigen »nervösen Beschwerden« der drei Schwestern zeigte? Jedenfalls war Sophia, die jüngste, neunzehn, als sie sich mit Francis Burdett[5] verlobte; und vermutlich sollten Erbinnen ihre Krönchen schon viele Jahre früher tragen. Dann verschenkten auch ihre beiden älteren Schwestern[6] ihre Zuneigung durchaus angemessen. Doch bei den Couttses trug die Liebe immer die Maske der Tragödie oder der Komödie, oder beide zusammen in grotesken Kombinationen. So befuhren die beiden derart auserwählten jungen Männer[7] gegen jeden Rat und jedes Flehen den Rheinfall von Schaffhausen in einem offenen Boot. Beide ertranken. Zwei Jahre später hatte Susan sich genügend gefangen, um Lord Guilford[8] zu heiraten, und nachdem Fanny sieben Jahre getrauert hatte, nahm sie den Antrag von Lord Bute[9] an; aber Lord Bute war ein sechsundfünfzigjähriger Witwer mit neun Kindern, und Lord Guilford stürzte vom Pferd, »als er dabei war, Miss Coutts einen Korb mit Obst zu überreichen«, und zog sich eine derart schwere Rückgratverletzung zu, daß er jahrelang leidend dahinsiechte, bevor er, viel zu früh, verstarb.

Doch nach all diesen Eindrücken und Formulierungen, die mehr als jede Konstatierung von Fakten dem Leben in Biographien ebenso Gestalt verleihen, wie sie es in der Realität tun, sind wir überzeugt, daß Thomas Coutts seine Töchter innig und ehrlich liebte, ihr Unglück bedauerte, sich Annehmlichkeiten und Tröstungen für sie einfallen ließ, und sich vielleicht manchmal eine Bestätigung wünschte, daß sie, trotz alledem, glücklich waren, was sie, wie man denselben Beweisen zufolge leicht erraten kann, keineswegs waren. Selbst in jenen Tagen bereitete Sir Francis Burdett seinem Schwiegervater einige Sorge. Der folgende Auszug läßt den Grund dafür erahnen:

»Als ich gestern um zwei Uhr nach Piccadilly ging, traf ich Mr Burdett … Ich fragte ihn, wo er hingehe … Ich fragte ihn, ob er nicht eine Verabredung mit Mr Whitefoord habe, woraufhin er, um ihm Gerechtigkeit widerfahren zu lassen, errötete – und, mit deutlichen Zeichen der Verwunderung, gestand, er habe es völlig vergessen, obwohl er noch am Vortag eben daran gedacht habe … Für uns, *genaue Menschen*, sind derartige Dinge merkwürdig.«[10]

Wahrscheinlich war Mr Coutts nicht sonderlich überrascht zu erfahren, daß ein Mann, der imstande war, eine Verabredung zu vergessen, auch imstande war, dem Unterhaus zu trotzen, eine Belagerung in seinem eigenen Haus durchzustehen, von Gardekavalleristen durch eine Menge abgeführt zu werden, die »Hoch lebe Burdett!« schrie, und im Tower eingekerkert zu werden.[11] Später mußte Coutts seinen Schwiegersohn des Hauses verweisen; aber bei dieser Gelegenheit liegen unsere Sympathien bei dem Bankier. Wie die meisten Menschen verlor Sir Francis die Beherrschung, die Manieren, die Menschlichkeit und alles, was an ihm anständig war, als er Gefahr lief, ein Legat zu verlieren. Aber für den Augenblick waren die Legate gesichert, und die Oberfläche des Lebens war glanzvoll und heiter. Mr und Mrs Coutts lebten im großen Haus in der Stratton Street; sie reisten von einem prachtvollen Landsitz zum nächsten, hier die Gäste eines Herzogs, dort eines Earls; ihr Reichtum wuchs und wuchs, und Thomas Coutts wurde von Premierministern und Königen in heiklen Dingen zu Rate gezogen. Er agierte als Botschafter zwischen dem Haus Hannover und dem Haus Stuart – fast gleichermaßen freudig übermittelte er Winterunterröcke aus Paris ins Devonshire House.

Aber die prachtvolle Fassade enthielt tiefe Risse, und wenn William IV. bei den Couttses dinierte, flüsterte ihm Mrs Coutts – so sagte er – auf dem Weg nach unten immer zu, »Sir, sind Sie nicht der *Vater* von George III.?«[12] »Ich antwortete immer zustimmend«, sagte der König … »es hat keinen Sinn, Frauen zu widersprechen, gleich ob alt oder jung, was?« Sie war dabei, den Verstand zu verlieren. Die letzten zehn Jahre ihres Lebens war sie nicht mehr bei Sinnen. Aber der alte Coutts ließ sie den König zum Dinner nach unten führen und pflegte sie getreulich selbst, als Ärzte und Töchter ihn flehentlich ersuchten, sie in Obhut zu geben. Er war ein hingebungsvoller Ehemann.

Gleichzeitig war er ein hingebungsvoller Liebhaber. In den zehn Jahren, in denen es um Mrs Coutts immer schlechter bestellt war und sie von ihrem Ehemann liebevoll gepflegt wurde, überschüttete er eine junge Schauspielerin[13] in der Little Russell Street mit Pferden, Kutschen, Villen und Summen in Form von »lebenslänglichen Leibrenten«. Dieser Widerspruch beunruhigte seine Biographen. Doch während wir anderen die Aufgabe überlassen, zu entscheiden, inwieweit die Beziehung zwischen dem alten Bankier und der jungen Frau unmoralisch war, müssen wir gestehen, daß er uns deswegen nur um so sympathischer ist; mehr noch, sie scheint zu beweisen, daß er seine Frau liebte. Zum ersten Mal hört er die Vögel in der Morgendämmerung und registriert das Grün des Frühlings. Wie seine Harriot erscheinen ihm auch die Vögel und die Blätter unschuldig und frisch.

Sie, die Sie mit so viel Freude und einem so reinen Herzen zum Himmelreich aufblicken können, müssen große Freude empfinden, wenn Sie einen so schönen Himmel sehen[14] … essen Sie leichte, nahrhafte Dinge – gebratenes oder gegrilltes Lamm ist am besten – Portwein ist nicht gut für Sie[15] … Ich küsse das Papier, auf das Sie blicken werden und bitte Sie, es genau hier zu küssen. Ihre geliebten Lippen werden dann berühren, was meine in diesem Augenblick berühren … Ich habe mich nach dem Anwesen in Otham erkundigt. Ihre 3 per cent Consol und Ihre Leibrente …[16]

So geht es weiter, von Vögeln zu flanellenen Nachtmützen, von ewiger Ergebenheit zu gewinnträchtigen Investitionen; doch die Melodie, die all diese unterschiedlichen Noten verbindet, ist seine immerwährende und stete Bewunderung für Harriots »reines, unschuldiges, ehrliches, gütiges, liebevolles Herz«. Es war ein furchtbarer Schlag für seine Töchter und Schwiegersöhne, daß er in seinem Alter fähig war, derartigen Illusionen anzuhängen. Als sich herausstellte, daß der alte Herr von neunundsiebzig Jahren vier Tage nach der Beerdigung von Mrs Coutts in die St. Pancras Church geeilt war und (nicht rechtmäßig, wie sich herausstellte, durch eins dieser Mißgeschicke, die die Couttses immer ereilten, wenn sie sich verliebten) eine Schauspielerin ohne Herkunft und von robuster Gesundheit geehelicht hatte, waren die Wehklagen, die die Familie entzweirissen, extrem bitter. Was würde aus seinem Geld werden? Da sie nicht offen danach fragen konnten, schlugen sie den Umweg ein, »den Dienstboten in der Stratton Street zu verstehen zu geben«, Mrs Coutts vergifte ihren Ehemann und habe die Angewohnheit, halb ausgezogen Männer in ihrem Schlafzimmer zu empfangen.[17] Coutts antwortete seinen Töchtern und Schwiegersöhnen in bitteren, erregten Briefen, die sich noch nach hundert Jahren schmerzlich, aber lebendig lesen. Wie sie ihn quälten! Wie sie ihm sein Glück mißgönnten! Wie dankbar er für ein freundliches Wort gewesen wäre! Aber er hatte seine Harriot, und obwohl sie nur ins Nebenzimmer gegangen ist, muß er ihr einen Brief schreiben, um ihr zu sagen, wie er sie liebt und ihr vertraut und sie bittet, sich nichts aus den gehässigen Dingen zu machen, die seine Familie über sie sagt. »Ihr steter, glücklicher und überaus liebevoller Ehemann«, unterschreibt er, und sie nennt ihn »Mein geliebter Tom!« Tatsächlich verdiente Harriot jeden Penny, den sie bekam, und wir frohlocken, daß sie sie alle bekam. Sie war eine großzügige Frau. Sie war freigebig ihren Stieftöchtern gegenüber; ständig verhalf sie ins Elend geratenen Schauspielern zu luxuriösen Begräbnissen und errichtete Marmortafeln zu ihrem Gedenken; und sie heiratete einen Herzog.[18] Aber in jedem Jahr ihres Lebens fuhr sie in die Little Russell Street, stieg aus ihrer Kutsche, entließ ihre Dienstboten und ging zu Fuß die schmutzige Gasse entlang, um einen Blick auf das Haus zu werfen, in dem sie das Leben als »armes kleines Schauspielerkind« begonnen hatte.[19] Und einmal, lange nachdem Tom tot war, träumte sie von Tom und vermerkte auf dem Vorsatzblatt ihres Gebetbuchs, daß er zu ihr gekommen war und »wohlauf, ruhig und verklärt« ausgesehen habe. »Er bat mich besorgt, meine Schuhe zu wechseln«, was zweifellos aus dem Leben gegriffen war; aber im Traum war es »aus Angst, ich könnte eine Erkältung bekommen, da ich durch Wasser zu ihm gewatet war«,[20] was uns irgendwie berührt, als seien Tom und Harriot durch bitteres Wasser gewatet, um ihr kleines Stückchen Liebe vor all dem vielen Geld zu retten.

Deutsch von Brigitte Walitzek

Besprechung von Ernest Hartley Coleridge, *The Life of Thomas Coutts* (1735–1822), *Banker*, 2 Bände, 1920, die am 12. März 1920 in *The Athenaeum* erschien.

1 Brief vom 7. August 1779 an Colonel John Walkinshaw Crawfurd (1721–1793), Band I, Kap. VII, Brief XIII, S. 121.

2 Brief an Coutts vom 30. Dezember 1786, Band I, Kap. XI, Brief XXVI, S. 206. Die Antwort von Coutts vom 31. Dezember 1786, S. 207.

3 Von Lady Mountstuart am 16. November 1782, Kap. IX, Brief X, S. 153 f.

4 Zu Coutts' Korrespondenz mit Lady Chatham (gest. 1803), der Frau von William Pitt, 1st Earl Chatham (1708–1778), Band I, Kap. VI, S. 92–101. – Zu Charles James Fox (1749–1806), Kap. XII. – Zu Georgiana, Duchess of Devonshire (1757–1806), Band II, Kap. XXIII. – Zu Lady Hester Stanhope (1776–1839), Band II, Kap. XXX. Lady Hester Stanhope hatte sich seit 1814 in einem Konvent auf dem Libanon niedergelassen und bekam Einfluß auf die Syrien-Politik Englands. Sie lebte aufwendig und hinterließ einen Haufen Schulden.

5 Sophia, geb. 1775, heiratete 1793 Sir Francis Burdett (1770–1844), Politiker und streitbarer Verfechter sozialer Reformen, Freund des Philosophen Jeremy Bentham.

6 Die älteren Schwestern waren Susan, geb. 1771, und Frances, geb. 1773.

7 Die beiden jungen Männer waren George Samuel Browne, 8th Viscount Montague, und Charles Sedley Burdett.

8 Susan heiratete 1796 George Augustus, 3rd Earl of Guilford.

9 Frances heiratete 1800 John, 1st Marquis of Bute.

10 Brief von Coutts an Caleb Whitefoord (1734–1810), Band II, Kap. XIX, Brief XIII, S. 100.

11 In den Untersuchungen über die Umstände des sogenannten Peterloo oder Manchester Massacre vom 16. August 1819, bei dem sechs Menschen während einer Demonstration für die Parlamentsreform erschossen wurden, stand der Außenminister Castlereagh, der Reformen verhindern wollte, im Mittelpunkt. Shelley und Byron empörten sich öffentlich. Burdett äußerte unbewiesene Anschuldigungen gegen bestimmte Politiker, wofür er zu drei Monaten Gefängnis und zur Zahlung von 2000 Pfund ›Entschädigung‹ verurteilt wurde.

12 *Life of Coutts*, Band II, Kap. XXII, S. 183. Als die Äußerung gemacht wurde, war William IV. (1765–1837) noch Duke of Clarence. Er war der dritte Sohn von George III.

13 Harriot Mellon (1777–1837) war Schauspielerin am Drury Lane Theatre, bis Coutts sie 1815 heiratete.

14 Band II, Kap. XXVII, Brief XIV vom 25. Juni 1813, S. 301.

15 Ebd., Kap. XXIV, Brief IV vom 13. September 1807, S. 254.

16 Ebd., Brief III vom 31. August 1807, S. 252. – ›Consol‹ oder ›Consols‹ sind Staatsanleihen, ›konsolidierte‹ Aktien.

17 Ebd., Kap. XXIX, Brief von Coutts an seine Tochter Susan, Lady Guilford, S. 331.

18 Sie heiratete im Juni 1827 (fünf Jahre nach Coutts' Tod) William Aubrey de Vere, 9th Duke of St. Albans.

19 Band II, Kap. XXXII, S. 398.

20 Ebd., Kap. XXXI, S. 366.

Der Traum

Dies ist ein deprimierendes Buch. Es hinterläßt ein Gefühl, nicht von Demütigung, das ist ein zu starkes Wort, auch nicht von Abscheu, das ist ebenfalls zu stark. Wir fühlen uns danach – was für Mr Bullock als Biographen spricht –, als hätten wir zugesehen, wie ein verfetteter weißer Hund Kunststückchen vor einem Publikum vollführt, das ihn anstachelt, aber gleichzeitig verhöhnt. Im Leben und Tod einer Bestsellerautorin gibt es eigentlich nichts, das uns solche Übelkeit bereiten muß. Die Lebensbeschreibungen solcher gloriosen Gänse wie Florence Barclay und Ella Wheeler Wilcox[1] lassen sich lesen, ohne ihnen oder uns die Röte ins Gesicht zu treiben. Auch sie waren Schaustellerinnen – Zauberinnen, die Banknoten, Billardkugeln und flatternde Tauben aus sehr schäbigen Hüten zogen. Aber sie lebten, und sie lebten mit einer Beschwingtheit, der sich niemand entziehen kann. Bei Marie Corelli war es anders.

Ihr Leben begann mit einem Trick, und zwar mit einem ziemlich fragwürdigen. Der Herausgeber der *Illustrated London News*, ein verheirateter Mann, unternahm einen »Spaziergang um die Kirche von Stratford-on-Avon«[2] und verliebte sich in eine Frau. Dieser karge Bericht muß ausgeschmückt werden. Dr. Mackay beging mit einer Frauensperson, die nicht standesgemäß war, einen unmoralischen Akt. »Dieser unwillkommene Blütenflor seiner leichtsinnigeren Augenblicke«,[3] wie Mr Bullock das nennt – der Corelliismus ist ansteckend –, war ein Kind. Aber sie wurde nicht Marie genannt, und sie hieß auch nicht Corelli. Das waren Namen, die sie später erfand, um die Tatsache zu frisieren. Der größte Teil ihrer Kindheit wurde damit verbracht, Tatsachen in der »Traumhöhle« zu frisieren, einem moosigen Schlupfwinkel in einer bewaldeten Talmulde bei Box Hill. Manchmal erschien George

Meredith[4] für einen Augenblick zwischen den Ranken. Aber sie sah ihn nie. Eingehüllt in das, was sie später »die vorbeihuschende Phantasmagorie des allumfassenden Traumes«[5] nannte, sah sie nur eine Person – sich selbst. Und diese Person, manchmal Thelma, manchmal Mavis Clare[6] genannt, in weißen Satin gehüllt, mit keuschen Lilien behangen und zweimal jährlich in dickleibigen Bänden zur Schau gestellt, für die das Publikum ihr zehntausend Pfund pro Stück zahlte, ist auf ihre Weise eine so schwerwiegende Anklage gegen den viktorianischen Geschmack wie das Albert Memorial auf seine Weise. Von diesen beiden Auswüchsen ist vielleicht der, den wir Marie Corelli nennen, der schmerzlichere. Das Albert Memorial ist leer; aber in dem anderen Bauwerk steckte ein lebendiger Mensch. Es war nicht ihre Schuld; die Gesellschaft pustete diese güldene Blase, wie Miss Corelli selbst geschrieben haben könnte, aus der schwarzen Saat der Scham. Sie schämte sich ihrer Mutter. Sie schämte sich ihrer Geburt. Sie schämte sich ihres Gesichts, ihrer Aussprache, ihrer Armut. Die meisten Mädchen, so hohlköpfig und durchschnittlich wie sie, hätten ihre Scham geteilt, aber sie hätten sie versteckt – unter der Tischdecke, hinter der Kommode. Aber die Natur hatte sie mit ungeheurer Kraft dafür begabt, aus diesem kleinen unedlen Makel ein öffentliches Bekenntnis zu machen. Statt sich zu verstecken, exponierte sie sich. Von frühester Kindheit an gierte sie nach öffentlichem Aufsehen. »Ich werde ›jemand‹ sein«, verkündete sie ihrer Gouvernante. »Ich werde so anders als alle anderen sein, wie ich nur kann!« »Das wäre recht unklug«, sagte Miss Knox gelassen. »Dann würde man dich exzentrisch nennen.«[7] Aber Miss Knox hätte unbesorgt sein können. Marie Corelli wollte nicht anders als alle anderen sein; sie wollte so sehr wie alle anderen im allgemeinen und wie die britische Aristokratie im besonderen sein wie nur irgend möglich. Aber um dieses Ziel zu erreichen, hatte sie nur eine Waffe – den Traum. Träume können offenbar, wenn sie aus dem richtigen Stoff sind, erstaunlich wirkungsvoll sein. Sie träumte so fest, sie träumte so erfolgreich, daß mit zwei Ausnahmen alle ihre Träume in Erfüllung gingen. Nicht einmal Marie Corelli konnte ihren unsteten Halbbruder[8] zum größten englischen Dichter träumen, obwohl sie hart an seiner »Ernennung zum Poeta Laureatus« arbeitete, oder ihren sehr zwielichtigen Vater in einen bedeutenden viktorianischen Literaten verwandeln. Alles, was sie für Dr. Mackay tun konnte, war, die schottischen Dudelsackpfeifer zu verpflichten, auf seiner Beerdigung zu spielen, und diese Zeremonie von einem nebligen Tag auf einen heiteren zu verlegen, damit sein letzter Aufritt vollste öffentliche Aufmerksamkeit fand. Ansonsten verwirklichten sich alle ihre Träume. Ponys, Automobile, Kleider, Häuser, eingerichtet »wie der Teesalon in der Earl's Court Exhibition«, Gondeln, teuer eingebundene Shakespeare-Ausgaben – alles gehörte ihr. Schecks häuften sich. Einladungen regneten nieder. Der Prinz von Wales hielt ihre Hand in der seinen. »Welche Wunder doch aus kleinen Dingen entstehen«,[9] murmelte er. Gladstone machte ihr seine Aufwartung und blieb zwei Stunden lang. »*Ardath*«, soll er gesagt haben, »ist ein großartiger Entwurf.«[10] Am Ostersonntag zitierte der Dean von Westminster auf der Kanzel aus *Barabbas*.[11] Keine Worte, sagte der Dean, könnten schöner sein. Rostand[12] übersetzte ihre Romane. Das gesamte Publikum in Stratford-on-Avon erhob sich, als sie das Theater betrat.

Alle ihre Träume gingen in Erfüllung. Aber es war der Traum, der sie umbrachte. Denn in diesem immer dicker werdenden Schildkrötenpanzer aus massivem Traum hörte die durchschnittliche, vitale kleine Frau allmählich auf zu leben. Sie wurde härter, langweiliger, prüder, spießiger; und gleichzeitig neidischer und nervöser. Das einzige Heilmittel, das sie wiederbelebte, war öffentliche Aufmerksamkeit. Und wie andere Drogenkonsumenten konnte sie nur durch die Erhöhung der Dosis weiterleben. Ihre Einfälle wurden immer verstiegener. Am Ersten Mai fuhr sie hinter blumenbekränzten Ponys durch die Straßen; sie glitt den Avon hinunter in einer Gondel namens *Der Traum* mit einem richtigen Gondoliere in scharlachroter Schärpe. Die Presse hallte wider von ihren Gerichtsverfahren, ihren wütenden Briefen, ihren Reden.

Und dann wurde sogar die Presse niederträchtig. Man unterließ es, mitzuteilen, daß sie am Braemar-Treffen teilgenommen hatte. Man gab dem Umstand vollen Raum, daß sie dabei erwischt worden war, Zucker zu horten.

Für sie gibt es Entschuldigungen. Aber wie sollen wir das Publikum entschuldigen, das dieser Schaustellung applaudierte? Königin Victoria und Mr Gladstone können wir beiseite lassen. Der Geschmack der Höchstgestellten neigt nun einmal zur Wassersucht. Und es gibt eine Entschuldigung für »die Million«, wie Marie Corelli sie nannte – wenn ihre Bücher auch nur einen Fabrikarbeiter vor dem Selbstmord bewahrten oder einer kleinen Näherin hier und da zu träumen erlaubten, auch sie sei Thelma oder Mavis Clare, denn es gab damals keine Kinofilme, um sie nach dem Tagewerk mit Plüsch und Glanz und Hochgefühl wieder aufzurichten. Aber was sollen wir von Oscar Wilde sagen? Seine Komplimente mögen doppelzüngig gewesen sein, aber er äußerte sie, und er druckte ihre Erzählungen. Und was sollen wir von den großen Damen ihrer angebeteten Aristokratie sagen? »Sie ist ein ordinäres kleines Ding«,[13] bemerkte eine von ihnen. Aber keine Lunch- oder Dinnergesellschaft war ohne sie vollzählig. Und was sollen wir von Mr Arthur Severn sagen?[14] »Pendennis« nannte sie ihn. Er nahm ihre Gastfreundschaft in Anspruch, ertrug die Überschwenglichkeit, die sie ihre Leidenschaft zu nennen beliebte, und machte sich dann über ihre Aussprache lustig. »Gauel« sagte sie statt »Gaul«, und er lachte sie aus. Und was sollen wir von der Presse sagen, die alle Kameras auf die verfettete, häßliche alte Dame richtete, die sich ihres Gesichts schämte; und, da sie sich ihrer Geburt schämte, ihre Mutter »aufs Korn nahm«[15] – war ihr Name nun Cody oder Kirtland? – war sie die Tochter eines Maurers oder eine italienische Gräfin? –, die dieses uneheliche Kind geboren hatte?

Aber obwohl es eine Erleichterung wäre, mit einem Ausbruch gerechter Empörung zu enden, ist das Schlimmste an diesem Buch, daß es keine solche Glut hervorruft, sondern nur die Übelkeit, mit der wir einem aufgeputzten Hund beim Vollführen ziemlich dürftiger Kunststückchen zuschauen. Es ist eine Erleichterung, wenn die Vorstellung vorbei ist. Nur leider ist das nicht ganz der Fall. Denn in Stratford-on-Avon wird Mason Croft immer noch genauso bewahrt, wie es war, als Marie Corelli dort lebte. Da steht das silberne Tintenfaß, immer noch voller Tinte, wie sie es hinterließ; die Zeiger der Uhr zeigen immer noch auf sieben Uhr fünfzehn, wie sie es taten, als sie starb; ihre sämtlichen Manuskripte werden sorgfältig in Vitrinen aufbewahrt; und das »große, leere Bett, bedeckt mit einem schweren weißen Federbett, das angsteinflößender ist als eine Leiche, wie eine spärlich bekleidete Tänzerin erregender ist als eine nackte«,[16] erwartet die Träumerin. So bewahrt Stratford-on-Avon, zusammen mit anderen Reliquien, ein bleibendes Andenken an den Geschmack des viktorianischen Zeitalters.[17]

Deutsch von Heidi Zerning

Anmerkungen

Rezension von George Buttock, *Marie Corelli: The Life and Death of a Best-Seller*, London 1940. Die Rezension erschien am 15. Februar 1940 im *Listener*.
Marie Corelli (1855–1924), Pseudonym für Mary Mackay, sehr erfolgreiche Autorin melodramatischer Romane, von Oscar Wilde geschätzt.

1 Florence Louise Barclay (1862–1921), Autorin von Bestsellern. – Ella Wheeler Wilcox (1850–1919), amerikanische Lyrikerin. Über beide schrieb VW kurze Essays.
2 *Marie Corelli*, S. 4.
3 Ebd., S. 6. Corelli (eigentlich Mary Mackay) war die uneheliche Tochter von Charles Mackay, einem Journalisten und Verfasser schottischer Lieder, und Mary Ellen Mills, geb. Kirtland (gest. 1876).
4 George Meredith (1828–1909), der seinerzeit berühmte Romancier und Lyriker.
5 Aus Corellis *Open Confession: To a Man from a Woman* (1925).
6 Zu ihrem Roman *Thelma* (1887) und der Figur Mavis Clare in *The Sorrows of Satan* (1895) siehe *Corelli*, S. 64 und 123.

7 *Marie Corelli*, S. 17.

8 Ebd., S. 29. Über ihren ›unsteten‹ Halbbruder Eric Mackay (geb. 1835) siehe S. 22 ff.

9 Ebd., S. 103. Der Prince of Wales, später König Edward VII. (1901–10).

10 Ebd., S. 95. *Ardath* (1889). William Ewart Gladstone war viermal Premierminister, 1868–74, 1880–85, 1886 und 1892–94.

11 Ebd., S. 115 f. *Barabbas: A Dream of the World's Tragedy* (1893). Der Dean of Westminster war George Granville Bradley (1821–1903).

12 Maurice Rostand (1891–1968), der Sohn des Lyrikers und Dramatikers Edmond Rostand (1868–1918), bat sie als Schüler um die Erlaubnis, ihre Romane ins Französische übersetzen zu dürfen. Später wurde er ein bekannter Theaterautor.

13 *Marie Corelli*, S. 56.

14 Arthur Severn (1842–1931), Mitglied der Royal Academy. – Pendennis ist die Hauptfigur in Thackerays gleichnamigem Roman über einen jungen Mann, der allerlei Liebestorheiten begeht.

15 *Marie Corelli*, S. 257.

16 Ebd., S. 262.

17 Die Universität Birmingham kaufte Mason Croft nach dem Zweiten Weltkrieg; heute ist dort das Shakespeare-Institut der Universität untergebracht.

Das flüchtige Porträt

1. *Wachsfiguren in der Abbey*

Niemand als ein sehr großer Mann hätte den Zylinderhut des Herzogs von Wellington tragen können. Er ist so hoch wie ein Schornstein, so gerade wie ein Ladestock, so schwarz wie ein Fels. Man hätte ihn eine Meile weit unbeugsam die Straße herunterkommen sehen. Er muß das Sinnbild dieser unantastbaren Würde gewesen sein, an das der Herzog zwei Finger hob, wenn Passanten ihn ehrerbietig grüßten. Man ist beinahe versucht, den Hut jetzt noch zu grüßen.

Die Verbindung zwischen den Wachsfiguren in der Abbey und dem Zylinder des Herzogs von Wellington ist eine, die der Leser entdecken wird, falls er in die Abbey geht, wenn das Wachsfigurenkabinett geschlossen ist. Die Wachsfiguren haben ihre Audienzstunden wie andere Herrscher auch. Und wenn dies um vier ist und die Uhr jetzt kurz nach zwei zeigt, dann kann man die Zwischenzeit gewinnbringend im United Services Museum in Whitehall verbringen, zwischen Kanonen und Torpedos und Lafetten und Helmen und Sporen und ausgeblichenen Uniformen und den tausend anderen Objekten, die Pietät und Neugier für alle Zeiten vor der Vergänglichkeit bewahrt und in Ehren gehalten und numeriert und auf immer in Vitrinen gepackt haben. Wenn dann die Zeit gekommen ist, bestehen allerdings nicht so viele Gegensätze, wie man sich vielleicht wünschen würde, zwischen dem Museum am einen Ende von Whitehall und der Abbey am anderen. Zu viele Statuen heischen mit ausgestreckten Händen Beachtung; zu viele Schilder erklären dies und verbieten jenes; zu viele Touristen schlurfen umher und halten Ausschau nach der Vergangenheit und den Toten und der mystischen Natur des Ortes, um Bewegungsfreiheit zu lassen. Alleinsein ist unmöglich. Möchten wir die Kapellen sehen? Wir werden in Herden vorangetrieben von Herren in schwarzen Roben, die uns beständig ein- oder ausschließen; um die wir uns drängen und gaffen; denen heiser alle möglichen trockenen, wenig schmackhaften Fakten entströmen; von welcher Schönheit dieses Grabmal ist; von welchem Alter jenes; wann sie zerstört wurden; von wem sie restauriert wurden und was das kostete – bis jedermann sich wünscht, ihm möge das eine oder andere Grabmal erspart bleiben, und dankbar ist, wenn die Unterrichtsstunde ein Ende hat. Wenn man jedoch sehr verworfen ist und sehr gelangweilt und ein wenig zurückbleibt; wenn der Schlüssel in der Tür steckt und sich ganz leicht herumdrehen läßt, so daß es schließlich eine offene Frage bleibt, ob man die Gesetze seines Landes gebrochen hat oder nicht, dann kann man entschlüpfen, eine kleine dunkle Treppe hinaufeilen, und ist in einem sehr kleinen Gemach allein mit Königin Elizabeth.

Die Königin beherrscht den Raum, wie sie einst England beherrschte. Ein wenig vorgebeugt, so daß sie einen aufzufordern scheint, sich ihr zu nähern, steht sie da, hält in der einen Hand ihr Zepter, in der anderen ihren Reichsapfel. Es ist eine angespannte, sorgenvolle Gestalt mit dem verkniffenen Ausdruck jemandes, der in beständiger Furcht vor Gift oder Verschwörung lebt; jedoch ständig die Zähne zusammenbeißt, um dem Schrecken unerschütterlich zu begegnen. Ihre Augen sind weit geöffnet und wachsam; ihre Nase schmal wie ein Habichtschnabel; ihre Lippen fest geschlossen; ihre Augenbrauen gewölbt; nur der Unterkiefer verleiht dem angespannten Gesicht mit den feinen Zügen seine Festigkeit. Der Reichsapfel und das Zepter werden von den langen, schmalen Händen einer Künstlerin gehalten, als seien die Finger von der Berührung elektrisiert. Sie ist ungeheuer intellektuell, leidend und tyrannisch. Sie gestattet einem nicht, anderswohin zu schauen.

Doch tatsächlich wimmelt es in diesem kleinen Raum. Viele Hände halten andere Zepter und Reichsäpfel. Neben Königin Elizabeth allerdings wirkt die übrige Gesellschaft unbedeutend.

Von Samt umflossen füllen sie ihre Vitrinen wie einst ihre Throne mit Würde. William und Mary sind ein freundliches Monarchenpaar; Basare eröffnend, Krankenhäuser inspizierend, modern; auch wenn die Beine des Königs leider ein wenig kurz geraten sind. Königin Anne liebkost den Reichsapfel auf ihrem Schoß mit pummeligen, fraulichen Händen, die dort ein Wickelkind hätten halten sollen. Nur durch Zufall haben sie ihr eine große Krone aufs Haar gestülpt und befohlen, ein Königreich zu regieren, wo sie doch viel lieber diskret geschäkert hätte – sie war eine hübsche Frau; oder gelaufen wäre, um lächelnd ihren Mann zu begrüßen – sie war eine liebenswürdige Frau. Ihr Schönheitstyp in seiner Hausbackenheit, seiner Häuslichkeit erreicht uns weniger stark von der Zeit versehrt als der prächtigere Stil. Die Herzogin von Richmond,[1] die ihr Gesicht der Britannia auf den Münzen lieh, ist jetzt aus der Mode. Nur die Haltung des kleinen Kopfes auf dem langen Hals und das affektierte Lächeln und die unbewegte Miene einer, die immer stillgestanden hat, um angeschaut zu werden, versichern uns, daß sie einst schön war und Liebhaber sonder Zahl hatte. Der Papagei, der auf seiner Stange in der Ecke der Vitrine sitzt, scheint über all das seinen ironischen Kommentar abzugeben. Nur einmal werden wir an die Tatsache erinnert, daß diese Figuren getreue Abbilder der Toten waren und daß sie auf Särge gelegt und durch die Straßen getragen wurden. Der junge Herzog von Buckingham,[2] der in Rom an der Schwindsucht starb, ist der einzige von ihnen, der sich in seinen Tod geschickt hat. Er liegt sehr still mit dem Hermelin auf den Schultern und dem Krönchen auf der Stirn, aber seine Augen sind geschlossen; seine Nase ist ein hoher Gipfel zwischen zwei eingefallenen Wangen; er hat sich dem Tod ergeben und liegt durchdrungen von dessen Ruhe. Seine Entrücktheit kontrastiert seltsam mit der Fleischeslust von Charles dem Zweiten gleich um die Ecke. König Charles scheint noch zu beben von den Leidenschaften und den Begierden des Lebens. Die üppigen Lippen sind immer noch aufgeworfen und speichelfeucht und verlangen nach mehr. Die Augen haben faltige Tränensäcke von all den langen Nächten, in denen sie ihre Blicke warfen – auf die Fackeln, die Tänze und die Frauen. In seinen schmutzigen Federn und Spitzen ist er das Inbild von Wollust und Ausschweifung, und seine große, blaugeäderte Nase wirkt wie eine Respektlosigkeit von seiten des Modellierers, als wollte er die Menge dazu verleiten, beim Vorbeimarsch der Prozession einander in die Rippen zu stoßen und lustige Histörchen vom Monarchen zu erzählen.

Und so eilen wir von dieser grellbunten Versammlung wieder hinunter in die Abbey und betreten jenes merkwürdige Sammelsurium aus heiligen wie auch lächerlichen Objekten. Doch jetzt ist der Eindruck weniger verworren als zuvor. Zwei Wesenheiten scheinen seine Zusammenhanglosigkeit zu beherrschen, wie manchmal eine schwatzende Menschenmenge zu Ordnung und Stille gebracht wird vom Eintritt einer Person, vor der sie, ohne zu wissen warum, verstummt. Die eine ist Elizabeth, uns herbeizitierend; die andere ist ein alter Zylinderhut.

2. *Die Royal Academy*

»Die Automobile des Empire – die Leibwache Europas – der makellose Ritter Belgiens« – derart sind die romantischen Vorstellungen von uns Engländern, daß neun von zehn jener, die sich aus der kunterbunten Vielfalt von Piccadilly zum Hof von Burlington House begeben, den in Schlachtordnung aufgestellten Reihen und der königlichen Gestalt von Albert auf seinem feurigen Schlachtroß[1] mit Unsinn dieser Art huldigen. Es sind natürlich nur die rund um eine Statue gruppierten Automobile der Reichen; aber ob das Viereck, in dem sie stehen, die Bedeutung von allem vierfach zurückwirft, so daß König Albert und die Automobile die Quintessenz des Königtums und das innerste Wesen des Fahrzeugverkehrs ausstrahlen, oder ob die vielen Menschen der Grund dafür sind oder die Freitreppe, die hinaufführt, die Schwingtür, die einläßt, und die Lakaien, die scharwenzeln, jedenfalls trifft es zu, daß, sobald man innerhalb des Komplexes ist, alles symbolträchtig wirkt und der Geisteszustand, in dem man die breite Treppe zur Gemäldegalerie emporsteigt, zugleich erregt und romantisch ist.

Welchen Visionen wir uns auch hingegeben haben mögen, nach dem Eintreten sehen wir uns einer Dame in voller Abendgarderobe gegenüber. Sie steht am Kopf einer Treppe, eine Hand lose um ein Liliengebinde geschlossen, während die andere jemanden von Rang begrüßen will, der sich ihr auf der Treppe nähert.[2] Kein Haar, das nicht an seinem Platz ist. Ihre Lippen sind leicht geöffnet. Sie will gerade sagen: »Wie schön, daß Sie gekommen sind!« Doch die Fertigkeit des Künstlers ist derart, daß wir das Blickfeld ihrer herzlichen und dabei herablassenden Augen ungern kreuzen. Man zieht es vor, sie von der Seite zu betrachten. Sie sagte »Wie schön, daß Sie gekommen sind!« so oft und so reizend, während ich dort stand, daß ich schließlich nach Leuten von genügendem Rang Ausschau hielt, zu denen sie das sagen konnte. Sie ließen sich ohne Schwierigkeiten finden. Hier war ein Edelmann in einem Kilt, der Herzog von R...;[3] dort ein junger Offizier in Khakiuniform, und, um ihm Gesellschaft zu leisten, Kopf und Schultern einer jungen Frau, deren aufschauende Augen und geschürzte Lippen zu flehen schienen, um ihretwillen möge der Himmel blauer sein, die Rosen röter, das Speiseeis süßer und die Männer männlicher. Doch man muß es ihr lassen, der galante Jüngling schien darauf anzusprechen. Während beide die Treppe zu der Dame in schäumendem Weiß hinaufschritten, gelobte er, daß komme, was wolle – die Fahne von England – die süßen Glocken der Heimat – die Ehre einer Frau – das Wort eines Engländers – nur ein Fetzen Papier[4] – um deinetwillen, Alice – Gott schütze den König – und dergleichen mehr. Ihr Wortschatz hielt sich in engeren Grenzen. Ihr Blick blieb auf den Himmel oder das Speiseeis oder was auch immer gerichtet mit einer schlichten Lauterkeit, die von einer einreihigen Perlenkette und von sparsam um ihre Schultern drapiertem weißen Tüll verstärkt wurde. »Wie schön, daß Sie gekommen sind!«, sagte die Gastgeberin einmal mehr. Aber unmittelbar hinter ihnen kam der Herzog angestapft, ein barscher Edelmann, »eher im Bergland zu Hause als zwischen diesen Klunkern und Kinkerlitzchen, Gnädigste. Fabelhafte Jagd. Zwanzigender und kapitaler Bock. Genau zwischen die Augen, was? Den ganzen Tag draußen. Kenne keine Müdigkeit. Kaltes Bad, hartes Bett, Glas Whiskey. Kleinigkeit. Verdammte Ausländer. Pflichterfüllung. Die Garde stirbt, aber sie ergibt sich nie. Die Damen unserer Familie – Auf zum Angriff, Männer! Meine Herren …«,[5] und während er die letzten Worte mit vor Gefühlen erstickter Stimme ausspricht, dreht sich die gesamte Gesellschaft auf dem Absatz um und stellt nur die Rückseite ihrer perfekt sitzenden Uniformjacken zur Schau, denn es gibt Anblicke, die ein Mann besser nicht sehen sollte.

Die Szene, wenn auch nicht alle Sätze, stammt aus einer Erzählung von Rudyard Kipling.[6] Aber Szenen von Rudyard Kipling müssen sich auf diesen Gesellschaften mit erstaunlicher Häufigkeit abspielen, damit die englischen Jungfrauen und galanten Offiziere Gelegenheit haben, einerseits auf ihrer Keuschheit und andererseits auf deren Schutz zu bestehen, ohne die, soweit man sehen kann, es keinen Grund für ihrer beider Existenz gäbe. Deshalb war es nur natürlich, daß ich mich ein wenig verschämt nach der finsteren Gestalt des Verführers umschaute. Ich kann wahrheitsgemäß versichern, daß sich in der gesamten Royal Academy kein solcher Schurke findet; und erst als ich die Räume zweimal durchmessen hatte und der Jungfrau schon mitteilen wollte, daß ihre Befürchtungen ihr zwar Ehre machten, aber ganz unnötig wären, da fiel mein Blick auf den weißen Bauch eines außerordentlich prächtigen Fisches. »Den hat der Herzog gefangen!«, rief ich aus, immer noch im Einflußbereich des herzoglichen Ruhms. Aber ich irrte mich. Obwohl prächtig genug, war der Fisch, wie ein zweiter Blick außer Zweifel setzte, nicht herzoglich; seine dreieckige Form und erst recht die Tatsache, daß ein kleiner Knirps in einer Kordhose ihn am Schwanz hochhielt, genügten, um mich in die richtige Richtung zu lenken. Ah ja – die Ernte des Meeres, die Tagelöhner der Tiefe, das Heim eines Fischers, die Gaben der Natur – solche Formulierungen bildeten sich mit beängstigender Schnelligkeit –, aber nun zu den Einzelheiten. Das Bild, Nr. 306, stellt eine junge Frau dar, die ein Kleinkind auf den Knien hält.[7] Das Kind spielt mit einem plumpen Schiffsmodell; der große Fisch wird ihm von einem Bruder vor die Nase gehalten, der ein oder zwei Jahre älter ist und eine Kordhose trägt, zurechtgeschnitten aus einer alten des Fischers, der gerade am Rand der Wellen Kabeljaus ausnimmt. Nach der feinen Rosigkeit, Prallheit und Bläue jeder abgebildeten Einzelheit zu urteilen, wobei selbst das Meer aussah wie ein für den Viehmarkt herausgeputztes Zuchttier, schien gewiß, daß der Künstler beabsichtigte, den Inselbewohnern ganz allgemein ein Kompliment abzustatten. Aber etwas in den Augen der Frau irritierte mich. Ein Schleier aus Weiß trübte den natürlichen Glanz. Dergestalt stellen Maler die Tränen dar, die nicht fallen. Aber welchen Grund, fragten wir, hatte dieses Trumm von einer Mutter, umgeben von Fischen, deren jeder achtzehn Pence das Pfund wert war, zu weinen? Doch sieh, die Hose des kleinen Jungen. Sie hat, wenn man genau hinschaut, nicht dasselbe Muster wie die des Fischers. Sobald man darauf aufmerksam geworden ist, spult sich die Geschichte ab wie eine Angelschnur mit einem Lachs am Haken. Brechen sich nicht die Wellen am Strand mit einem höhnischen Geräusch? Verdunkeln sich nicht die Augen der Mutter beim Anblick des Spielzeugschiffs von Erinnerungen? Es ist nicht immer Sommer. Das Meer hat eine andere Stimme als diese; und, da ihr Ehemann seine Hose nie mehr brauchen wird – aber die Geschichte, zu Ende gesponnen, ist traurig und obendrein vollkommen absehbar.

Das Wesentliche eines guten Akademiegemäldes ist, daß man die Leinwand etwa zehn Minuten lang absuchen kann und immer noch im Zweifel ist, ob man die gesamte Bedeutung erfaßt hat. Da ist zum Beispiel Nr. 248, »Kokain«.[8] Ein junger Mann in Abendgarderobe liegt betäubt mit dem Kopf auf dem rosa Satin eines Frauenknies. Die verschnörkelte Uhr versichert uns, daß es genau elf Minuten vor fünf ist. Die brennende Lampe beweist, daß es die Morgendämmerung ist. Er ist also nach Hause gekommen und fand sie wartend vor? Hat sie seinen Exzeß unterbrochen? Ich für mein Teil stelle mir lieber das vor, was in der Sprache der Maler (einem Idiom, dessen genaueres Studium sich lohnt) »eine trostlose Nachtwache« heißen würde. Dort hat sie seit halb neun gesessen, allein, in rosa Satin. Einmal stand sie auf und drückte die Photographie in dem silbernen Rahmen an die Lippen. Sie hätte diesen Mann heiraten können (es sei denn, er ist ihr Vater, wessen wir nicht sicher sein können). Sie war ein gedankenloses Mädchen, und er verließ sie, um auf dem Schlachtfeld den Tod zu finden. Durch Tränen betrachtet sie die nächste Photographie – vermutlich die eines Säuglings (wiederum hat sich der Maler mit einer Andeutung begnügt). Während sie schaut, tastet eine Hand an der Tür herum. »Gott sei Dank!«, ruft sie aus, als ihr Ehemann hereintorkelt und hilflos auf ihrem Knie landet, »Gott sei Dank, daß unser Teddy tot ist!« Also sitzt sie nun da, blickt der Enttäuschung ins Auge, und ob sie der Versuchung nachgibt oder den Photographien still etwas gelobt oder ihn zu Bett bringt, bevor das Dienstmädchen herunterkommt, oder dort bis in alle Ewigkeit sitzt, muß der Phantasie des Betrachters überlassen bleiben.

Doch das Seltsame ist, daß man an ihrer Stelle sein möchte. Für einen Augenblick bildet man sich ein, man säße dort allein, enttäuscht, in rosa Satin. Und dann beginnen einige aus dem Grüppchen der Schaulustigen zu prahlen, daß sie selbst noch traurigere Fälle kennen. Freunde von ihnen nahmen Kokain. »Ich selbst habe als Junge aus Jux …« »Nein, George … wie entsetzlich unvorsichtig!« Jeder wollte diese Geschichte mit einer besseren übertrumpfen, mit Ausnahme einer Dame, die ihrem Gesichtsausdruck nach die Rolle der Trösterin spielte, sie hatte das arme Ding zu Bett gebracht, es ausgezogen, es beruhigt, und hatte sogar mit beträchtlicher Schärfe auf diesen nichtswürdigen Rohling, der nicht zum Ehemann taugte, eingeredet, bevor sie in einer angenehmen Wallung von Selbstzufriedenheit weiterging. Jedes Gemälde, vor dem sich eines dieser Grüppchen versammelt hatte, schien die seltsame Kraft auszustrahlen, den Betrachter heldenhafter und romantischer zu machen; Kindheitserinnerungen, Visionen von Möglichkeiten, Illusionen aller Art ergossen sich auf uns von den Wänden. In einer nüchterneren Stimmung könnte man den Malern einige Übertreibung vorwerfen. Es muß weit über zehntausend Rittersporne in der Royal Academy geben, und kein einziges Exemplar davon weist auch nur den geringsten Makel auf. Der Zustand des Rasens ist über jedes Lob erhaben. Die Sonne ist den Bedürfnissen der Sonnenuhren hevorragend angepaßt. Die Eibenhecken sind untadelig; das Herrenhaus ein Wunder an Altehrwürdigkeit; und was den alten Mann mit der Sense anbelangt, das Mädchen am Brunnen, den Dorfesel, die verwitwete Dame, den Zigeunerwagen, den Jungen mit einer Angelrute, ein jedes von ihnen ist nicht nur das traurigste, niedlichste, schrulligste, malerischste, zarteste, drolligste seiner Art, sondern hat auch eine symbolische Bedeutung, die England zur Ehre gereicht. Die Gänse sind englische Gänse, und sogar die Eisbären, auch wenn sie nicht diesen Vorzug genießen, scheinen sich, so überzeugend ist die Atmosphäre, unter unseren Augen in Kutschdecken zu verwandeln.[9]

Die Atmosphäre ist wirklich sehr stark; so aufgeladen mit Männlichkeit und Weiblichkeit, Pathos und Keuschheit, Sonnenuntergängen und Union Jacks, daß noch auf die Ärmlichsten und Provinziellsten ein Abglanz dieses rosigen Lichts fällt. »Das ist England! Das sind die Engländer!«, möchte man ausrufen, sollte ein Ausländer zur Hand sein. Doch seinen Landsleuten braucht man das nicht zu sagen. Sie sind vielleicht nicht ganz auf der Höhe der Gemälde. Manche sind ausgemergelt; andere fettleibig; viele haben nur allzu offensichtlich die einzige komplette Garderobe angelegt, die sie besitzen. Aber das Motto auf dem Katalog erklärt jeden solchen Widerspruch in überzeugender Weise. »Ihnen werde Schmuck für Asche gegeben. Jesaja 61.3« – das ist die Aufgabe dieser Ausstellung. Unsere Asche wird verwandelt werden, wenn wir sie nur offen genug dem wohltuenden Einfluß der Leinwände aussetzen. Also betrachten wir wieder den Lordkanzler und Mr Balfour, Lady B., den Herzog von R., Mr Ennever vom Pelman-Institut,[10] Offiziere aller Gattungen, Architekten, Chirurgen, Mitglieder des Oberhauses, Zahnärzte, Mediziner, Anwälte, Erzbischöfe, Rosen, Sonnenuhren, Schlachtfelder, Fische und Skyeterrier. Von Wand zu Wand, leuchtend vor Farbe, glänzend vor Öl, in Vergoldetes gerahmt und von Glas geschützt, äugen und erheben, inspirieren und kommandieren sie. Aber sie übertreiben es. Man ist denn doch nicht solch ein Häufchen Asche, wie sie vermuten, oder manchmal wirkt der Zauber nicht. Ein großes Gemälde von Mr Sargent mit dem Titel »Gasangriff«[11] rührte schließlich an einen Nerv des Protests oder vielleicht der Menschlichkeit. Um hervorzuheben, daß die Soldaten, die einen Verband um die Augen tragen, nicht mehr sehen können und deshalb unser Mitleid heischen, läßt er einen von ihnen das Bein bis zum Ellbogen heben, um eine Stufe zu erklimmen, die nur ein oder zwei Zoll hoch ist. Dieser kleine Fall von Überbetonung war der letzte Kratzer des Chirurgenmessers, der angeblich stärker schmerzt als die ganze Operation. Immerhin war man nahezu zwei Stunden lang erschlagen und erstochen, aufgeschlitzt und aufgespießt worden. Die Dame fing damit an, der Herzog fuhr damit fort; kleine Kinder rangen uns Tränen ab; große Männer erzwangen Ehrfurcht. Von Anfang bis Ende hatte jede Leinwand uns irgendein Gefühl eingeimpft, und was die Malerei nicht zu sagen vermochte, hatte der Katalog mit Worten beschworen. Aber Mr Sargent brachte das Faß zum Überlaufen. Plötzlich hallten die großen Räume wie in einem Papageienhaus wider vom unerträglichen Gezeter knallbunter und hirnloser Vögel. Wie sie kreischten und schnatterten! Wie sie tanzten und turtelten! Ehre, Patriotismus, Keuschheit, Reichtum, Erfolg, Ansehen, Rang, Mäzenatentum, Macht – ihre Schreie erschallten von allen Seiten. »Irgendwohin, irgendwohin, hinaus aus dieser Welt!« war der einzige Ausruf, mit dem man das unverschämte Gelärm abwehren konnte, während man treppab floh, zur Tür hinaus, um die Automobile herum, unter der Verachtung des

Pferdes und seines Reiters hindurch, und so hinaus in die relative Nüchternheit von Piccadilly. Zweifellos war die Reaktion übertrieben; und ich muß es Mr Roger Fry[12] überlassen, zu entscheiden, ob die hier aufgezeichneten Gefühle das angemessene Ergebnis von eintausendsechshundertvierundsiebzig Kunstwerken sind.

Deutsch von Heidi Zerning

Anmerkungen

1. *Wachsfiguren in der Abbey*

Essay, der am 11. April 1928 in der *New Republic* erschien. Mit der Abbey ist Westminster Abbey gemeint.

1 Frances Teresa Stuart, Herzogin von Richmond und Lennox (1647–1702), genannt ›La Belle Stuart‹, figurierte als ›Britannia‹ auf zahllosen Medaillen und auf der Halfpenny-Münze, die 1672 geprägt wurde.
2 Edmund, Duke of Buckingham and Normanby, Marquess of Normanby, Earl of Mulgrave, Baron Sheffield of Butterwicke (1716–1735), starb in Rom an galoppierender Schwindsucht und wurde in Westminster Abbey beigesetzt.

2. *Die Royal Academy*

Essay im *Athenaeum* am 22. August 1919 aus Anlaß der 151. Ausstellung der Royal Academy of Arts, 5. Mai bis 9. August 1919, im Burlington House, Piccadilly.

1 Bronzestatue von Walter Winans und Alexander J. Leslie: ›His Majesty the King of the Belgians‹.
2 Das Bild hat sich nicht identifizieren lassen.
3 Ölgemälde von Sir Arthur Cope (gest. 1940): ›His Grace, the Duke of Richmond and Gordon‹.
4 Ölgemälde von John Bowie (gest. 1941): ›The Scraps of Paper: Britain Declares War‹.
5 Zwei der Sätze sind überliefert: »La Garde meurt, mais ne se rend

pas«, soll General Cambronne gesagt haben, als er bei Waterloo zur Übergabe aufgefordert wurde. Und »Up Guards and at them again!« sagte der Duke of Wellington bei Waterloo.

6 In keiner Erzählung Rudyard Kiplings (1865–1936) finden sich ähnliche Sätze.

7 Ölgemälde von John R. Reid (gest. 1926): ›The Wonders of the Deep‹.

8 Ölgemälde von Alfred Priest: ›Cocaine‹.

9 Arthur Wardle: ›Where the Ice King Reigns‹ und J. Murray Thomson: ›Polar Bears‹.

10 Glyn Philpot (1884–1937): ›The Rt Hon. Lord Birkenhead, Lord High Chancellor, Treasurer of Gray's Inn, 1917–19‹. – George Fiddes Watt (1873–1960): ›The Rt Hon. James Balfour‹. – Hugh G. Riviere (gest. 1956): ›The Lady Betty Trafford‹. – Seymour Lucas (gest. 1923): ›W. J. Ennever Esq. Founder of the Pelman Institute‹.

11 John Singer Sargent (1856–1925): ›Gassed‹.

12 Ob der Maler, Zeichner und Kunstkritiker Roger Fry (1866–1934) die Ausstellung, die für all das stand, wogegen er protestierte, besuchte, ist unwahrscheinlich. Siehe VWs Vortrag ›Roger Fry‹, in: *Der Augenblick*, S. 105–111. Später schrieb VW ein Buch über ihn: *Roger Fry: A Biography*, 1940.

Poes Helen

Das eigentlich Interessante an Miss Ticknors Buch liegt in der Person Mrs Whitmans[1] und nicht in den Liebesbriefen Poes, die bereits veröffentlicht wurden. Natürlich hätten wir ohne ihre Verbindung zu Poe nie von Helen Whitman gehört; aber ebenso natürlich gereichte Poes Verbindung zu Mrs Whitman ihm nicht sehr zur Ehre, noch war sie für die Welt im allgemeinen von größerer Bedeutung. Wäre es unser Ziel, den Zauber »der einzig wahren romantischen Gestalt in unserer Literatur«, wie Miss Ticknor ihn bezeichnet, zu vertiefen, hätten wir seine Liebesbriefe völlig unterdrückt. Mrs Whitman dagegen kommt bei dieser Prüfung sehr gut weg und war, von Poe abgesehen, offensichtlich eine wißbegierige und interessante Person.

Sie schrieb seit ihrer Kindheit Gedichte, und als sie in früher Jugend als Witwe zurückgelassen wurde, machte sie sich ernsthaft daran, ein literarisches Leben zu führen. In jener Zeit und in Amerika war das kein so einfaches Unterfangen, wie es das seither geworden ist. Wenn man beispielsweise einen Essay über Shelley schrieb, war die einflußreichste Familie in Providence der Meinung, man sei in Sünde gefallen. Wenn man, wie Mr Ellery Channing,[2] nach Europa fuhr und seine Frau zurückließ, war das ausreichender Beweis dafür, daß man kein »großer vollkommener Mann« war, wie der wahre Poet es zwangsläufig zu sein hat. Mrs Whitman bezog Stellung gegen derart krude Äußerungen und legte es sogar darauf an, Angriffe herauszufordern. Wie immer die Mode und wie immer die Jahreszeit, sie trug ihre »flatternden Schleier« und ihre dünnen Schühchen und einen Fächer in der Hand. Indem sie ihre »Lampenschirme umdrehte« und Tücher aufhängte, sorgte sie dafür, daß ihr Wohnzimmer in ewiges Dämmerlicht getaucht war. Es war die Zeit der Transzendentalisten, und die Fächer und die Schleier und das Dämmerlicht sollten zweifellos die Festigkeit der Materie mildern und die Seele unter so wenig Reibung wie möglich aus dem Körper herauslokken. Auch die Natur war freundlich zu ihr gewesen, indem sie sie mit einem blassen, eifrigen Gesicht ausstattete, einem vergeistigten Ausdruck und tiefliegenden Augen, deren »Blick ins Weite gerichtet war, aber nie auf jemanden direkt«.

Ihr Haus wurde zum Zentrum für die Dichter der Umgebung, denn sie war nicht nur schwärmerisch, sondern auch geistreich und charmant. John Hay, G. W. Curtis und der Ehrenwerte Wilkins Updike[3] schickten ihr ihre Werke zur Begutachtung oder versuchten in sehr langen und abstrusen Briefen zu definieren, was sie unter Dichtung verstanden. Das Kennzeichen jenes speziellen Kreises, der mehr oder weniger mit Emerson und Margaret Fuller in Verbindung stand, war ein schwärmerisches Eintreten für die Rechte der Seele. Sie wagten sich in eine Sphäre vor, in der Worte von Natur aus nicht geeignet waren, sie zu unterstützen. »Die Dichtung ist«, wie Mr Curtis sagte, »die Anpassung der Musik an eine intellektuelle Sphäre. Doch muß sie daher durch Seelen offenbart werden, die zu zart sind, um vom Intellekt korrekt gemessen zu werden … Die Musik … ist eine weibliche Errungenschaft, weil sie Empfindung ist, und der Instinkt erklärt ihr Wesen«,[4] etc. Diese exaltierte Stimmung verließ sie nie so ganz, auch wenn sie über handfeste Dinge schrieben. Als Mrs Whitman vergaß, einen Brief zu beantworten, erkundigte sich Mr Curtis, ob sie krank sei, »oder hat der Herbst, der sich um den Horizont windet wie eine in wunderschönen Tönen gezeichnete Schlange, die die Blume des Sommers zermalmt, Sie mit seinen sanften, ruhigen Augen so bezaubert, daß Sie nur noch schweigen können?«[5] Mrs Whitman, das ist klar, war die Person, die dafür sorgte, daß sie alle dieses sehr hohe Niveau beibehielten. So setzten die Dinge sich fort, bis Mrs Whitman das Alter von zweiundvierzig Jahren erreicht hatte. An einem Juliabend des Jahres 1845 erging sie sich im Mondschein in ihrem Garten, als Edgar Allan Poe vorbeikam und sie erblickte. »Von dieser Stunde an liebte ich Sie«, schrieb er später. »... Ihr unbekanntes Herz schien in meine Brust einzugehen – um für immer dort zu wohnen.«[6] Unmittelbares Ergebnis war, daß er die Verse *To Helen* schrieb, die er ihr schickte. Drei Jahre später, als er der berühmte Verfasser von *The Raven* war, antwortete Mrs Whitman mit einem Valentinsgruß, dessen letzte Strophe lautet –

Then, oh grim and ghastly Raven
Wilt thou to my heart and ear
Be a Raven true as ever
Flapped his wings and croaked ›Despair‹?
Not a bird that roams the forest
Shall our lofty eyrie share.[7]

Eine Zeitlang wurde eine Begegnung hinausgezögert, und kein geschriebenes Wort wurde zwischen ihnen gewechselt. Vielleicht wäre sie für immer hinausgezögert worden, hätte es nicht eine weitere Versnachahmung gegeben, die Mrs Whitman mit der Zeile beendete

I dwell with »Beauty which is Hope«.[8]

Beim Erhalt dieser Verse beschaffte sich Poe unverzüglich ein Empfehlungsschreiben und machte sich auf den Weg nach Providence. Seine Liebe erklärte er ihr im Lauf der nächsten vierzehn Tage während eines Spaziergangs über den Friedhof. Mrs Whitman ließ sich nicht auf eine Verlobung ein, erklärte sich aber bereit, ihm zu schreiben, und so nahm der berühmte Briefwechsel seinen Anfang.

Professor Harrison[9] kann Poes Briefe nur mit den Briefen von Abaelard und Héloise oder mit den *Sonnets from the Portuguese*[10] vergleichen. Miss Ticknor sagt, sie hätten sich eine Nische unter den klassischen Liebesbriefen der Welt errungen. Professor Woodberry[11] dagegen findet, sie hätten nie veröffentlicht werden dürfen. Wir stimmen Professor Woodberry zu, nicht weil die Briefe Poes Ruf beschädigen, sondern weil wir sie für sehr langweilige Elaborate halten. Ob man eine Rezension oder einen Liebesbrief schreibt, das Wichtige ist, ein sehr lebhaftes Bild des Gegenstands vor Augen zu haben, über den man schreibt. Wenn Poe an Mrs Whitman schrieb, hätte er sich genausogut an eine Modepuppe in einer Damenzeitschrift wenden können – eine Modepuppe, die bei Mondlicht über den Friedhof spaziert, denn die Atmosphäre ist eine aus welken Rosen und Mondenschein. Die Tatsache, daß er erst vor kurzem Virginia beerdigt hatte, daß er seine Liebe zu ihr leugnete, daß er gleichzeitig und im gleichen Stil an Annie[12] schrieb, daß er kurz davor stand, einer Witwe ihres Geldes wegen einen Heiratsantrag zu machen – seine ganze Perfidie und Schäbigkeit machen es nicht an sich unmöglich, daß er Mrs Whitman ehrlich liebte. Wären die Briefe nicht, könnten wir vielleicht die barmherzige Sicht akzeptieren, daß dies sein letzter Versuch einer Wiedergutmachung war. Doch wenn wir die Briefe lesen, haben wir das Gefühl, daß der Mann, der sie schrieb, keine Gefühle mehr für irgend etwas übrig hatte; seine Welt war eine Welt der Phantome und der Modepuppen; seine Sätze sind die ausgemusterten Sätze, die für eine Erzählung nicht gut genug waren. Er konnte sich selbst und andere nur noch durch einen Nebel aus Opium und Alkohol sehen. Die Verlobung, die von seiner Besserung abhängig gemacht worden war, wurde gelöst; Mrs Whitman sank auf ein Sofa und hielt sich ein »in Äther getränktes«[13] Taschentuch vors Gesicht, und ihre alte Mutter wies Poe ziemlich deutlich darauf hin, daß der Zug nach New York in Kürze abfahren werde.

So zynisch es klingt, wir bezweifeln, daß Mrs Whitman ebensoviel verlor, wie sie durch das unglückselige Ende ihrer Liebesbeziehung gewann. Ihr Gefühl für Poe war womöglich mehr das einer Wohltäterin als einer Liebenden; denn sie gehörte zu jenen Menschen, die »hingebungsvoll glauben, daß Schlangen geläutert werden können. Dies wird nur durch Geduld und Gebet bewirkt –

aber die Ergebnisse sind wundervoll.«[14] Diese spezielle Schlange war nicht zu läutern; er wurde bewußtlos auf der Straße aufgefunden und starb ein Jahr später. Aber er hinterließ eine Brut von Reptilien, die Mrs Whitmans Geduld auf eine harte Probe stellten und für den Rest ihres Lebens ihre Gebete brauchten. Sie wurde die anerkannte Autorität, wenn es um Poe ging, und wann immer ein Biograph Fakten oder die alte Mrs Clemm[15] Geld brauchte, wandten sie sich an sie. Sie mußte die Streitigkeiten der verschiedenen Damen darüber schlichten, welche von ihnen am meisten geliebt worden war, und den Frieden zwischen rivalisierenden Historikern wahren, denn ob eine Frau eitler ist in Bezug auf ihre Liebe oder ein Autor in Bezug auf sein Werk, muß noch entschieden werden. Aber die Gelegenheiten für endlose Wohltätigkeit und literarische Diskussion, die eine solche Position ihr bot, entsprachen ihr offensichtlich, und der gesunde Menschenverstand und der Witz der vogelgleichen kleinen Frau, die extrem arm war und eine exzentrische Schwester zu versorgen hatte, scheinen ihre Aussage zu rechtfertigen, daß »die Ergebnisse wundervoll sind«.

Deutsch von Brigitte Walitzek

Anmerkungen

Rezension von Caroline Ticknor, *Poe's Helen* (London 1917), die am 5. April 1917 im *TLS* erschien.

1 Sarah Helen Whitman (1803–1878), geboren in Providence, Rhode Island, war die Witwe eines Anwalts. Ihr erster Gedichtband, *Hours of Life*, erschien 1853. Später veröffentlichte sie *Edgar Poe and His Critics* (1860) und *Poems*.
2 William Ellery Channing (1818–1901), Lyriker, Neffe des unitarischen Geistlichen W. E. Channing, der beträchtlichen Einfluß auf die Neu-England-Transzendentalisten hatte, zu denen Ralph Waldo Emerson (1803–1882), Henry David Thoreau (1817–1862) und Margaret Fuller (1810–1850) gehörten. Channing war ein Freund

Nathanael Hawthornes und Thoreaus und heiratete die Schwester Margaret Fullers.

3 John Hay (1838–1905) schrieb Gedichte und eine zehnbändige Biographie Abraham Lincolns (1890). – George William Curtis (1824–1892), Essayist und Sozialreformer. – Wilkins Updike (1784–1867), *Memoirs of the Rhode Island Bar* (1842).

4 Brief von Curtis an Mrs Whitman vom 9. April 1845, *Poe's Helen*, Kap. III, S. 24.

5 Ebd., S. 28 (undatierter Brief).

6 Ebd., Kap. V, S. 60, Brief vom 1. Oktober 1848. Edgar Allan Poe (1809–1849) war mit *The Raven and Other Poems* (1845) berühmt geworden.

7 Ebd., Kap. IV, S. 46, ›To Edgar Allan Poe‹, datiert Providence, RI, 14. Februar 1848. »Dann, oh grimmiger und gespenstischer Rabe, / willst du meinem Ohr und Herzen / ein ewig treuer Rabe sein / Schlug die Flügel, krächzte ›Hoffnungslos‹ / Kein Vogel, der den Wald durchstreicht, / wird den hohen Horst mit uns teilen.«

8 Ebd., S. 54. In Anlehnung an John Keats' *Ode on Melancholy*, wo es heißt: »She dwells with Beauty / Beauty that must die.« Deutsch: »Ihr Reich ist Schönheit / Schönheit, die vergeht«, in: *Hundert englische Gedichte*, herausgegeben und übersetzt von Hans-Dieter Gelfert, München: Deutscher Taschenbuch Verlag, 2000, S. 127. (Anm. d. Übersetzerin)

9 James Albert Harrison, *Life and Letters of Edgar Allan Poe* (1903).

10 Sonett-Zyklus von Elizabeth Barrett Browning (1806–1861), erschienen 1850, der die Liebe zu ihrem späteren Mann, dem Dichter Robert Browning (1812–1889), zum Thema hat.

11 George E. Woodberry, *The Life of Edgar Allan Poe, Personal and Literary* (Zwei Bände, 1909). Daß Poes Liebesbriefe nicht hätten veröffentlicht werden dürfen, hat sich bei ihm nicht finden lassen.

12 Virginia Poe, geb. Clemm (gest. 1847), Poes Cousine, die er 1836 geheiratet hatte. – Mrs Annie Richmond, der er das Gedicht ›For Annie‹ widmete (veröffentlicht im April 1849).

13 *Poe's Helen*, Kap. VIII, S. 120.

14 Ebd., Kap. XI, S. 174. Brief von Mrs Whitman an ihre Freundin Mrs Freeman vom März 1857.

15 Maria Clemm, die Mutter Virginias.

Besuche bei Walt Whitman

Die großen Feuer des intellektuellen Lebens, die in Oxford und Cambridge brennen, werden so wohl gehütet und existieren schon so lange, daß es schwerfällt, das Wunder dieser Konzentration auf immaterielle Dinge so zu empfinden, wie man es sollte. Wenn man dagegen zufällig über ein vereinzeltes Feuer stolpert, das ohne Verbindungen oder Ermutigungen, die es hüten und schützen, hell lodert, wird die Flamme des Geistes zu einem sichtbaren Herdfeuer, an dem man sich dankbar die Hände wärmen kann. Nur durch Zufall stößt man auf sie; sie lodern an unwahrscheinlichen Orten. Wäre man aufgefordert, die Bedingungen in Bolton[1] um das Jahr 1885 herum zu skizzieren, würden die Gedanken sicherlich um den Baumwollmarkt kreisen, als müsse das wahre Herz von Boltons Wohlstand dort liegen. Keine Erwähnung fände die Gruppe junger Männer – Geistliche, Fabrikanten, Kunsthandwerker und Bankangestellte von Beruf –, die sich montags abends trafen, es sich zum Ziel machten, über ernsthafte Dinge zu sprechen, die vertraulichsten und kontroversesten Themen frei und ohne Angst, Anstoß zu erregen, anschneiden konnten und insbesondere die Ansicht vertraten, Walt Whitman sei »die größte epochale Gestalt in der ganzen Literatur«.[2] Doch wer soll den Auswirkungen solcher Gespräche Grenzen setzen? In diesem Fall hatten sie, neben ihrem unschätzbaren geistigen Wert, auch einige überraschend greifbare Ergebnisse. Als Folge dieser Treffen überquerten zwei der Gesprächsteilnehmer den Atlantik; ein steter Strom von Geschenken und Nachrichten setzte zwischen Bolton und Camden[3] ein; und als Whitman im Sterben lag, dachte er an »diese braven Burschen aus Lancashire«. Das Buch, das diese Geschehnisse erzählt, wurde schon einmal veröffentlicht,[4] aber es ist es wert, erneut aufgelegt zu werden, wegen des Lichts, das es auf eine neue Art von Held und auf die Art der Verehrung wirft, die für ihn annehmbar war.

Für Whitman lag nichts der Würde eines Menschen Abträgliches darin, Geld oder Unterwäsche anzunehmen, doch sagte er, es sei nicht nötig, von diesen Dingen als Geschenken zu sprechen. Andererseits fand er keinen Gefallen an einer Verehrung, die auf der Illusion beruhte, er sei irgendwie besser oder anders als die Masse der Menschen. »Nun denn«, sagte er, während er die Hand ausstreckte, um Mr Wallace zu begrüßen, »Sie sind also gekommen, um desillusioniert zu werden, nicht wahr?«[5] Und Mr Wallace gestand sich ein, daß er ein wenig desillusioniert war. Nichts an Walt Whitmans Erscheinung widersprach der erhabensten poetischen Tradition. Er war ein großartiger alter Mann, massig, wohlgestalt, beeindruckend durch seine Kraft, seine Zartheit, und seine unergründlichen Tiefen des Mitempfindens. Die Desillusionierung lag in der Tatsache, daß »die größte epochale Gestalt in der ganzen Literatur« »simpler, hausbackener und mir selbst vertrauter verbunden war, als ich es mir vorgestellt hatte«.[6] Tatsächlich scheint der Dichter sich Mühe gegeben zu haben, seine alltägliche Menschlichkeit in den Vordergrund zu rücken. Und alles um ihn herum war so ungeordnet, wie es nur sein konnte. Der Boden, der nur halb mit Teppich ausgelegt war, war von Unmengen von Papieren übersät; Eß- und Waschgeschirr mischten sich mit Druckfahnen und Zeitungsausschnitten in derart uralten Anhäufungen, daß nach Jahren des Eingesperrtseins ein kostbarer Brief von Emerson[7] zufällig aus der Masse herausfiel. Inmitten all dieser Unordnung saß Walt Whitman tadellos sauber in seinem derben grauen Anzug, mit viel mehr Ähnlichkeit mit einem alten Farmer, dessen Arbeitstage vorbei sind; es gefiel ihm, von diesem oder von jenem Mann zu reden, Fragen nach ihren Kindern und ihrem Land zu stellen; und ob es eine Folge dessen war, daß er zurückdachte an Orte und Menschen statt an Bücher und Gedanken, seine Stimmung war gleichförmig wohlwollend. Sein Temperament, nicht Pflichtgefühl, führte ihn zu diesem Standpunkt, denn seiner Ansicht nach ziemte es sich für ihn, »zu äußern oder auszudrücken, was ich wirklich war, und, sollte ich mich wie der Teufel fühlen, es auch zu sagen!«[8]

Und dann zeigte sich, daß dieser weise und freidenkende alte Farmer Briefe von Symonds erhielt und Botschaften an Tennyson[9] schickte und unbestreitbar, sowohl in seiner als auch in ihrer Meinung, von gleicher Statur und Bedeutung war wie jede der heroischen Gestalten der Vergangenheit oder Gegenwart. Ihre Namen fielen in seinen Gesprächen als die Namen von Gleichrangigen. Tatsächlich schien hin und wieder irgend etwas »ihn abzusondern in geistiger Isolation und ihm zu Zeiten eine Aura wehmütiger Traurigkeit zu verleihen«,[10] während Wendungen und Ideen aus seinen Gedichten leichthin in sein freies und ungezwungenes Geplauder einflossen. Überlegenheit und Vitalität lagen nicht in einer bestimmten Klasse, sondern in der Masse; der Durchschnitt der amerikanischen Bevölkerung, beharrte er, war großartig, »obwohl kein Mann, der wirklich arm ist, wahrhaft heroisch werden kann«.[11] Und »Shakespeare und dergleichen« ergeben sich in der Folge anderer Dinge von selbst. »Shakespeare ist der Schöpfer großer Persönlichkeiten.« Was die Leidenschaft angeht, »halte ich Aischylos für größer«.[12] »Ein Schiff unter vollen Segeln ist der großartigste Anblick der Welt, und es kam noch nie in einem Gedicht vor.«[13] Oder er äußerte wie auf gleicher Augenhöhe Kommentare über seine großen englischen Zeitgenossen. Carlyle, sagte er, fehle es »an Verliebtheit«.[14] Carlyle war ein Knurrhahn. Wenn die Sterne hell funkelten – »vermutlich eine Ausnahme in diesem Land« – und jemand sagte: »Was für ein wundervoller Anblick«, sagte Carlyle: »Es ist ein trauriger Anblick« … »Was für ein Knurrhahn er war!«[15]

Es ist unvermeidlich, daß man das vorgerückte Alter zweier Männer vergleicht, die einen so unterschiedlichen Kurs steuerten, bis der eine im Funkeln der Sterne nur Traurigkeit sah und der andere beim Duft einer Orange in Träumereien der Wonne versinken konnte. In Whitman schien die Fähigkeit, zu genießen, nie nachzulassen, und die Kraft, alles aufzunehmen, wurde immer größer; so daß die Autoren dieses Buchs zwar beklagen, daß sie uns nur ein triviales Bündel von Aussprüchen vorlegen können, wir aber trotzdem mit dem Gefühl eines »überwältigenden Hintergrunds oder Ausblicks« zurückbleiben und mit Sternen, die heller funkeln als in unseren Gefilden.

Deutsch von Brigitte Walitzek

Anmerkungen

Rezension von *Visits to Walt Whitman in 1890–1891. By Two Lancashire Friends. J. Johnston, M. D., and J. W. Wallace* (London 1917), die am 3. Januar 1918 im *TLS* erschien.

Walt Whitman (1819–1892), der Autor der berühmten Gedichtsammlung *Leaves of Grass* (seit 1855), die von Auflage zu Auflage erweitert wurde.

1 In Lancashire.

2 *Visits*, S. 20.

3 Camden, New Jersey, wo der durch einen Schlaganfall gelähmte Whitman seine letzten Lebensjahre verbrachte.

4 *Notes of a Visit to Walt Whitman in July 1890* (1890) und *Diary Notes of a Visit to Walt Whitman and Some of His Friends* (1889).

5 *Visits*, S. 90.

6 Ebd., S. 91.

7 Ralph Waldo Emerson (1803–1882), der führende Philosoph der ›New England Transcendentalists‹, dessen Denken großen Einfluß auf den jungen Whitman hatte und der ihm einen lobenden Brief über *Leaves of Grass* geschrieben hatte.

8 *Visits*, S. 137.

9 John Addington Symonds (1840–1893), Autor des mehrbändigen Werks *Renaissance in Italy* (1875–86), schrieb auch ein Buch über Whitman. – Alfred, Lord Tennyson (1809–1892), der angesehenste viktorianische Dichter.

10 *Visits*, S. 222.

11 Ebd., S. 44. Wahrscheinlich bezieht er sich auf Thomas Carlyles (1795–1881) Vorlesungszyklus *On Heroes, Hero-worship and the*

Heroic in History (u.a. Dante, Shakespeare, Luther, Cromwell, Napoleon), der Whitmans Denken beeinflußt hatte.

12 Ebd., S. 62 und 213.

13 Ebd., S. 47.

14 Ebd., S. 127.

15 Ebd., S. 178f.

Oliver Wendell Holmes

Vor hundert Jahren konnte man vielleicht leichtfertiger über die amerikanische Literatur sprechen, als man es im Augenblick selbstsicher tun kann. Die Schiffe, die sich auf dem Atlantik begegnen, schaffen nicht nur eine Handvoll Amerikaner und Engländer von einer Küste zur anderen; sie haben unserem nationalen Selbstgefühl einen Dämpfer versetzt. Abgesehen von ihrer Stimme und von gewissen kleinen Verhaltensunterschieden, die ihnen ihre eigene Besonderheit verleihen, tauchen Amerikaner, hier drüben, in uns ein wie Regentropfen ins Meer. Auf ihrer Seite haben sie viel von jenem nervösen Bestreben verloren, ihre Unabhängigkeit und Reife einem Mutterland gegenüber zu behaupten, das sie immer an ihr zartes Alter erinnerte. Fragen, wie Lowell sie aufwarf – »Ein Land von Parvenüs, mit einem entsetzlichen Bewußtsein für Protzentum, das sich durch Politik, Verhaltensweisen, Kunst, Literatur, ja sogar die Religion selbst zieht?«[1] – und so beantwortete, wie wir es uns denken können, verdrießen sie nicht mehr; die alten Bezeichnungen, die Hawthorne herunterrasselte – »die Flegelhaftigkeit, die Stumpfheit, die Selbstgenügsamkeit, der verachtenswerte Neid, das Halbwissen (etc. etc.), die dieses seltsame Volk charakterisieren«[2] –, werden in Momenten der Panik ihrer Tagespresse überlassen; denn internationale Kritik ist, wie Mr Henry James[3] bewiesen hat, zu einer sehr delikaten und ernsthaften Angelegenheit geworden. Die Wahrheit ist, daß die Zeit und die Dampfschiffe diese Grobheiten ausgelöscht haben; und wenn wir die amerikanische Kunst oder Politik oder Literatur verstehen wollen, müssen wir ebenso genau hinsehen, wie wir es tun, wenn Blut und Sprache uns fremd sind.

Die Männer, die sich am offensten gegen uns aussprachen, brachten diese angemessene Beziehung teils deswegen zustande, weil wir ihre Bücher wie unsere eigenen lesen, und teils, weil die Literatur in der Lage ist, einem das Umfeld nahezubringen, in dem sie entstanden ist. Wir sind nun in der Lage, an Boston oder Cambridge als an Orte zu denken, die ein eigenes Leben führen, so individuell und so verschieden von unserem, wie das London Popes sich vom London Edwards VII. unterscheidet. Der Mann, der zu dieser Vertrautheit beitrug, die sich auf dem Verständnis gründet, daß wir uns in vieler Hinsicht ebensosehr unterscheiden wie alle anderen, war zweifellos Oliver Wendell Holmes,[4] obwohl er es durch Methoden tat, die sich sehr von den ihren unterschieden. Er war, in mancher Hinsicht, der kompletteste Amerikaner von ihnen allen.

Er wurde 1809 in eine der besten Familien des Landes hineingeboren, denn sein Vater, der Reverend Abiel Holmes, war alter puritanischer Abstammung, die sich bis auf einen Anwalt in Gray's Inn im sechzehnten Jahrhundert zurückverfolgen läßt, und seine Mutter, Sarah Wendell, trug vornehmes Blut aus vielen Quellen in sich, holländischen und normannischen und soliden amerikanischen. Sein Vater war streng und gutaussehend und lehrte »den altmodischen Calvinismus mit all seinen Schrekken«; seine Mutter war eine kleine, lebhafte Frau, wißbegierig und gefühlvoll. Menschen, die die beiden kannten, sagten, der Sohn komme mehr nach ihr als nach dem Vater. Es gehörte zu den charmanten Eigenschaften des erwachsenen Mannes, daß er immer auf seine Kindheit zurückblickte und sie mit allen Schattierungen und allen Wunderlichkeiten darstellte, die ein 1730 erbautes »Walmdachhaus«[5] zu bieten hat; wie Hawthorne war er erfüllt von dem rührenden Wunsch, seine kindlichen Erinnerungen mit etwas zu vermischen, das in sich selbst alt, geheimnisvoll und schön war. Der Boden hatte Dellen, die daher stammten, daß die Soldaten während der Revolution ihre Musketen fallen ließen; die Familienporträts waren von britischen Rapieren aufgeschlitzt worden; und es gab einen Stuhl, auf dem Lord Percy[6] gesessen hatte, um sich die Haare richten zu lassen. Unter den undeutlichen Erinnerungen, die über seinen frühen Jahren schweben und einige der reizendsten Seiten seiner Bücher inspiriert haben, könnte man zwei wegen ihrer Bedeutung auswählen. »Nach allem, was ich weiß, wäre ich möglicherweise selbst Geistlicher geworden, wenn ——— nicht so sehr wie ein Leichenbestatter ausgesehen und geredet hätte.«[7] Erst viel später konnte er analysieren, was sich ereignet hatte, als er noch ein Kind war. Als er lesen konnte, brachte man ihm bei, daß wir »eine Horde kleiner, gefallener Unglückseliger waren, dem Zorn Gottes durch die Tatsache einer Existenz ausgeliefert, für die wir nichts konnten«.[8] Er erhob sich revoltierend gegen das, was er »die ererbte Untertänigkeit meiner Vorfahren«[9] nannte, und entschied sich nicht nur gegen ein geistliches Amt als Beruf, sondern hörte nie auf, die Überzeugungen zu predigen, die seine frühe Revolte ihn gelehrt hatte. Ein Blick durch ein Fernrohr auf dem Gemeindeanger auf den Durchgang der Venus löste in ihm diese Überzeugungen aus, beziehungsweise seine bisherigen Ansichten wurden dadurch für immer erschüttert. Er schaute, und wie ein Schock kam ihm der Gedanke, daß auch die Erde nicht größer sei als eine Murmel; er setzte den Gedanken damit fort, daß dieser Planet »für eine lange Reise durch den Raum ausgestattet und gerüstet ist«. Der Schock scheint ihm sowohl gezeigt zu haben, daß wir Teil eines großen Systems sind, als auch, daß unsere Welt für einen Zeitraum andauern wird, »der all unsere gewöhnlichen Zeitmaße übersteigt«. Falls zutrifft, daß wir bis ins Unendliche weiterbestehen werden, dann, fand er, ist es möglich zu bedenken, daß »diese Kolonie des Universums eine Bildungseinrichtung ist«, und das ist »die einzige Theorie, die ›den Umgang Gottes mit dem Menschen rechtfertigen‹ kann«. Wir brauchen nicht an den Garten Eden und an den Sündenfall des Menschen zu glauben; und wir können glauben, daß »dieses sogenannte Böse, dem ich mich nicht verschließen kann« ein vorübergehender Zustand ist, aus dem wir heraustreten werden.[10] Er hatte eine Basis für jenen Optimismus gefunden, der seine Lehre beseelte, und wenn die Gründe, die er anführte, ungenügend erscheinen, so erklären seine Schlußfolgerungen und die Art, wie er zu ihnen gelangte – durch ein Fernrohr für zehn Cent auf den Venusdurchgang blickend –, viel von dem, was wir denken, wenn wir ihn besser kennen. Das praktische Ergebnis des Konflikts war, daß er Arzt statt Geistlicher wurde, zwei Jahre in Paris mit dem Studium für seinen Beruf verbrachte, dazu England und Italien besuchte und zurückkehrte, um in Boston zu praktizieren. Dort und in Cambridge lebte er mit Ausnahme von seinen hundert Tagen in Europa für den Rest seines Lebens.

Selbst der sorgfältigste Biograph kann nur wenig finden, was sich einer solchen Aufzeichnung hinzufügen läßt, und auch Dr. Holmes selbst kam nicht zu Hilfe. Seine Briefe sind nicht sehr aufschlußreich; wie andere Menschen, die öffentlich viel über sich selbst schreiben, hat er im Privaten nicht viel zu sagen. Als Arzt brachte er es nie zu einer großen Praxis, denn er stellte nicht nur von Zeit zu Zeit einen Band mit Gedichten zusammen, sondern lächelte zudem, wenn die Tür aufging, und machte Witze über die Treppe. Wenn jemand ihn fragte, welcher Teil der Anatomie ihm der liebste sei, antwortete er: »Die Knochen; sie sind am saubersten.« Die Antwort zeigt uns den »unauffälligen, flinken kleinen Mann«, der den Anblick von Krankenzimmern nicht ertragen konnte, der lachte, um die Spannung zu lösen, der davonlief, wenn ein Kaninchen chloroformiert werden sollte, der in jeder Hinsicht sauber und gewissenhaft war und als junger Mann dazu neigte, die Welt mit einem etwas beißenden Humor zur Satire zu machen. Zwei Freunde haben ein Bild von ihm zusammengestellt. »Ein zierlicher, kompakter kleiner Mann … der herumsummte wie eine Biene oder herumflatterte wie ein Kolibri, überaus schwierig zu erwischen, es sei denn, er wurde für eine gute Tat gebraucht, dann konnte man sich seiner sicher sein.« Der andere fügt hinzu, er habe »mächtige Kinnbacken und eine dicke, kräftige Unterlippe, die seinem Aussehen Entschlossenheit verleiht, mit einem Anflug von Keckheit. Im Gespräch ist er lebhaft und herzlich – auch scharfsinnig, er nimmt einem das Wort aus dem Mund.«[11]

Zu dieser Zeit, vor der Veröffentlichung von *The Autocrat*,[12] war er berühmt für seine Gespräche und seine Gedichte. Die Gedichte wurden zum großen Teil durch Abendgesellschaften und »Gelegenheiten« inspiriert; sie beleuchten für uns den Kreis amerikanischer Literaten, die sich in Parker's Hotel trafen und redeten, wie Männer in Will's Coffee House[13] geredet hatten; sie sind an Menschen gerichtet, die einander gut kennen. Daher war sein Ruf, unabhängig von seiner medizinischen Arbeit, sehr bedeutend, wenn auch örtlich begrenzt. Er war fast fünfzig, als die ersten der *Autocrat*-Papiere »fast explosionsartig aus meinem Kopf herausplatzten«. *The Professor* und *The Poet*[14] folgten; dann kamen die beiden Romane;[15] kurzum, er wurde ein Literat, von dem die Öffentlichkeit eine regelmäßige Meinungsäußerung erwartet. Selbst aus dieser Distanz ist es leicht, sich das Getöse vorzustellen, mit dem *The Autocrat* das Licht der Welt erblickte. Jeder Frühstückstisch in Boston kannte den Verfasser vom Hörensagen, wußte von seiner Geburt und seinem Herkommen und las seine gedruckten Ansichten mit einer Art von persönlichem Stolz, als sei er ein Familiensprachrohr. Diese Assoziationen sind nicht mehr die unseren; aber so, wie die Weise der Schönheit bleibt, wenn die Schönheit selbst dahin ist, so können wir immer noch den Gusto genießen, mit dem Dr. Holmes sich an seine Mitbürger wandte.

Das stimmt, aber kann es sein, daß wir uns nicht mit derartigen Überlegungen aufhalten würden, stünden wir voll und ganz unter dem Bann des *Autocrat*? Es gibt zugegebenermaßen die leise Versuchung, Gründe für die Vorlieben unserer Vorfahren finden zu wollen und uns auf diese Weise davor zu drücken, unsere eigenen zu formulieren. Das Interessanteste an diesen Hundertjahrfeiern ist ja, daß sie der einen Generation die Gelegenheit bieten, sich mit Offenheit und vielleicht einer Einsicht, die Zeitgenossen kaum besitzen, über eine andere zu äußern. Die Prüfung ist streng, denn die Bücher, die ein solches Alter erreicht haben, werden ein noch höheres erreichen und den Wertmaßstab sehr hoch setzen.

Wir wollen sofort eingestehen, daß man von Dr. Holmes' Werken kaum sagen kann, sie hätten in dem Sinn überlebt, daß sie immer noch eine Rolle in unserem Leben spielen; auch gehört er nicht zu den Schriftstellern, die, ohne jede Botschaft, nur wegen des absoluten Entzückens weiterleben, das ihre Kunst uns bereitet. Die Tatsache, daß es jemanden gibt, der eine Hundertjahrbiographie für eine Öffentlichkeit schreiben will, die *The Autocrat* liest, kann auf keinen dieser Gründe zurückgeführt werden; doch wenn wir auf einer niedrigeren Ebene suchen, werden wir gewiß genug Gründe finden. Zunächst einmal ist da der Grund, den unsere eigene Erfahrung uns bietet. Wenn wir das Buch in einem zarten Alter in die Hand nehmen – denn es ist eines der ersten Bücher, die man für sich selbst liest –, schmeckt es wie Champagner nach Frühstückstassen mit dünnem Tee. Die wundervolle Leichtigkeit, mit der das Gespräch fließt, der Reichtum an Vergleich und Anekdote, der Humor und das Pathos, die erstaunliche Reife des Stils und vor allem eine weniger leicht zu definierende Eigenschaft, als würden Früchte, die gerade eben außerhalb unserer Reichweite hängen, mitten in unsere Hände fallen gelassen und erwiesen sich als vorzüglich fest und leuchtend – diese Empfindungen machen es unmöglich, an den *Autocrat* anders zu denken als an einen betagten Verwandten, der einem einen halben Sovereign in die Hand gedrückt und gleichzeitig der eigenen Selbstachtung geschmeichelt hat. Später, wenn ein Teil des Zaubers verschwunden ist, kann man diese Tugenden nüchterner einschätzen. Sie besitzen seltsamerweise weit mehr Nützliches als Schmückendes in ihrer Komposition. Das heißt, wir sind mehr beeindruckt von der Ehrlichkeit und dem gesunden Menschenverstand der Bemerkungen des *Autocrat* und von der Tatsache, daß sie die Früchte weitreichender Beobachtung sind, als von den Mitteln, mit denen sie ausgestattet sind.

Die Seiten des Buches wimmeln vor Passagen wie der folgenden:

Zwei Männer wandeln am polyphlösböischen Ocean, der eine mit einer kleinen blechernen Schale versehen, womit er so viel Seewasser, als in dies Gefäß geht, schöpfen kann, wann er will, während der andere nichts als seine Hände hat, die überhaupt kaum Wasser halten, – und Sie nennen die blecherne Schale ein wunderbares Besitzthum! Der Ocean ist das Wunder, Sie kindlicher Apostel! Nichts ist klarer, als daß alle Dinge in allen Dingen sind, und daß wir genau nach der Intensität und der Ausbreitungskraft unseres Erkenntnißvermögens die vielen in dem einen, und das eine in den vielen sehen. Wußte Newton, was er sprach, als er seinen Ausspruch that vom Ocean, – dem Kind und den Kieseln, wenn Sie sich daran erinnern können? War es seine Absicht, geringschätzend von einem Kiesel zu reden? Von einer sphärischen Veste, welche vor ihrem Raumbezirk Schildwache stand lang eh' der Stein, welcher zu Pyramiden wurde, sich gehärtet hatte, und die ihn all' die Zeit gehütet hat? Ein Körper, welcher alle die Kraftströme kennt, die den Erdball durchziehen; welcher mit unsichtbaren Fäden an den Ring des Saturn und den Gürtel des Orion geknüpft ist? Ein Körper, von dessen Betrachtung ein Erzengel auf das ganze unorganische Universum schließen könnte, als wäre es die einfachste der Erläuterungen? Ein Thron der All-durchdringenden Gottheit, welche jegliches Atom davon geleitet hat, seit der Rosenkranz der Himmel mit den Perlen der Sterne besetzt ward?[16]

Das ist durchaus plausibel und doch leicht an Gewicht; der Stil hat das, was wir gern für den typischen amerikanischen Defekt des übertriebenen Erfindungsreichtums und für eine unbehagliche Liebe zur Ausschmückung halten; als hätten sie die Kunst des Stillsitzens noch nicht erlernt. Für ihn schwamm das Universum, wie er sagt, »in einem Ocean von Aehnlichkeiten und Analogien«;[17] aber die Vorstellungskraft, die auf diese Weise impliziert ist, ist oft schlichter und glücklicher dargestellt. Der Anblick alter Dinge inspiriert ihn, oder auch Erinnerungen an die Jugendzeit.

Nun war das Kanonenboot ›Wespe‹, Capitän Blakely, nachdem es glorreich die beiden Schiffe ›Rennthier‹ und ›Avon‹ erbeutet hatte, vom Angesicht des Oceans verschwunden und galt für verloren. Aber ein Beweis dafür war nicht vorhanden, und eine Zeit lang bestand natürlich die Hoffnung, daß man noch von dem Schiff hören würde. Lange nachdem die wirkliche Möglichkeit längst verschwunden war, gefiel ich mir in der freudigen Illusion, daß irgendwo auf den weiten Meeren die ›Wespe‹ schwimmen könnte, und Jahre lang konnte ich den Schall der großen Kanonen, wenn sie von dem Flotten-Arsenal landeinwärts donnerten, nicht hören ohne zu mir selbst zu sagen »die Wespe ist da«, und dann sah ich förmlich das Schiff vor Augen, wie es hineinrollte, die Wasser vor sich her peitschend, hart von Wind und Wetter beschädigt, die Sparren zersplittert, die Segel zerfetzt, und von tausend-stimmigem Hurrah und Thränen der Rührung empfangen. Dies war einer der Träume, welche ich hegte und niemals erzählte. Und zwar will ich's frei heraus sagen und gestehn, daß ich noch viele Jahre später, als ich längst die Kinderschuhe ausgetreten hatte, ja als ich schon ziemlich weit gegen das Mannesalter vorgerückt war, wenn das Brüllen der Kanonen plötzlich an mein Ohr schlug, mit einem Beben vager Erwartung und zitternden Entzückens aufgesprungen bin, und sich im stummen Flüstern meines Geistes die lange nicht gesprochenen Worte artikulirt haben: »Die Wespe ist herein!«[18]

Die nützlichen Tugenden sind dennoch da. Die Liebe zur Freude an erster Stelle, die von der Wiege an durch sein Blut pulsierte, war, als *The Autocrat* veröffentlicht wurde, noch mehr eine Tugend als heute. Es gab strenge Eltern, die ihren Kindern verboten, das Buch zu lesen, weil es zwanglos mit der düsteren Moral der Zeit umging. Auch seine Aufrichtigkeit, die sich in dem jungen Mann als beißender Humor zeigte, verleiht den freundlichen Seiten des *Autocrat* eine Art Streitsucht. Er haßte Pomp und Dummheit und Krankheit. Vielleicht liegt es nicht am Vorhandensein hoher Tugenden, doch wie schnell das, was er schreibt, sich voranbewegt! Fast können wir ihn reden hören, wie »er einem das Wort aus dem Mund nimmt« in seinem Eifer, es gesagt zu hören. Ein Großteil seiner Lebhaftigkeit ist dem leichten und fast unaufhörlichen Spiel des Humors des *Autocrat* geschuldet; und doch zweifeln wir, ob Dr. Holmes im wahren Sinn des Wortes als Humorist bezeichnet werden kann. Im Humor ist etwas, das den Willen lähmt, und Dr. Holmes war in erster Linie ein Mediziner, der geistige Gesundheit vor allen anderen Dingen schätzte. Lachen ist gut, wie frische Luft gut ist, aber er zuckt instinktiv zurück, wenn zu befürchten ist, daß er zu tief gegangen ist:

I know it is a sin
For me to sit and grin –[19]

Das ist der freundliche Geist, der seinem Humor seine Leichtigkeit verleiht, und, wie man hinzufügen muß, seine Seichtheit. Denn wenn die Bandbreite so gewissenhaft eingeschränkt ist, ist nur eine oberflächliche Einsicht möglich; wenn die Welt auch nur ein wenig lächerlich ist, kann sie nie sehr erhaben sein. Aber es ist einfach genug, die Tatsache zu erklären, daß seine Charaktere unsere Sympathie kaum fesseln, wenn wir bedenken, daß Dr. Holmes nicht schrieb, um Männer und Frauen zu erschaffen, sondern um die Meinungen zu äußern, die ein Leben der Beobachtung ihn gelehrt hatte. Wir spüren das sogar in dem Buch, das zumindest die Form eines Romans hat. In *Elsie Venner* wollte er die Frage beantworten, die er als Kind gestellt hatte; können wir gerechterweise für eine Erbsünde bestraft werden? Das Ergebnis ist, daß wir ein geschicktes Experiment beobachten; Dr. Holmes' ganzer Humor und seine ganze Gelehrsamkeit (er hielt monatelang eine lebende Klapperschlange und las »alle gedruckten Erkenntnisse« über Gift) drehen sich um dieses Thema, und er führt uns vor Augen, wie seltsam und interessant der Fall ist. Aber – denn dies ist die Summe unserer Einwände – wir sind nicht an der Heldin interessiert; und insofern der Roman versucht, uns emotional zu überzeugen, ist er mißlungen. Dennoch schafft es Dr. Holmes, so wie er es fast immer schafft, uns zum Denken zu bringen; er bietet uns so viele Fakten über Klapperschlangen und das Provinzleben, so viele Überlegungen über das menschliche Leben im allgemeinen, mit solcher Munterkeit und einem so lebhaften Interesse an seinen eigenen Ideen, daß das gewichtige »physiologische Konzept, befruchtet von einer theologischen Idee«,[20] so frisch und fast so amüsant ist wie *The Autocrat* oder *The Professor*. Die Ähnlichkeit mit diesen Werken, die keine literarische Verkleidung vertuschen kann, beweist wieder einmal, daß er, wie er es ausdrückt, nicht fähig war, sich seiner »Persönlichkeit zu entledigen«, aber damit wollen wir seine Fähigkeiten nur in gewissen Hinsichten definieren, denn die »Persönlichkeit« grenzt selbst Shakespeare ein. Wir meinen, daß er einer jener Schriftsteller ist, die nicht viel mehr sehen als andere Menschen auch, und doch sehen sie es mit einer unbeschreibbaren Änderung des Blickwinkels, die ihren eigenen Charakter enthüllt und dazu dient, ihre Ansichten zu einem kohärenten Glaubensbekenntnis zu formen. Daher sprechen seine Leser immer von ihrer »Vertrautheit« mit Dr. Holmes; sie wissen, was für eine Art von Person er war und was er lehrte. Sie wissen, daß er das Rudern und Pferde und große Bäume liebte; daß er voller Gefühle für seine Kindheit war; daß er es mochte, wenn Männer stark und heißblütig waren, und daß er die Schwäche der Frauen ehrte; daß er alles Dunkle und Ungesunde verabscheute; daß Barmherzigkeit und Toleranz die Tugenden waren, die er liebte, und wenn man sie mit Witz kombinieren konnte, dann war das nur um so besser. Vor allem mußte man sich am Leben freuen und bis zum Äußersten seiner Kräfte leben. Es liest sich irgendwie wie eine medizinische Verschreibung, und man will nicht Gesundheit allein. Doch wenn die offensichtlichen Einwände erhoben sind, brauchen wir nicht zu zweifeln, daß sie Tausenden in Zukunft gut tun wird, und sie werden den Mann lieben, der lebte, wie er schrieb.

Deutsch von Brigitte Walitzek

Besprechung von Lewis W. Townsend, *Oliver Wendell Holmes* (1909), die am 26. August 1909 im *TLS* erschien.

1 James Russell Lowell (1819–1891), *My Study Windows* (1871), darin das Kapitel ›On a Certain Condescension in Foreigners‹, S. 43.
2 Der große Erzähler Nathanael Hawthorne (1804–1864) über die Engländer, in: *Our Old Home* (1861), S. 23.
3 Der amerikanische Romancier Henry James (1843–1916), der seit 1876 in England lebte.
4 Oliver Wendell Holmes (1809–1894), Anatomieprofessor in Harvard/Cambridge, Verfechter strikt naturwissenschaftlicher Methoden, fruchtbarer Autor als Essayist und Poet.
5 Holmes, *The Poet at the Breakfast-Table* (1872), Paper 1.
6 General Hugh Percy, 2nd Duke of Northumberland (1742–1817), der Befehlshaber der Britischen Armee in und um Boston.
7 *The Poet*, Paper 1, S. 20.
8 John T. Morse, Jr., *Life and Letters of Oliver Wendell Holmes* (2 Bände, 1896), Band I, S. 38.
9 Townsend, Kapitel 1, S. 14.
10 Zitate nach Morse, I, S. 46.
11 Die Charakterisierungen stammen aus Townsend, Kapitel III.
12 Holmes, *The Autocrat of the Breakfast-Table* (1858), Aufsätze aus dem *Atlantic Monthly*. Es gab eine deutsche Ausgabe: *Der Tisch-Despot*, deutsch von L. Abendheim, Stuttgart 1876. (Anm. d. Übersetzerin)
13 Will's Coffee-house in London, Treffpunkt der Literaten im 17. und 18. Jahrhundert. – Der Bostoner Saturday Club wurde 1857 gegründet. Hier trafen sich Emerson, J. R. Lowell, Longfellow, Holmes, Whittier, C. E. Norton, W. D. Howells und der junge Henry James.
14 Holmes, *The Professor at the Breakfast-Table* (1860) und *The Poet at the Breakfast-Table* (1872).
15 Holmes schrieb drei Romane: *Elsie Venner* (1861), *The Guardian Angel* (1867) und *A Mortal Antipathy* (1885).
16 *The Autocrat at the Breakfast-Table*, zitiert nach der deutschen Übersetzung (Anm. 12), S. 127 f.
17 Ebd., S. 147 f.
18 Ebd., S. 152 f.
19 Aus dem Gedicht ›The Last Leaf‹.
20 Townsend, Kapitel VII, S. 131.

Nachbemerkung

Als Leonard Woolf die dritte seiner postumen Sammlungen der Essays und Rezensionen Virginia Woolfs – ›The Captain's Death Bed‹ (1950) – zusammengestellt hatte, glaubte er, alles Wichtige – Gedrucktes und Ungedrucktes – des kritischen Werkes seiner Frau veröffentlicht zu haben. Aber er irrte sich, wie er in der Herausgebernotiz zum hier vorliegenden Band 1958 schreibt. Zwei junge Forscherinnen, die ihn um seine Mitarbeit gebeten hatten, förderten mit seiner Hilfe über hundert Essays zutage, die LWs Aufmerksamkeit entgangen waren: die Australierin B. J. Kirkpatrick, die eine Bibliographie vorbereitete (zuerst 1957 und mehrfach ergänzt), und die Amerikanerin Mary Lyon, die am Radcliffe College in Harvard, Cambridge/Mass., ihre Dissertation über ›Virginia Woolf as a Critic‹ schrieb.

Daß ihm so viele der gedruckten Essays entgangen waren, hängt, wie er schreibt, damit zusammen, daß VW ihre kritischen Arbeiten, die sie mehrmals, oft sieben- bis achtmal, revidierte, nur selten (»spasmodically«) aufbewahrte, wenn sie gedruckt waren. (Offenbar hob sie auch die gedruckten Belege, Zeitungsausschnitte usw., nicht auf, falls sie welche bekam.) Ein weiterer Grund für das »Verschwinden« ist darin zu sehen, daß viele Rezensionen anonym erschienen oder mit ihrem Mädchennamen, Virginia Stephen, signiert waren. Es mußten also zahlreiche, oft entlegene, Zeitungs- und Zeitschriftenarchive samt Korrespondenzen durchgesehen werden.

Aus dem, was bis 1958 gefunden war – seitdem ist noch vieles hinzugekommen –, traf LW die hier vorliegende Auswahl, die anders als seine früheren eine gewisse Ordnung aufweist: Teil I: ›The Art of Fiction‹, Teil II: ›The Art of Biography‹. Innerhalb der Gruppen gibt es aber keine ersichtliche Anordnung, auch keine chronologische. Merkwürdigerweise endet der Band mit einem frühen, wenig spektakulären Essay über den auch in England damals wenig mehr bekannten Amerikaner Oliver Wendell Holmes, vielleicht um die Amerikaner (Poe, Whitman) in einem Block als Ausblick in die Neue Welt zusammenzustellen.

Auch in dieser Sammlung gibt es Verbindungen zum übrigen Werk Virginia Woolfs. So schließt gleich der erste Essay – ›Die schmale Brücke der Kunst‹ (1927) – an ihren Versuch einer Roman-›Theorie‹, ›Mr Bennett und Mrs Brown‹, von 1924 an (jetzt deutsch in dem Band *Das Totenbett des Kapitäns*) und liest sich auf den letzten Seiten, wo sie von der Notwendigkeit eines neuen Romans spricht, zugleich wie ein Hinweis auf den eigenen neuen Roman, den sie wenige Monate vor dem Essay im selben Jahr 1927 vorgelegt hatte: *To the Lighthouse*. Ein anderes Beispiel wäre der mehrmals gehaltene Vortrag ›Frauen und erzählende Literatur‹, im März 1929 in einer New Yorker Zeitschrift publiziert, der die Forderungen enthält, die im Oktober 1929 zu einem Buch ausgearbeitet erschienen: *A Room of One's Own*. Im übrigen sind wie immer viele Entdeckungen zu machen; darunter nimmt der kühne Versuch einer ›Kategorisierung‹ der Romanliteratur (›Phases of Fiction‹) den meisten Raum ein.

Man wird leider kaum sagen können, mit den sechs jetzt auf deutsch greifbaren Essay-Bänden lägen alle wichtigen Stücke des essayistischen Werks VWs vor. Es tauchen immer wieder neue, alles andere als marginale Arbeiten auf. So gab Mary Lyon 1977 ›some further selections from her literary and biographical writings‹ heraus: *Books and Portraits* – 48 neue Stücke. Und der letzte, der sechste Band der *Essays of Virginia Woolf*, herausgegeben von Stuart N. Clarke (2011), enthält allein für die Jahre von 1906 bis 1924 noch einmal 54 Addenda.

Nachdem die englische Ausgabe der Essays, die 1986 unter Andrew McNeillie begann, nun abgeschlossen ist, ist auch die Kommentierung der deutschen Ausgaben einfacher geworden. Gerade die Bände 5 (1929–1932) und 6 (1933–1941) ließen fünfzehn bzw. siebzehn Jahre auf sich warten und beanspruchten die Fahndung nach Quellen, Namen, Titeln, Zitaten aufs äußerste, nicht immer erfolgreich. Für die beiden letzten Bände der deutschen Ausgabe der Essays wurden Stuart N. Clarkes Kommentare dankbar benutzt, verkürzt oder erweitert und ergänzt für die deutschen Leser.

K. R.